浙江省地方立法与法治战略研究院

|光明学术文库|法律与社会书系|

财政应对机制研究
——以突发事件为例

吴伟达 江利杰 | 著

光明日报出版社

图书在版编目（CIP）数据

财政应对机制研究：以突发事件为例 / 吴伟达，江利杰著. -- 北京：光明日报出版社，2022.6
　ISBN 978-7-5194-6650-3

　Ⅰ.①财… Ⅱ.①吴… ②江… Ⅲ.①财政制度—研究—中国 Ⅳ.①F812.2

中国版本图书馆 CIP 数据核字（2022）第 096222 号

财政应对机制研究——以突发事件为例
CAIZHENG YINGDUI JIZHI YANJIU：YI TUFA SHIJIAN WEI LI

著　　者：吴伟达　江利杰	
责任编辑：杨　茹	责任校对：阮书平
封面设计：中联华文	责任印制：曹　净

出版发行：光明日报出版社
地　　址：北京市西城区永安路 106 号，100050
电　　话：010-63169890（咨询），010-63131930（邮购）
传　　真：010-63131930
网　　址：http://book.gmw.cn
E - mail：gmrbcbs@gmw.cn
法律顾问：北京市兰台律师事务所龚柳方律师

印　　刷：三河市华东印刷有限公司
装　　订：三河市华东印刷有限公司

本书如有破损、缺页、装订错误，请与本社联系调换，电话：010-63131930

开　　本：170mm×240mm			
字　　数：267 千字		印　张：17.5	
版　　次：2023 年 4 月第 1 版		印　次：2023 年 4 月第 1 次印刷	
书　　号：ISBN 978-7-5194-6650-3			
定　　价：95.00 元			

版权所有　　翻印必究

目 录
CONTENTS

第一章 导 论 ……………………………………………………… 1
第一节 研究背景与问题 …………………………………………… 1
第二节 研究内容与方法 …………………………………………… 12
 一、研究内容 …………………………………………………… 12
 二、研究方法 …………………………………………………… 14
第三节 概念界定 …………………………………………………… 15
第四节 贡献与不足 ………………………………………………… 18
 一、本书的贡献 ………………………………………………… 18
 二、本书的不足 ………………………………………………… 19

第二章 财政与突发事件应对法治化 …………………………… 20
第一节 财政与国家、法治 ………………………………………… 21
 一、财政与国家 ………………………………………………… 21
 二、财政与法治 ………………………………………………… 24
第二节 财政与突发事件应对 ……………………………………… 28
 一、突发事件应对 ……………………………………………… 29
 二、财政应对突发事件的意义 ………………………………… 31

1

第三节　财政应对突发事件法治化的意义 …………………… 32
　　一、权力制约 ……………………………………………………… 33
　　二、地方自主 ……………………………………………………… 35
第四节　财政应对突发事件法治化的逻辑 …………………… 38
　　一、微观制度逻辑 ………………………………………………… 38
　　二、中观模式结构 ………………………………………………… 44

第三章　我国突发事件财政应对机制的历史考察与问题分析 …… 49
第一节　历史考察 ………………………………………………… 49
　　一、国家财政阶段 ………………………………………………… 49
　　二、过渡阶段 ……………………………………………………… 56
　　三、公共财政阶段 ………………………………………………… 68
第二节　问题分析 ………………………………………………… 122
　　一、形式上："法律法规—应急预案"规范体系未能发挥作用 …… 122
　　二、内容上：权力制约与地方自主的财政制度模式尚未形成 …… 127

第四章　域外国家突发事件财政应对机制的考察 ……………… 144
第一节　域外考察 ………………………………………………… 144
　　一、应对体制与规范体系 ………………………………………… 144
　　二、事前阶段的财政应对机制 …………………………………… 152
　　三、事中与事后阶段的财政应对机制 …………………………… 172
第二节　模式对比与分析总结 …………………………………… 206
　　一、模式差异 ……………………………………………………… 206
　　二、模式共性 ……………………………………………………… 210

第五章 我国突发事件财政应对机制法治化的具体思路 ………… 215
第一节 视角转变 ………………………………………………… 215
一、形式上充分发挥"法律法规—应急预案"功能 ……………… 215
二、内容上注重权力制约与地方自主 ………………………… 217
第二节 路径选择 ………………………………………………… 219
一、主体上坚持互动式推进 …………………………………… 219
二、技术上坚持渐进式推进 …………………………………… 220
第三节 模式选择与制度构建 …………………………………… 221
一、模式选择的一般问题 ……………………………………… 221
二、模式选择与制度构建 ……………………………………… 222

结 论 ……………………………………………………………… 247
主要参考文献 …………………………………………………… 253
后 记 ……………………………………………………………… 269

第一章

导　论

第一节　研究背景与问题

总的而言，有三方面的因素，促使笔者关注突发事件的财政应对机制及其法治化研究这一议题。

第一，突发事件领域行政主导问题凸显，并突出表现在财政方面。

自然灾害、疫情等突发事件始终是困扰人类的顽症，贯穿于人类社会发展的各个阶段，也是各国不得不面对的重要政治议题。近现代以降，随着技术的发展，各国对于突发事件的应对经历了从无应急无法治，到有应急无法治，到有应急有法治，以及从事后应急，到事前准备全阶段应对的转变。[①] 而财政作为一国治理的基础与重要支柱，在突发事件应对中，发挥着无可替代的重要作用。这一作用的重要性，无论是在汶川地震、玉树地震、舟曲山洪，还是在非典型肺炎乃至新冠肺炎疫情中，都得到了充分证明。

历史习惯以关键事件连缀时空，新冠肺炎疫情的暴发，恰值全面建成小康社会以及"两个一百年"的交汇始点。"小康"本身意味着"单纯经济增长带

[①] 参见马怀德. 法治背景下的社会预警机制和应急管理体系研究 [M]. 北京：法律出版社，2010：28.

来的福利效应已经有所减弱，政治议题也需要回应更加多元的公众需求"[1]。与以往传统社会有着很大区别的是，在当下中国，公众对于风险的焦虑正日益替代对贫穷的焦虑。正是这种焦虑带来的不确定性以及对克服焦虑的期盼，使得公众对法治化的需求超越了以往任何时候，这也成了当下中国法治建设不断推进的重要原因。具体到财政领域，现代福利国家尽管发展出了一套在社会中分配与再分配利益的制度，却难以分配和缓解政治系统规则制定本身所带来的社会焦虑。[2] 而要克服或缓解这种焦虑，法治是目前唯一的救世良方。

各类突发事件往往会不期而至，庆幸的是，在党的领导与国人的众志成城下，我们每次都能化险为夷。不过，在一次次抗击突发事件后，我们仍应该透过突发事件应对的各类机制检思其间的制度得失。我们应当清醒地看到：突发事件应对中存在着一系列行政主导、立法机关缺位现象[3]，这些现象背后反映的是我国在突发事件应对领域法治化不足的困境。而这些困境，突出表现在事前、事中与事后阶段的财政领域。

在事前阶段，资金准备与财政支持能力建设这两大重要机制并没有实现法治化。资金准备主要涉及预备费与自然灾害救济事业费，但问题是：预备费由于并非专项用于突发事件，加之实践中提取比例较低（此前甚至存在未提取的情形，参见表1-1、表1-2），难以有效应对突发事件；同时，我国至今没有设置科学的自然灾害救济事业费的提取标准，也没有财政支持能力建设方面具体标准。此外，从监督与制约机制来看，我们也无法通过现有的预算及重要事项说明制度，来对预算中各项笼统数值有清晰的认识。[4]

---

[1] 赵鹏. 疫情防控中的权力与法律——《传染病防治法》适用与检讨的角度 [J]. 法学, 2020（03）：94.
[2] 规则制定背后的社会焦虑指的是"风险/危险"这个区分所带来的社会焦虑。风险相对于决策者而言，是其为了追求决策可能带来的正面利益所自愿承担的可能会超过合理预见范围损害程度的冒险。危险则针对施策者，意味着其对于可能发生的损害是被动承受的、无法避免的。参见宾凯. 政治系统与法律系统对于技术风险的决策观察 [J]. 交大法学, 2020（01）：144-147.
[3] 在突发事件应对中，行政主导表现为相关举措变动性与权宜性强，规范性不足。
[4] 具体参见第三章阐述。

表1-1 中央与地方预备费提取情况

年度	中央预备费/亿元	中央本级公共预算支出/亿元	占比	年度	地方预备费/亿元	地方本级公共预算支出/亿元	占比
2020	500	35035.00	1.43%	2020	未列示	212315.00	—
2019	500	35395.00	1.41%	2019	未列示	199349.00	—
2018	500	32466.00	1.54%	2018	未列示	176864.00	—
2017	500	29595.00	1.69%	2017	未列示	164768.00	—
2016	500	27355.00	1.83%	2016	未列示	152860.00	—
2015	500	25012.00	2.00%	2015	950	145988.00	0.65%
2014	500	22506.00	2.22%	2014	950	130031.00	0.73%
2013	500	20203.00	2.47%	2013	950	117543.00	0.81%
2012	500	18519.00	2.70%	2012	950	105281.00	0.90%
2011	500	17050.00	2.93%	2011	640	83170.00	0.77%
2010	400	16049.00	2.49%	2010	640	68481.00	0.93%
2009	400	14976.00	2.67%	2009	640	61259.00	1.04%
2008	350	13205.20	2.65%	2008	640	47580.80	1.35%
2007	150	11062.00	1.36%	2007	640	35452.85	1.81%
2006	150	9525.00	1.57%	2006	640	28848.38	2.22%

续表

年度	中央预备费/亿元	中央本级公共预算支出/亿元	占比	年度	地方预备费/亿元	地方本级公共预算支出/亿元	占比
2005	100	8438.00	1.19%	2005	640	23817.03	2.69%
2004	100	7607.00	1.31%	2004	520	19161.64	2.71%
2003	100	7201.05	1.39%	2003	450	16498.57	2.73%
2002	100	6412.26	1.56%	2002	400	14700.72	2.72%

数据来源：历年《中国财政年鉴》与财政部官网。

注：(1) 预备费的提取以本级预算支出（或本级财政支出）为基础，不过2009—2018年的《地方一般公共预算、决算收支表》中只有"地方公共财政支出"科目（地方公共预算支出=本级财政支出+上解中央财政支出），因而2009—2018年的地方公共财政支出科目可等同于地方本级公共财政支出科目的列示，2009—2018年地方没有上解中央支出科目的列示。

(2) 经核对，《中国财政年鉴》地方预备费的合计数值与各省、直辖市、计划单列市等列示的数值间并不匹配，这或许是2016年《中国财政年鉴》统计这一项地方预备费总值，笔者未将450亿元的数值填入。

基于此，表1-2关于非典型肺炎疫情下各省的预备费支出情况也正是基于《中国财政年鉴》删去地方预备费这一统计科目的数值填入。

4

第一章 导 论

表1-2 中央政府在部分突发事件应对中的资金支出情况

	应急救灾资金（含物资）			灾后恢复与重建			预备费	
	中央/亿元	合计/亿元	中央占比	中央/亿元	合计/亿元	中央占比	中央	省级
非典型肺炎①	49.07	182.45	26.90%	/	/	/	100	/
汶川地震②	734.57	809.36	90.76%	3000	10000	30%	350	四川省5亿元
玉树地震③	56.87	73.02	77.88%	206.5	316.5	65.24%	400	青海未列支
舟曲山洪④	未找到数据			33.7	50.2	67.13%		甘肃未列支

① 参见《审计署关于防治非典型肺炎专项资金和社会捐赠款计审计结果的公告》（2003年第1号）。
② 参见国新办授权9月25日抗震救灾进展情况[EB/OL].国新办,2008-09-26;《关于四川省2008年财政预算执行情况和2009年财政预算草案的报告（书面）》。
③ 参见《2010年青海省公共财政预算收支决算总表》。
④ 参见《甘肃省审计厅关于舟曲抗洪抢险救灾资金物资跟踪审计结果的公告》《2010年甘肃省公共财政预算收支决算总表》。

5

在事中与事后阶段，财政收入、财政支出与财政管理等机制同样没有实现法治化。（1）财政管理方面，资金的滞留与挪用乱象始终存在。就自然灾害事件而言，汶川地震期间虽然因为全过程跟踪审计规则的运用，使得资金的挪用问题得以较大改善，但滞留问题却更加突出；①新冠肺炎疫情中，根据相关学者调查，非典型肺炎疫情时资金管理上的挪用与无序情况并未得到明显改善。②（2）财政支出方面，相关措施规范性与正当性不足的问题有待改善。汶川地震期间虽然政府要对"三无"人员发放救济款，但"三无"人员、受灾人员程度判断却无进一步的规定，"即使当地政府也搞不清楚，最后只好见者有份，甚至在多处还出现了发放人数多于本地人口的闹剧"③；新冠肺炎疫情期间，各地社会保障类消费券，在发放对象甄别上没有对因灾临时贫困人群予以必要关注，部分地区在经济促进类消费券发放与兑换平台选取上还存在排除竞争的不当行为。④（3）在税费优惠这一财政收入措施方面，同样突出表现为对象甄别上的专断。例如，新冠肺炎疫情期间，物业公司作为疫情防控的重要支柱，做出巨大牺牲与贡献却未得到足够的重视，未被纳入税费优惠的范畴，而深感不公。⑤诸此种种，迫使我们不得不反思，在法治中国建设的当下，突发事件的财政应对机制是否有法治化的可能？如若可能，如何实现从行政主导到法治化的跨越？

第二，财政对于突发事件应对法治化具有重要价值，以及决策层对财政法治化问题的高度关注。

---

① 冯俏彬教授曾参与汶川地震的救灾工作，对于其中的资金无序与乱象有较为深入的了解。参见冯俏彬. 应急财政：基于自然灾害的资金保障体系研究［M］. 北京：经济科学出版社，2012.
② 新冠肺炎疫情期间，有学者曾与部分省份省级财政部门工作人员进行访谈，相关工作人员表示疫情期间的财政资金管理较为混乱。见王文婷. 应对新冠疫情的财税法治化研究［A］//中国法学会财税法学研究会. 中国法学会财税法学研究会2020年年会暨第32届海峡两岸财税法学术研讨会论文集，2020：359.
③ 冯俏彬. 应急财政：基于自然灾害的资金保障体系研究［M］. 北京：经济科学出版社，2012：43.
④ 熊伟教授对该问题进行细致研究，参见熊伟. 新冠肺炎疫情背景下政府消费券发放规则的法律检视［J］. 武汉大学学报（哲学社会科学版），2020（05）：5-15.
⑤ 该内容为陈良照在浙江省法学会财税法学研究会上的发言。具体参见浙江省法学会财税法学研究会2020年年会暨"突发公共事件应对与财税法律制度改革"理论研讨会综述［Z］. 浙江省法学会财税法学研究会，2020：2.

社会生活的复杂多变性与法律稳定性之间的矛盾，历来是法学界普遍关注的问题之一。稳定性是法律的基本属性，其为社会成员的行为提供了预期，划定规则进而定分止争。但正如西塞罗所言"战争使法律沉默"，社会生活环境的变化往往使得适用于正常状态的法律规则无法发挥作用。特别是20世纪下半叶，当和平与发展成为世界两大主题以及法治国家建设成为各方共识后，各国视野纷纷开始从战争转向国内各类突发事件应对，突发事件的应对业已成为检验一国法治程度的重要指标。

从主体维度来看，突发事件的应对离不开国家与社会的共同努力，单一政府应急的理念早已被全社会共同应急的原则所取代，为各国所普遍接受；福利多元主义等理论、行政合作的现状与趋势可为其提供理论与实践结果的自然证成。[①] 但不可否认的是，国家作为公共物品提供的责任主体这一基石始终未曾改变——回应国民需求、满足国民的公共需要始终是现代国家存在的目的。因而，如何在国家负责的基础上，构建起"国家—国民"共同应对的体制，应当成为突发事件应对的核心主线，也是各国在突发事件应对法治化过程中需要回答的基础性问题。

而财政作为突发事件应对的基础与重要支柱，天然与之契合。一方面，对于国家事务执行者——政府的控制，离不开对政府财政资源的控制；另一方面，财政资源所具有的杠杆作用，有助于在市场经济体制下引导各方社会主体积极参与。事实上，在某种程度上，突发事件应对的法治化首先表现为财政领域的法治化。

域外发达法治国家基于"财政立宪"的历史惯性，在法治的框架下通过财政机制应对突发事件，是基本原则。[②] 就我国而言，"财政立宪"这一历史惯性虽具有较大启发性，但这一表述与我国实际并不相符，"牵强的比附"容易削足适履。不过，基于当前决策层的重视，作为横跨政治、经济领域的财政法治化是当下法治中国建设的重点。例如，2013年十八届三中全会《中共中央关于全

---

① 参见蒋悟真，詹国旗. 公共物品视角下社会救助的法律解释 [J]. 比较法研究，2016 (01)：171.

② 具体参见第二章。

面深化改革若干重大问题的决定》首次将财政上升为国家治理的高度，强调要完善立法、建立现代财政制度；2014年，中央政治局会议审议通过《深化财税体制改革总体方案》，指出要重点推进预算管理、税收制度、政府间财政关系的改革，建立法治规范的现代财政制度。在具体的财政支出方面，2014年《中华人民共和国预算法》（以下简称"预算法"）修订（2018年再次修订），预算法目的从"健全国家对预算的管理"到"规范政府收支行为，强化预算约束……"的转变，实现了预算法从政府管理的工具到管理政府的工具的理念上的更新；政府收支分类科目也相应进行了修订与完善；① 等等；在财政收入方面，近些年税收在改革的同时也正逐步实现行政法规的法律化，非税收入也正在规范化的过程中；② 在政府间财政关系方面，事权与支出责任、转移支付等事项同样处于完善过程中。③

以上文件与事实，足以表明决策层对财政领域的高度关注，并且这些关注正在逐步落实。而突发事件造成的非常状态下的财政应对机制，是相对于常态机制下的例外情形。通过对非常状态下的财政机制法治化问题的探讨，既是突发事件应对法治化实现的基础，也是在整体上推进财政领域法治化的前提。

第三，现有研究碎片化严重，法治化的研究范式④尚须进一步完善。

---

① 事实上，预算领域的改革自2000年开始就已经推开。具体参见财政部预算司. 中央部门预算编制指南（2020年）[M]. 北京：中国财政经济出版社，2019：215-225.

② 例如，2006年颁布的《行政事业性收费标准管理暂行办法》（现已被2018年颁布的《行政事业性收费标准管理办法》取代），以及2010年颁布的《政府性基金管理暂行办法》，对于行政性事业收费与政府性基金两类非税收入进行了规范。值得注意的是，2021年6月，四部委发布《关于将国有土地使用权出让收入、矿产资源专项收入、海域使用金、无居民海岛使用金四项政府非税收入划转税务部门征收有关问题的通知》（财综〔2021〕19号），将土地出让金、矿产资源专项收入、海域使用金、无居民海岛使用金四项非税收入划转税务部门征收。

③ 例如，《国务院关于推进中央与地方财政事权和支出责任划分改革的指导意见》《医疗卫生领域中央与地方财政事权和支出责任划分改革方案》，财政转移支付条例将列入财政部2020年立法工作计划等。

④ "范式"通常指公认的模式、方法等，研究范式一般可理解为对于某个问题惯常的研究方法、路径。

根据中国法学会财税法学研究会的信息，①并经笔者检索证实，目前在突发事件应对的财政法治方面，尚没有公开出版的综合性研究成果；②相关研究呈现出碎片化的样态，具体见表1-3。现有相关研究主要从经济学、管理学角度展开；③法学领域则针对具体机制展开研究，除缺乏综合性研究外，还存在研究视野狭窄、实践关注不足等问题。④此外，国外相关研究多基于本土实践，将其他国家的应对活动排除在外。⑤

从近些年我国财税法学研究看，领域法学的研究范式已为财税法学界逐步采用。该研究模式主张突破部门法的界限，是一种以解决问题为核心的功能性研究。可以预见，在事中与事后阶段的财政机制或财政领域规则已相对清晰的背景下（冯俏彬，2020；李建人，2011；李明、汪晓文，2020），以及在突发事件全阶段应对被不断强调的当下，从以问题解决为核心（也即实现财政机制法治化）的领域法学视角出发，对突发事件应对的财政机制进行整体性研究将成为趋势，本书也将在此进行尝试。

---

① 新冠肺炎疫情期间，中国法学会财税法学研究会曾收集与整理该领域的相关研究成果，并报送中国法学会。后笔者向中国财税法学研究会秘书处翟继光老师确认，该领域尚未发现公开出版的综合性研究成果。
② 这并不是指相关文章完全缺失，实践中部分突发事件应对的文章虽题目涉及"财税法"，但内容上过于简略而难以评价为突发事件财政领域的综合性研究成果。例如，有学者指出我国财税领域存在立法权配置、程序保障问题（张守文，2011），该部分内容仅5页篇幅过于宏观，难以指导实践。
③ 经济学、管理学领域代表性著作有贾康、刘尚希主编的《公共财政与公共危机——"非典"引发的思考》（中国财政经济出版社2004年版）；冯俏彬的《应急财政：基于自然灾害的资金保障体系研究》（经济科学出版社2012年版）；冯俏彬、贾康的《应急管理与公共财政》（立信会计出版社2015年版）；陈建华的《中国应急预算管理与改革》（经济管理出版社2018年版）；蒋积伟的《1978年以来中国救灾减灾工作研究》（中国社会科学出版社2014年版）；世界银行的《中国：卫生模式转变中的长远问题与对策》（中国财政经济出版社1994年版）；等等。
④ 例如，部分研究没有关注到应急预案与法律法规为核心的二元规范体系；没有关注到自然灾害下的应急储备除预备费外还有专门的自然灾害救济事业费；没有关注到实践中的政府税收优惠政策的运用以保障纳税人生存为核心，而表现出强烈的最大化税收优惠的倾向；等等。此外，法学领域的代表性（行政法、宪法领域除外）著作为法社会学视角下的研究，可参见孟涛《中国非常法律研究》（清华大学出版社2012年版）。
⑤ GROSS O, AOLDIN F N. Law in Times of Crisis: Emergency Powers in Theory and Practice[M]. Cambridge University Press, 2006.

表1-3 突发事件财政领域研究的综述

	内容	研究综述
1	预算管理方面	学者普遍认为，政府应当设立一项应急储备，确保紧急支出能在预算中得以确认，并注重增加事前阶段的资金投入（Paul 和 Posner, 1999；朱俊杰，2019）。同时，应防止政府将常规下本应用于灾害缓解和预防活动的资金被用于支持其他常规计划或项目（Donahue 和 Joyce, 2001）。有学者对我国应急储备（预备费）进行研究后，指出应急资金主要源自预算调整，事前准备不足；同时，在预备费管理上实行流量式管理，无法实现跨年度调度与平衡，难以成为财政的"稳定器"；短期内应当通过提高预备费提取比例，实行基金式管理的方式予以解决，长期内应当构建起来一个基于各级财政、各政府部门、政府与企业、国民之间风险分担的制度框架（冯俏彬，2020；冯俏彬，2012；刘尚希、陈少强，2003）。
2	政府间财政关系方面	学者们普遍认为，一个清晰、明确的事权与支出责任，有助于明确央地各自责任，促进经费分级负担财政管理体制的实现，并提高各级政府突发事件应对的积极性（Wildasin, 2007；熊伟，2010；冯俏彬，2012）。有学者基于多国考察，指出多数国家事权划分清楚、财政支出责任虽有交叉但较为清晰，并构建了一套复杂有效的激励相容的机制（冯俏彬，2012）。有学者对美国实践进行具体研究，指出美国地方政府主要承担事前的避灾责任，联邦政府主要承担事后援助责任；由于地方政府避灾成本高昂，无形中削弱了地方政府的积极性并奉行"没有足够抗灾能力"（Disaster-Adverse）的政策，进而期待联邦政府事后的援助（Wildasin, 2007）。有学者对日本实践进行具体研究，指出日本政府在灾后不断增加的公共支援，弱化了事前的防灾努力（田近荣治，2008）。有学者对中国实践进行了研究，指出目前中央和地方政府之间的支出分担机制"有原则可依，无细则可行"，没有明确的分担比例（杨琪，2013）；中央财政资金在突发事件应对中占比较高、地方依赖性强，更有官员将突发事件作为地区经济发展的契机（冯俏彬，2012）。此外，还有学者对对口支援等机制进行了研究，对其合法性、合宪性提出了疑问（熊伟，2012）。
3	税收优惠、财政补贴方面	有学者对突发事件应对中的税收优惠问题进行了研究，指出目前税收优惠在形式上存在立法层级较低、规范性较差、不稳定的问题（李慧，2020）。此外，多数学者表现出最大化税收优惠的倾向，认为目前税收优惠存在方式单一、程度和范围不足的问题（李明、汪晓文，2020；李慧，2020；李建人，2011）。有学者对突发事件下的财政补贴进行了研究，指出政府在对象甄别上程序保障不足，相关行为亟须竞争法的审查（熊伟，2020）。

续表

	内容	研究综述
4	收支平衡方面	对于突发事件"减收增支"背景下的预算平衡，有学者指出短期内应当通过预备费、政府支出的缩减、税收征管的加强、国债的发行等方式来应对；还有学者建议通过提高税率、征收针对数字经济和环境的新税、通过进一步数字化来加强执法、采取更激进的税收授权行为如使用新的和未充分利用的税基如房地产税等方式来应对（Mattias，2020；OECD，2020）。从长远来看，应当以"公共风险"为导向来调整政府的公共财政支出结构，提高政府抵御风险之能力（高培勇，2003；丁芸，2003）。

需要注意的是，经济学、管理学领域的相关研究虽与法学有一定差异，但在法治中国建设的背景下，其出发点与落脚点也同样是制度的不足与完善，两者相得益彰。不过，值得我们进一步思考的是：当我们谈论"法治"或"法治化"的时候，到底谈论的是什么？从问题意识出发，围绕"提出问题—分析问题—解决问题"的基本框架是当下研究的基本共识，也是既有研究的共性。诚然，从法治困境到问题分析这一逻辑并无任何新意，这也是研究法治化的前提——既有制度存在不法治的情形。可问题在于：提出的问题或拟解决的问题，与经分析之后提出的解决方式之间，属于何种关系？是充分必要关系，还是充分不必要关系？

从"机制—结构—功能"（或"制度—模式—法治"）的基本认知脉络来看，模式是沟通制度与法治理念之间的桥梁。不过，从域外发达法治国家来看，法治没有固定、统一模式的这一简单事实，就足以证明制度的完善远非"分析问题—解决问题"这一表述看上去的简单（具体参见第二章中关于模式的探讨部分），而需要纳入整个制度体系之中（对当前制度及其历史发展进行研究，具体见第三章），并适当进行域外考察（具体参见第四章），在寻找到本土化的最佳模式前提下，进行具体制度的完善（具体参见第五章）。唯有如此，法治化的研究范式才具有完整性与科学性，其结论才更具可行性。

总之，基于现实的需要以及当前的研究现状，笔者将基于财政角度对突发事件应对法治化进行研究，即对我国突发事件的财政应对机制及其法治化问题展开研究。

第二节 研究内容与方法

一、研究内容

本研究除导论外,主要分为以下四部分内容。

第一,财政与突发事件应对法治化。本部分将通过对财政与国家、法治之间的关系分析,以及更进一步对财政与突发事件应对关系的分析,阐明财政应对突发事件法治化的重要意义。同时,基于"制度—模式—法治"的基本认知脉络,指出形式上的规范体系与内容上的制度模式是法治化的重要范畴,对具体制度构建起着导向作用,并对突发事件财政应对机制法治化逻辑进行总论式探讨。

第二,我国突发事件财政应对机制的历史考察与问题分析。本部分将在国家财政阶段、过渡阶段与公共财政阶段的划分基础上,对各阶段特定的历史背景进行考察,而后通过各阶段的财政规则,梳理事前、事中与事后阶段财政应对机制,并考察法治化的规范体系,与相应的财政制度模式是否形成,并分析其间的具体问题。

第三,域外国家突发事件财政应对机制的考察。本部分将对美国、日本等国财政应对机制进行考察。在形式与内容考察基础上,提炼出各自的规范体系与财政制度模式,并对共性与差异进行比较分析,有助于深入理解我国实践并为问题的解决提供思路。

第四,我国突发事件财政应对机制法治化的具体思路。本部分将从视角转换、路径选择、模式选择与制度构建等方面,对突发事件财政应对机制从行政主导过渡到法治化阶段进行初步构想。

图1-1 框架思路图

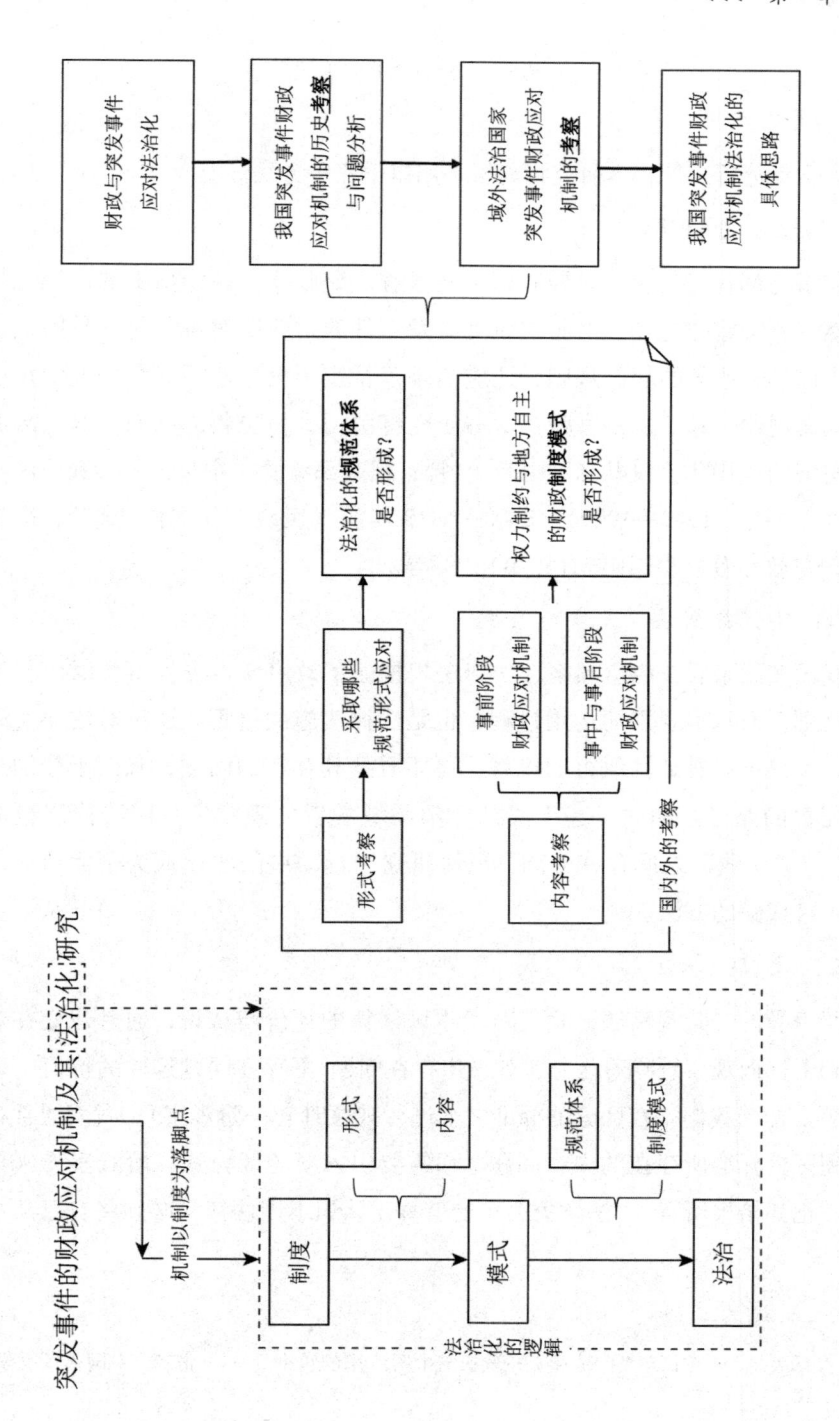

二、研究方法

除去文献分析法外,本研究将着重采用以下三种方法。

(一) 历史分析法

一切事物都有其产生、发展和消灭的过程。财政作为一项历史的产物,其存在必然有着特定的背景。因而在研究突发事件的财政应对机制时,我们不仅要关注当前具有效力的静态规则,还应当基于特定历史,把握其在发展变化过程中的动态规律。基于这一思路,本书研究将引用大量史料。例如,财政部综合计划司编的《中华人民共和国财政史料》;民政部编的《中华人民共和国民政工作文件汇编》(1949—1999)、2000—2018年的《民政工作文件选编》;历年的《中国财政年鉴》《中国统计年鉴》;等等。

(二) 实证分析法

从我国实践来看,应急预案、法律法规构建了政府应对突发事件财政行为的基本规则,而基本规则的运用过程,也是法律实施的过程。通过对法律实施的考察,不仅可以看到其取得的成就,更能看到其存在的问题,有助于帮助我们探寻完善的路径。同时,基于法社会学领域学者的观察,我国法律规范的"表达"与"实践"之间存在分离,因而研究"行动中的法"成为全面认识法律制度不可或缺的方法。[①]

(三) 比较分析法

按照卢曼的二阶观察法,我们对于本国法律的评价与认识,通常建立在观察的基础上,而观察意味着区分,如做出存在问题/不存在问题这样的价值(事实)判断。但当我们站在区分的标准之上进行观察时(一阶观察),我们通常难以观察到区分标准所存在的内在问题,而需要引入新的区分(二阶观察)来予以修正。正如培根所言,"法学家为了能够真正认识本国法律,必须将自己从本

---

① 参见孟涛. 非常状态下的法律——危机与中国法律的转型 [D]. 北京:中国人民大学,2010: 14.

国法律的枷锁中解放出来"①，即便国外的制度可能存在部分问题，我们也仍然需要通过对国外的考察来更好地认识本国的法律并拓宽完善思路。因而，本研究将基于中国突发事件财政应对机制存在的问题，对美国、日本等国家进行考察与分析，为突发事件财政应对机制的法治化提供完善思路。

第三节 概念界定

对于相关概念的界定，一方面有助于明确研究范围，另一方面也有助于避免因概念介绍而使得论述过于冗杂。

第一，危机、突发事件、灾害/突发事件应对。

危机、突发事件与灾害是一组意思相近的概念。所谓危机（crisis），是指突然发生，有严重社会危害的可能性而需要应对的事件，包括自然灾害、公共卫生、事故灾难、社会安全事件乃至战争事件等。② 其中，前四类事件在我国也被称为突发事件，而受《中华人民共和国突发事件应对法》（以下简称《突发事件应对法》）调整。至于"灾害"一词，也通常可用于指代突发事件。例如，在突发事件领域，理论界与实务界通常会使用防灾、救灾、减灾等词来替代突发事件应对的表述；美国的《罗伯特·斯坦福灾害救助与紧急救援法》（Robert T. Stafford Disaster Relief and Emergency Assistance Act，以下简称为《斯坦福法案》）也专门使用"灾害"一词，将联邦承担救灾责任的突发事件，分为重大灾害（Major disaster）与紧急事件（Emergency）两类。当然，不同学者对于危机、突发事件、灾害的范围可能有着不同的认识，但由于本研究仅涉及自然灾害与公共卫生事件这两类典型事件，这些不同的认识并不会对本研究的逻辑构建造成实质性的影响。

---

① [德] 茨威格特，克茨. 比较法总论 [M]. 潘汉典，等译. 贵阳：贵州人民出版社，1992：91-92.
② 参见孟涛. 非常状态下的法律——危机与中国法律的转型 [D]. 北京：中国人民大学，2010：1.

突发事件应对，从字义上可以解释为对于突发事件的处理工作。从阶段上来看，包括事前、事中与事后阶段的应对。从我国政府应对突发事件中的公文用语看，每一阶段都有不同的表述，具体见表1-4。这些表述或有些许差异，但对于本研究而言，并无实质影响。需要指出的是，后续笔者行文时，可能基于不同文件而有不同表述，但这些表述上的差异只是为了尊重相关文件的原始表达。

表1-4 突发事件各阶段应对的相关表述

阶段	表述
事前	减缓、防灾、减灾、预防、准备等
事中与事后	应急、紧急应对、救灾等
	恢复与重建、复兴等

第二，财政、财税/体制、机制。

"财政"一词，有广义与狭义两种理解。从广义上来看，财政包含财政收入、财政管理与财政支出三方面。从狭义上来看，学界基于税收的特殊性与重要性，将税收这一财政收入的基本形式提取出来，与财政一并称作财税。从实践来看，党政机关的文件对于"财税"一词主要有以下两类用法：一是用于"财税体制"（此前主要采用财政管理体制的表述）这一表述；① 二是基于财政部门与税务部门分立这一事实以及两部门之间的相互尊重，两部门联合颁布文件的发文号以财税为前缀，例如财税〔2021〕8号文。② 在本书研究过程中，对于财政将采取广义理解。

体制与机制这组概念，人们通常是从宏观体制与微观机制来理解，但需要注意的是，两者并非同一范畴。具体而言：体制明确的是主体之间的关系，例如，财政管理体制或财税体制，其明确了国家与国民、上级政府与下级政府的关系。机制则是静态体制得以动态运行的重要手段，包括科技机制、财政机制、协商机制、法律机制等诸多内容。由于国家公共事务背后的关系均可以归结为

---

① 例如《中共中央关于全面深化改革若干重大问题的决定》。
② 值得注意的是，《国家行政机关公文处理办法》（2000年颁布，2012年失效）与《党政机关公文处理工作条例》（2012年颁布），均明确"联合行文时，使用主办机关的发文字号"，但这一内容并未得到落实。实践中，以财税、财关税等词为前缀的发文字号比比皆是。

政府与市场、政府与社会以及政府间利益关系，而基于财政收入、财政支出与管理所形成的财政关系正是这些利益的重要方面。① 因而，财政是各类机制中最为基础与重要的一类。

第三，财权、事权、财力、支出责任/事权与财权相匹配、事权与财力相匹配、事权与支出责任相匹配以及事权、财力与支出责任相匹配。

以上概念分别作为表述政府间财政关系的基本要素以及政府间收支划分的基本原则，常见于党政机关文件与学界论述。不过，目前理论界对上述概念并没有严格的界定，考虑到概念内涵与外延的明确是我们深入研究的前提，因而，此处我们须对这些概念做出一个基本界定和说明。

事权，是指政府在公共事务中应承担的任务和职责。例如，在突发事件应对领域，事前阶段的事权表现为能力建设、资金准备两方面内容。而更进一步的"事权划分"概念，明确了各层级政府之间任务和职责的划分。

财权，可以做广义和狭义两方面理解。广义上的财权，其权能包括财政收益权、财政支出权、财政管理权与财政监督权等内容；狭义上的财权，其权能仅指财政收益权，即各层级"政府为满足一定的支出需要而筹集财政收入的权力，包括税权和费权"②，实践中通常做狭义理解。

财力，具体指各层级"政府在一定时期内可以直接或间接支配与使用财政的能力"③，既包括本级政府可获得的税费收入，也包括因上级政府转移支付所获得的收入。因而，财权与财力两者的区别主要在于转移支付上。

支出责任，指的是各层级政府为特定的事权提供财政资金支持的责任。④从概念上来看，支出责任与财力只是侧重点不同而无本质区别，前者侧重于上级政府的资金提供义务，后者侧重于下级政府的资金接受权利。

具体到政府间收支划分的基本原则表述上，我们通过考察党政机关文件发现，不同时期的表述存有差异。早期的文件，如1994年分税制改革文件，将

---

① 参见高培勇.深刻认识财政"基础和支柱说"[N].人民日报，2016-01-07（7）.
② 楼继伟.中国政府间财政关系再思考[M].北京：中国财政经济出版社，2013：4.
③ 楼继伟.中国政府间财政关系再思考[M].北京：中国财政经济出版社，2013：4.
④ 魏建国.中央与地方关系法治化研究：财政维度[M].北京：北京大学出版社，2015：9.

"事权与财权相统一"作为划分收支的基本原则。但财政部前部长楼继伟指出"事权与财权要统一"不应作为财政收支划分的原则；中国各地区间财力极度不平衡的现状，决定了中央政府需要集中财力并采取转移支付的方式来予以解决。① 从后续文件来看，其观点也得到了印证，具体而言：党的十七大、十八大报告中均提出要健全中央和地方"财力与事权相匹配"的体制，十八届三中全会、五中全会提出要形成"事权与支出责任相适应"的制度。不过，在事权与财权不匹配情形下，无论是事权与财力还是事权与支出责任的表述，其实都并不完整（只要存在转移支付就意味着财力与支出责任的同时存在）。值得注意的是，十九届四中全会强调要形成稳定的各级政府"事权、支出责任和财力相适应"的制度，对相关表述进行了完善。不过，为了表述上的简洁，后文相关内容仍主要采用"事权与支出责任"这一表述。

第四节 贡献与不足

一、本书的贡献

本研究的贡献主要表现在理论价值与应用价值两方面。

（一）理论价值

第一，弥补了该领域研究的空缺。本书对我国以及域外发达法治国家突发事件财政应对机制进行了系统性的考察与梳理，弥补了现有研究的空缺。②

第二，完善了该领域的研究范式。本书对突发事件应对法治化的研究范式进行了更新，通过"制度—模式—法治"的基本认知脉络，指出形式上的规范体系与内容上的制度模式是法治化的重要范畴，对具体制度构建起着导向作用；更为科学地实现了从"分析问题"到"解决问题"的过渡，为后来者的研究提

---

① 楼继伟. 中国政府间财政关系再思考［M］. 北京：中国财政经济出版社，2013：28.
② 蒋积伟教授与孟涛教授对突发事件应对机制的研究，虽有部分涉及财政机制内容，但并不全面。

供了科学的"参照系"。要再次强调的是，本书的这一构想受到魏建国教授所著的《中央与地方关系法治化研究——财政维度》内容的启发。与魏教授主要研究地方自主的财政制度模式不同的是，笔者还将形式上的规范体系纳入模式领域，进一步指出形式上的规范体系也是法治化的重要范畴。同时，就内容上的制度模式而言，笔者在魏教授地方自主的财政制度模式基础上，进一步引入了权力制约的财政制度模式。

（二）应用价值

本书从财政的角度对突发事件应对法治化进行了深入思考，指出与分析了当前我国突发事件财政应对机制行政主导、立法机关缺位的具体问题与背后原因，并从视角转换、路径选择、模式选择与制度构建三个方面，对突发事件财政应对机制如何从行政主导过渡到法治化进行了初步构想。

在"财政是国家治理的基础与重要支柱"这一理念被社会公众普遍认同的今天，本书有助于财税法领域学者、立法工作者以及实务工作者全面了解财政对于突发事件的重要意义以及其间发生的功过得失，有助于推进突发事件应对这一非常态领域的财政法治化进程，有助于催生其与常态领域的财政法治形成"合力"，从而全面推进我国财政法治化的进程。

二、本书的不足

本书的不足主要在以下两个方面：

第一，研究范围有限。限于公开的研究材料的不足，本书所研究的突发事件限于自然灾害与公共卫生两大典型事件，而未涵盖事故灾难与社会安全事件。

第二，研究涉及面广，文章整体性有待提升。财政作为横跨政治、经济与法律的范畴，涉及面广，整体性把握难度较大，这也是笔者在研究过程中所努力克服的问题。同时，由于我国财政领域法律规范的"表达"与"实践"之间存在分离，因而国内部分的相关考察与分析较为琐碎，笔者也尽量采取表格的形式，兼顾读者的阅读体验。此外，鉴于后文表3-5、表3-6、表3-7、表3-9、表3-10、表3-14的内容涉及面较广，因而，表格中内容的格式与正文保持了一致（首行缩进两字符），以减少对读者阅读的不利影响。

第二章

财政与突发事件应对法治化

本章将首先通过对财政与国家、法治的关系,以及更进一步的财政与突发事件应对关系的分析,阐明财政应对突发事件法治化的重要意义。应当注意的是,对于财政学与财税法学领域的学者而言,该部分内容被认为"理所应当"而无须"多费口舌",然而,遗憾的是,受各自领域研究的局限,即便是在"财政是国家治理的基础与重要支柱"已经被强调多年之后,其他领域的学者多未注意到这点。①

同时,本章还将基于"制度—模式—法治"的基本认知脉络,在理论层面对突发事件财政应对机制法治化的逻辑进行初步探讨,并指出:形式上的规范体系与内容上的制度模式是法治化的重要范畴,对于具体制度的构建起着导向作用。

---

① 一个典型的例证是相关论坛与学术会议的报告主题呈现出"各自为政"的现象,非财税法领域、财政学领域的专门论坛,鲜有直接的话题出现,而多委诸行政与宪法等方面的考量。例如,2021年6月19日于湖南省长沙市举办的第六届"法治中国·湘江论坛"。

第一节 财政与国家、法治

一、财政与国家

首先,财政作为"人类经济社会发展到一定阶段、出现了剩余产品和国家以后而产生的经济范畴"①,历来是学者们所普遍关注的话题。在财政的相关理论中,国家分配论始终占据着主要的地位。该理论主张,"财政是以国家为主体的分配","没有国家就没有财政"。② 诚然,原始社会末期,随着生产力的发展、剩余产品与私有制的出现,社会开始首次分化并产生了奴隶主与奴隶的阶级。奴隶主为了维持统治,开始借助于暴力,借助于国家,对内压制反抗、对外维护统治;而诸如监狱和各种强制机关的完整设立,意味着公共权力完全脱离社会,国家开始形成。③ 正如恩格斯所言:"国家的本质特征,是和人民大众分离的公共权力。"④ 但无论是古代国家还是现代国家,其自身均无法创造财富。国家为了实现其公共权力,就需要直接或间接参与剩余产品的分配和再分配。当然,从事物发展的角度来看,原始社会末期的氏族社会就已存在了为满足公共权力的强制分配雏形,但这与上述观点并不矛盾。因为,国家此时也处于形成的过程中,当国家形成并取代氏族机关成为强制分配的主体,财政也就

---

① 邓子基. 马克思恩格斯财政思想研究 [M]. 北京:中国财政经济出版社,1990:33.
② 邓子基. 财政理论研究(上)[M]. 济南:山东人民出版社,1992:81.
③ 邓子基. 马克思恩格斯财政思想研究 [M]. 北京:中国财政经济出版社,1990:34.
④ 中共中央马克思恩格斯列宁斯大林著作编译局编译. 马克思恩格斯选集(第4卷)[M]. 北京:人民出版社,2012:114.

形成了。① 需要强调的是，虽然当下的我们通常从公共需要的角度来理解财政，但该种理解更多是为了表明现代社会/市场经济下财政的目的，在于满足市场主体的公共需要。简言之，财政与公共需要虽有联系，但并非本质联系。②

其次，在社会巨大变革中，"经济的'力量'可说是原始的或基本的力量，而且比其他力量更足以'解释'事实"③。社会巨大变革背后反映的是各类社会力量的冲突与妥协，而冲突起因是经济利益的不平衡，其妥协亦有赖于经济上的共赢，其间的财政因素更是至关重要。"财政的压力，分配的失范与失序，是导致社会动荡，政府合法性下降，政权更迭，从而形成'治乱循环'的重要原因"④，这已经为诸多史实与研究所证实。无论是13世纪的英国国王约翰因汲取财政收入而与贵族阶级订立的《大宪章》（"不征得人民同意就不得征税"），还是法国国王路易十四世为建立绝对王权对封建贵族与教士予以免税的妥协、路易十六期间因财政窘境向"第三等级"施压而拉开法国大革命序幕的事实，都表明了这一点。⑤ 至于美国，"独立战争"背后北美殖民地独立派与英国本土殖民派两大社会力量，在征税方面的斗争就从未中断，而在独立战争最终爆发时"无代表即无赋税"等口号的提出，⑥ 也表明了财政在独立战争爆发中所起到的重要推动作用。在后续的"制宪斗争"中，虽然财政的作用并不明显，但从最终通过的宪法文本来看，作为财政收入基本形式的税收，在《美利坚合众

---

① 马克思为此举例道，"罗马尼亚各州……原始的生产方式是建立在公社所有制的基础上的，但这种公社所有制不同于印度的形式，一部分土地是私田，由公社成员各自耕种，另一部分土地是公田，由公社成员共同耕种。这种共同劳动的产品，一部分作为保险金用于防灾备荒和应付其他意外情况，一部分作为公共储备用于战争和宗教方面的开支以及其他的公用开支。久而久之，军队和宗教的头面人物侵占了公社的地产，从而也侵占了花在公田上的劳动，农民，即自由耕作者在公田上的劳动变成了为公田掠夺者而进行的徭役劳动。"参见邓子基. 马克思恩格斯财政思想研究 [M]. 北京：中国财政经济出版社，1990：38.
② 对于财政与国家之间的本质联系，以及财政与公共需要之间的非本质联系的观点，邓子基教授已经做了非常精彩的论证。参见邓子基. 财政理论研究（上）[M]. 济南：山东人民出版社，1992：81-87.
③ [美] 比尔德. 美国宪法的经济观 [M]. 何希齐，译. 北京：商务印书馆，1984：6.
④ 张守文. 论税法上的"可税性"[J]. 法学家，2000（05）：12.
⑤ 熊伟. 财政法基本问题 [M]. 北京：北京大学出版社，2012：21-24.
⑥ 王希. 原则与妥协：美国宪法的精神与实践 [M]. 北京：北京大学出版社，2000：55.

国宪法》第一条中就被予以着重强调，亦足以说明财政的重要性。在我国，同样如此。改革开放主要针对的是经济体制方面，而在经济体制改革过程中，"财政改革作为经济体制改革的'突破口'和'先行军'，始终发挥着基础性和支撑性的作用"①。

最后，在现代国家，财政也逐步从依附于行政到与行政相分离，开始具有了独立的价值。一是随着19世纪末以来经各国经济的快速增长以及市场失灵等现象的产生，"夜警国家"开始逐步向"福利国家"转变，政府角色开始从消极转向积极。② 政府的财政权开始不断扩张至经济、社会领域，财政的资源调整或杠杆作用开始凸显。二是以累进税率为特色的所得税制度，使得财政具有了所得重分配③的功能，在某种程度上发挥着"劫富济贫"与"追求实质正义"的功能。三是现代国家庞大的财政规模，使得国家同时成为一国之内的最大的消费者、资金持有者、信用持有者，能够发挥宏观调控的经济调节作用。④ 至于我国，1993年修订的《中华人民共和国宪法》（以下简称《宪法》）就明确"国家加强经济立法，完善宏观调控"；2013年《中共中央关于全面深化改革若干重大问题的决定》更是将财政上升至国家治理的高度，指出"财政是国家治理的基础与重要支柱"。总之，财政伴随着国家的产生而产生。无论是在社会变革还是常态化时期，财政都有其重要的意义。

---

① 例如，1980年的"分灶吃饭"、1985年的"分级包干"、1988年的财政包干体制改革，1994年的分税制改革等。参见财政部：新中国成立70年来财政改革始终发挥基础支撑作用 [EB/OL]. 人民网，2019-09-24.

② 参见马怀德. 法治背景下的社会预警机制和应急管理体系研究 [M]. 北京：法律出版社，2010：19-20.

③ "所得重分配"与"所得再分配"虽属同义词，但两者在不同学科的实际应用方面存在差异——法学领域多采"所得重分配"的表述，用以指代财政的"调节性分配"功能，使之与"财政性分配"功能相区分；经济学领域多采"所得再分配"表述，用以统一指代两类功能。法学领域之所以如此，是因为两类功能内在机理与制度逻辑不同，同时，两种功能的混淆也是当前实践中分配失衡问题的重要肇因。参见侯卓. 论税法分配功能的二元结构 [J]. 法学，2018（01）：19-30.

④ 蔡茂寅. 财政作用之权力性与公共性 [J]. 台大法学论丛，1996（04）：58-65.

二、财政与法治

（一）法治

关于法治与人治讨论的文章与著作，学界早已汗牛充栋。早在古希腊时期，赫拉克利特通过对万物流动不居（人法）的经验性观察，指出其背后必然有神圣的罗格斯存在其中；"透过人法的偶然性和多样性，理性的思考察觉到永恒法的真理"①。虽然这样的朴素思想很难探究其起源与逻辑的正当与否，但赫拉克利特以人法与自然法二元对立的思维看待世界和法律的方式，对整个西方影响深远。② 其中，理性、沉思是从多样的人法背后发现自然法的关键，而经历过沉思能力训练的哲学家才能够更好地实现这一点。也正是基于此，柏拉图奉行哲人统治的人治观。其在《理想国》一书中指出：一个理想的国家，离不开哲学家的统治。不过，遗憾的是，古希腊与雅典并没有其理想实现的基础，并且现实生活中也并不存在完全理性的哲学家，正如其弟子亚里士多德所言，"将这种审议与其寄托一人，毋宁交给众人"。③ 对此，柏拉图在其《理想国》中探讨了另外一种次要的理想国家模式，在该种模式下，统治者与臣民都要服从法律，也即，柏拉图开始从人治观转向法治观。其后，亚里士多德在其著作《政治学》中更是明确提出"法治优于人治"的命题："谁说应该由法律遂行其统治，这就有如说，唯独神祇和理智可以行使统治；至于谁说应该让一个个人来统治，这就在政治中混入了兽性的因素。常人既不能完全消除兽欲，虽最好的人们（贤良）也未免有热忱，这就往往在执政的时候引起偏向。法律恰恰正是免除情欲影响的神祇和理智的体现。"④ 对于法治，亚里士多德也给出了经典的定义——

---

① ［德］海因里希·罗门. 自然法的观念史和哲学［M］. 姚中秋，译. 上海：上海三联书店，2007：6.
② 无论是基督教时期，还是启蒙运动时期都能找到这种观点的影子。
③ 这种审议指的是对于法律的审议，"将这种审议与其寄托一人"指的是"让那最好的一个人来统治"的哲学家统治的情形。参见［古希腊］亚里士多德. 政治学［M］. 吴寿彭，译. 北京：商务印书馆，2009：174.
④ 参见［古希腊］亚里士多德. 政治学［M］. 吴寿彭，译. 北京：商务印书馆，2009：172.

"已成立的法律获得普遍服从，而大家所服从的法律本身又是制定得良好的法律"。① 虽然在中世纪教会掌控社会的时代，存在一段黑暗的时期，但就现代社会而言，法治始终是各国的普遍选择。

在我国，古代儒家先贤孔子、孟子就提倡"贤人政治"，主张用贤德的人来实行"仁政"，强调"为政在人"，而不在法。② 法家则强调以法治国，强调成文法的稳定性、统一性、普遍性（"刑过不避大夫"）、权威性等；③ 虽仍有君权高于法律的历史局限，但较之于人治观有其进步性。当然，以儒家为代表的人治观在古代中国占据了主流。直到清朝晚期，统治者才试图采取立法的方式救亡图存。新中国成立以来，虽然在计划经济体制时期亦有人治回归的时期，但自十一届三中全会强调"加强社会主义法制，使民主制度化、法律化，使这种制度与法律具有稳定性、连续性和极大的权威……"④ 以及随着1999年"依法治国"入宪以来，法治已深深植根于中国，并在不断完善过程中。可见，在历史演进中，法治也同样成为我国的选择。

不过，就法治的具体内涵而言，"法治"一词只是相对于人治的范畴，至于何谓"法"及其背后的价值取向，并非法治这一概念本身所能解答的内容。这也造成了法治在不同时期有不同的价值取向（如维护君主统治与民主统治之间的差异），良法亦不同的认定标准，但总体而言，通过法律系统的规范性来避免政治系统决策的非理性，这一法治优于人治的本质优势，却是固定不变的。需要注意的是，法治也并非毫无瑕疵。法律系统在控制风险时自身也不可避免地存在风险，或谓"控制风险的风险"。对此，现代法律通过一系列的程序予以解决，将法律的正当性问题转换成科学性问题或描述性问题，也即通过引入其他系统运作，来解决法律自身的问题。⑤ 但这种方式本身存在着悖论：一方面法

---

① 何勤华. 西方法学史 [M]. 北京：中国政法大学出版社，1996：19.
② 蔡方鹿. 儒家的治国理政思想及其特征 [J]. 华南师范大学学报（社会科学版），2011 (06)：9-10.
③ 刘广安. 法家法治思想的再评说 [J]. 华东政法大学学报，2006 (02)：138-139.
④ 参见《中国共产党第十一届中央委员会第三次全体会议公报》。
⑤ 宾凯. 政治系统与法律系统对于技术风险的决策观察 [J]. 交大法学，2020 (01)：137-138，149.

律系统的风险控制，高度依赖科学性；另一方面，科学性对未来的因果知识的不确定本身却难以为法律系统提供科学的标准。①

无论如何，尽管法治存在诸多弊端难以创造出一个理想的社会，但法治至少能够保证一个正常的社会秩序；② 较之于人治模式，仍然是当下各国治理的最佳选择。其中，在现代社会，宪治（依宪治国）是法治的最高境界，代表了法治的至高理念。从近现代国家的制宪情况来看，美国宪法中首次出现的"自由、民主、法治"三位一体的宪治理念成了近现代国家制宪的基准，对当下的法治理念产生了深远的影响。③ 这一影响表现为国家应通过法律来治理，而法律本身应承载着自由与民主的内容，具体而言：自由表明法律的目的是更好地实现公民的自由；④ 民主则表明了国家的主权归属与政府的合法性，相关法律的制定必须经由代表人民的议会来进行。

需要特别指出的是，宪治理念上的共性并不意味着宪治制度模式上的可借鉴性。宪治理念是基于相关制度所提炼出来的核心要旨，但"自由、民主、法治"只是应然层面的回答，至于实然层面的具体制度安排则取决于所在国的本土实践。也正是因为如此，我们要避免将某些事实情况同理论主张混同起来，"学术应着眼于解决本土实际问题，不能从理论主张出发剪裁现实"。⑤ 在宪治领域，我们更应当注重的是，我国的具体宪治模式并不是，也不可能是西方的模式，而是基于"民主、自由、法治"理念下的我国宪法以及本土实践所产生的中国模式。⑥

---

① 以新冠肺炎疫情为例，各国在疫情物资准备上的窘态（预算未列支费用用于医疗物资储备），即充分体现了这一点。
② 秋风. 立宪的技艺［M］. 北京：北京大学出版社，2005：111.
③ 王炎，等. 宪政主义与现代国家［M］. 北京：生活·读书·新知三联书店，2003：209.
④ 在卢梭的社会契约论视角下，人们订立社会契约让渡自然的自由权利的目的在于：从政治权利中获得比其更高的社会自由权利。参见［法］卢梭. 社会契约论［M］. 何兆武，译. 北京：商务印书馆，1982：16.
⑤ 熊伟. 财政法基本问题［M］. 北京：北京大学出版社，2012：253.
⑥ 莫纪宏教授指出，"宪政"一词在很大程度上被随意地作为某些命题的缩写版对待时，就会陷入概念含混的是非争议中。本研究为避免"宪政"争议，采取"宪治"（依宪治国）的表述。参见黄庆畅. 人民日报问政："依宪执政"为何不能简称宪政——访中国社会科学院法学院副所长莫纪宏［N］. 人民日报，2014-12-03（17）.

（二）财政对于法治建设的意义

由前所述，财政对于国家变革起着重要的推动作用。一方面，在这些变革背后诸如财政权的争夺中，分权与制衡的理念开始深入人心，推动了近现代西方法治化的进程。正如哈耶克所言："对政府行为的控制，至少在最初的时候，主要是经由对岁入的控制来实现的。"① 另一方面，主权者也即君主为实现其政治目的，也为带有宪治理念制度的产生提供了基础。制度需求与供给的结合，并因某种偶然因素产生了西方的宪治制度。② 可见，西方国家宪治理念的产生、法治化进程肇始于财政领域，财政是近现代西方国家的法治、宪治的基石。对于上述现象，也有学者将之归结为"财政立宪"，并主张"财政立宪主义"，指出其对于现阶段中国法治的建设具有重要意义。③

诚然，财政立宪主义，强调通过财政控制来实现国家控制，在现代民主统治的法治国家中有着特殊的意义。一是，财政权虽然是权力，但权力范围界定的同时也自然明确了国家与国民的界限；二是，在现代各国普遍的市场经济体制下，财政权的目的在于提供公共需要，而公共需要的主体是私人与市场，财政权的存在也进而划定了国家与市场的界限。不过，从我国的实际情况来看，基于西方历史考察的"财政立宪"这一表述本身却并不符合我国实际而具有误导性。财政立宪背后反映的是私有制下，国家为筹措收入而与国民之间的侵益性或消极对抗式的关系演变的历史叙事。但在计划经济时期下的中国，国家的收入来源主要为国有企业的利润而非税收，公有制下的国家与国民的关系并非消极的对抗关系；随着市场经济体制、分税制改革，税收才逐步成为国家收入的主要来源，④ 国家与国民之间的消极式对抗关系才得以凸显。可见，我国

---

① ［英］弗里德利希·冯·哈耶克.法律、立法与自由（第二、三卷）［M］.邓正来，等译.北京：中国大百科全书出版社，2000：426.
② 参见刘守刚.西方宪政发展中的税收动因探究［J］.华东政法大学学报，2003（06）：81-87；熊伟.财政法基本问题［M］.北京：北京大学出版社，2012：23-24.
③ 参见李龙，朱孔武.财政立宪主义论纲［J］.法学家，2003（06）：96-105.
④ 以税收为例，我国税收收入占比在2000年左右高达95%。近些年虽处于减税降费的背景之下，但税收收入占全国一般公共预算收入的比重始终占据绝对地位，例如，2019年税收收入占比为82.99%。参见《2019年全国一般公共预算收入决算表》；张守文.论税法上的"可税性"［J］.法学家，2000（05）：12.

财政与宪法之间的关系并非"财政立宪"般的自下而上式变革，更多属于自上而下式的调整，财政立宪这一域外发达法治国家的历史惯性并不足以用来解释我国实现财政法治的必要性与必然性。

事实上，公共财政、民主政治与法治国家的联系与互动，才是中国在法治国家建设中应当强调财政法治的根本原因。从词源上来看，"自巴斯塔布尔1892年首次采用 Public Finance 概括财政现象时，域外国家已普遍进入市场经济阶段；因而，公共财政这一概念自然是与市场经济相适应的范畴"。① 而公共财政的目的在于服务市场而非国家，这与政治上的集权与经济上的垄断的王权财政与国家财政有着本质的区别；也正是由于市场是需求的主体，公共性的判断应当由市场与公众来决定，由此产生了政治上民主的需求。更进一步来看，公共财政对于民主政治的需求，要求强有力的制度来保障，这离不开包含自由、民主意涵的现代法治下的法律制度的充分保障。② 基于制度的供给需求理论的基本逻辑，在市场经济体制改革不断深入，民众法治意识不断增强的今天，民众对于财政领域的合法合宪性提出了更高的要求（需求）。从供给端来看，党的十八大报告中"加强对政府全口径预算决算的审查和监督"的表述，十八届三中全会决定中加强"法治中国"建设、"建立现代财政制度"的相关表述，等等，表明决策层也有意满足民众的要求，这为财政领域的法治化提供了可能性。

总而言之，虽然域外发达法治国家的财政立宪的历史惯性无法解释财政法治化的必要性和必然性，但财政对于现阶段（当下市场经济体制、公共财政下）的法治中国建设有着重要意义，法治中国的建设迫切要求实现财政领域的法治化。

第二节 财政与突发事件应对

突发事件的应对是国家事务的一部分，也是各国不得不面对的重要政治议

---

① 熊伟. 财政法基本问题 [M]. 北京：北京大学出版社，2012：11-12.
② 熊伟. 财政法基本问题 [M]. 北京：北京大学出版社，2012：1-7.

题。本部分将接续上文,进一步就财政与突发事件应对之间的关系进行讨论。

一、突发事件应对

目前,各国对于以自然灾害、公共卫生事件为代表的突发事件的处理,强调法治化应对,并遵循治理的逻辑。

第一,法治化应对。在突发事件领域,虽然突发事件应对的法治化已经是不争的共识,但这一共识的诞生在西方却也不足百年。作为法治理念中的新兴事物,其最早可追溯到20世纪中叶。随着第二次世界大战的结束,各国得以从战争与内乱中脱离出来,开始关注国内的各类突发事件。[1] 以美国与日本为例,1950年,美国国会通过《联邦民防法》(The Federal Civil Defense Act of 1950)与《联邦救灾法案》(Federal Disaster Relief Act),首次将战争状态与和平状态下的突发事件应对区分开来,并逐步开始了突发事件应对的法治化。[2] 至于日本,虽然其关于国内突发事件应对的法律最早可追溯到1880年的《自然灾害备荒储蓄法》,但相关法律具有临时性的特征,并未得到保留。直到1947年《灾害救助法》以及1961年《灾害对策基本法》的颁布,法治化的进程方开启,经过多次修正的两法也成为当下日本突发事件应对的重要基石。[3] 不过,社会生活环境的变化往往使得适用于常态环境下的法律规则无法发挥作用,而突发事件所造成的非常状态正是其中的重要一部分。为此,各国除了制定特殊的突发事件应对法律外,还颁布了更为具体的应急预案,在妥善应对突发事件的同时,也捍卫了法治国家的本质。[4]

我国突发事件应对的法治化,以2003年非典型肺炎疫情的暴发为重要转折点。此后,我国通过以应急预案、应急管理体制、机制与法制为核心的"一案

---

[1] 马怀德. 法治背景下的社会预警机制和应急管理体系研究[M]. 北京:法律出版社, 2010:35.

[2] 韩大元,莫于川. 应急法制论:突发事件应对机制的法律问题研究[M]. 北京:法律出版社, 2005:200-204.

[3] 王德迅. 日本危机管理体制的演进及其特点[J]. 国际经济评论, 2007(02):4;孟涛. 中国非常法律研究[M]. 北京:清华大学出版社, 2012:73-75.

[4] 孟涛. 中国非常法律的形成、现状和未来[J]. 中国社会科学, 2011(02):124.

三制"改革,并于2007年颁布《突发事件应对法》,在突发事件应对方面初步实现了有法可依。但总体而言,《突发事件应对法》的规定较为笼统,加之政府间财政关系处于调适与完善阶段,其他财政事项尚处于改革与法治化进程中,使得突发事件应对中存在着一系列的行政主导现象,并突出表现在财政领域(具体将在第三章展开)。

第二,治理逻辑。从域外国家与我国来看,目前在突发事件领域主要遵循的是治理逻辑。① "治理"(governance)一词,长期与"管理"(government)一词混用而无特殊含义,直到20世纪90年代才开始流行起来,被不同的立场、不同的语境所接受,成为当下经济、社会管理乃至政治部门身边的重要词语。② 但从概念上而言,"治理"一词目前尚无统一的定义。从相关理论来看,治理包含两类观点:一是在权力行使上打破原有的公私二分的界限,改变原有管理上单一的单方面强制,在规则的制定与实施方面强调利益冲突方之间的互动与协调。当然,该类观点在实践中有着不同的表现,既有行政合作式的行政协议,也有合作行政式的监狱管理权的权力共享,等等。③ 需要指出的是,权力共享对于政府而言意味着责任形式的转变,而非责任的转移与弱化,当私主体无法履行职责时政府仍负有相应的兜底责任。二是在政府负责的基础之上,强调市场等机制的引入,以手段的科学性提高公共资源配置的效率。④ 就笔者而言,上述两类观点并无本质冲突,只是基于主体(体制)与手段(机制)视角下的不同观察结果。两者均有改进原有的单一政府管理、提高效率,实现社会共治的目的。具体而言:

体制也即组织体制,明确的是主体问题。突发事件应对作为一种公共物品,

---

① 诸多学者已就该问题展开初步的国际比较,代表性的著作可参见孟涛的《中国非常法律研究》(清华大学出版社2012年版)、冯俏彬的《应急财政:基于自然灾害的资金保障体系研究》(经济科学出版社2012年版);等等。
② [法] 让-皮埃尔·戈丹. 何谓治理 [M]. 北京:社会科学文献出版社,2010:3-4.
③ 对于这一问题,弗里曼教授的研究比较具有代表性。参见 [美] 朱迪·弗里曼. 合作治理与新行政法 [M]. 北京:商务印书馆,2010.
④ 陈治教授从解构型观点与建构型观点的角度进行了梳理,并间接指出两类观点的区别关键在于责任的转移与弱化,但笔者对此持保留意见。具体参见陈治. 推进国家治理现代化背景下财政法治热点问题研究 [M]. 厦门:厦门大学出版社,2015:109-113.

理论界与实务界，在政府与其他公共物品提供主体的关系认知上，经历了早期的从市场、政府与志愿部门之间基于"失灵"而依序继起的替代与被替代关系（从市场失灵到政府干预、从政府干预到政府失灵、从志愿部门干预到志愿部门失灵），到二战以后逐步出现的各方基于"有效"治理而产生的合作关系的转变。① 强调治理，在主体层面，意味着政府既要在内部维持"传统的自上而下的层级结构，建立纵向的权力线"，也要在外部"根据新兴的各种网络，建立起横向的行动线"，② 形成优势互补的合作治理，以应对社会的复杂性与多样性。

机制是手段，是静态的体制得以有效运行的关键，两者正如"脏器"与"血管"一般，共同促进"生命体"活动的开展。强调治理，在手段层面，意味着要充分利用各类机制，并实现各类机制的有机衔接、相互协调，以提高效率。当然，从类型化的角度来看，机制本身具有多样性，一般包括科技机制、财政机制、协商机制、法律机制等。而从突发事件的全阶段应对的角度出发，机制又可以分为事前预警、能力建设、资金准备等事前应对机制，事中应急处置，以及事后监督与评估机制等诸多内容。

不过，无论体制与机制如何，由于财政作为国家治理的基础与重要支柱，能够触及国家事务的方方面面，体制与机制的运转均离不开财政机制的有效支持与保障。

二、财政应对突发事件的意义

体制与机制的运转之所以离不开财政的有效支持与保障，其背后的逻辑在于：国家治理所涉的公共事务背后的关系均可以归结为政府与市场、政府与社会以及政府间利益关系的调整，而基于财政收入、财政支出与管理所形成的财政关系正是这些利益的重要方面。③ 财政对于体制与其他机制的作用或者说重

---

① 冯俏彬. 应急财政：基于自然灾害的资金保障体系研究 [M]. 北京：经济科学出版社，2012：19—27.
② ［美］斯蒂芬·戈德史密斯，威廉·D. 埃格斯. 网络化治理：公共部门的新形态 [M]. 孙迎春，译. 北京：北京大学出版社，2008：6.
③ 参见高培勇. 深刻认识财政"基础和支柱说" [N]. 人民日报，2016-01-07（7）.

要意义如下：

第一，财政对体制具有重要意义。自赫维茨（Hurwicz）首次提出"激励相容"概念后，激励相容便成了财政体制的重要原则。一个激励相容的体制，意味着"所有的参与人即使按照自己的利益去运作，也能实现整体利益的最大化"①。（1）在政府间财政关系上，激励相容分别表现在"财"与"政"两方面，也即财权、财力、支出责任与事权等基本要素的配置方面。在非突发事件领域的正常状态下财政关系的处理上，各国因其历史文化、政治经济体制等原因而有所差异，突发事件领域则是笔者后续所需要考察的内容。（2）在政府与社会、市场方面，激励相容表现在通过财政资源的调整来鼓励社会的参与，如税费减免、财政补贴等直接或间接的方式。

第二，财政对其他机制具有重要意义。在事前准备方面，预算机制发挥着至关重要的作用。预算的首要之意是政府对其行为和职能的事先计划与安排，是对社会资源的预先分配。一个科学的预算有助于促进政府职能的高效实现。政府通过预算安排必要的财政资源用于诸如资金准备、物资储备、人员培训、教育与宣传、监测与预警等的各类事前准备的机制，使得突发事件应对的其他机制能够充分发挥效用。

在事中与事后阶段，除财政支出机制外，税费减免等财政收入机制，可通过发挥其经济杠杆的功能促进慈善、社会救助等机制功能的发挥；针对各类支出实际情况的审计监督、绩效评估、决算等机制，可以对各类违法行为以及绩效不佳的项目进行相应的处理，有矫正其他机制的功能。

第三节　财政应对突发事件法治化的意义

财政应对突发事件的法治化，是指在法治的框架下通过财政机制应对突发事件。这样的处理方式对于权力制约与地方自主有着重要意义，并有助于实现

---

① 楼继伟. 中国政府间财政关系再思考 [M]. 北京：中国财政经济出版社，2013：3.

权利保障的终极目的。所谓的权力制约、地方自主与权利保障,是"自由、民主"融入"法治"之后的具体表现,也是现代宪治实现的重要支柱。简言之,基于"自由、民主、法治"的宪治理念,在法治层面具体表现为权力制约、地方自主的内容,并以权利保障为最终依归,而财政对此具有重要的意义。

一、权力制约

在近现代社会,无论是从社会契约还是人民主权的理论来看,权力源自权利的让渡,其自身并没有单独存在的意义。权力的形成与扩张通常意味着权利的缩减,因而权力具有侵益性特征。但单纯的范围界定并不足以控制政府的行为,各国在公共治理中面临的两个紧密相关的固有风险——道德性风险与技术性风险——需要妥善控制。[1]

前文已言及,财政对于国家治理有着重要意义,而要对国家权力进行有效控制,就必须加强对财政权这一重要权力的控制。如果说对道德性的风险的控制着眼于控制权力的滥用,那么对技术性风险的控制表现为提高控权的"精准"度,以提升治理效率,确保治理目标的实现。具体来看,道德性风险有两方面的表现:第一,政府虽然是公共利益的代表,但其职能仍由官员个人具体履行,而这些官员个人却未必真正代表公共利益,存在权力滥用与失范的可能性,[2]各级政府可能将本应在事前的预防与应急准备阶段配置的财政资源用于资本性支出,致使政府事前准备不足进而难以及时控制事态的发展。第二,对于下级政府与上级政府而言,两者分别代表地区和整体的公共利益,在财政资源有限的现状下存在利益冲突,因而存在上级政府滥用权力侵犯下级政府利益的可能性。

技术性风险表现为政府难以兼顾各方利益或过度兼顾部分主体利益。这里需要排除道德性风险的因素予以讨论,也即假定所有政府官员均毫无私心。不过,即便如此,如果政府过于强势而仅凭借自身的意志为公共需求之判断(专

---

[1] 姜峰. 宪法的结构性与公共审议功能——兼对全能论宪法观的反思[J]. 中国法律评论, 2020 (06): 104.
[2] 熊伟. 财政法基本问题[M]. 北京: 北京大学出版社, 2012: 73.

断），那么在这样的政府中尽管存在权力分工，但是由于缺乏内部制约所构造的制度性对话机制，致使决策的做出建立在薄弱与狭隘的信息基础之上。一方面可能难以兼顾多样的利益诉求；另一方面可能导致财政资源倾斜过度，而出现地方政府坐等中央政府支持、受灾公民坐等政府支持的情况，使得下级政府"难以对紧迫的公共需求作出及时回应"，[1] 受灾公民难以及时自救而造成更大的损失。正如格拉夫斯坦教授所言，要正视政府在救灾责任中的有限性，政府的过度救济可能导致灾民的长期依赖，中央政府在财政资源上的过度"挤入"亦会导致地方政府的过度依赖，在这个意义上，一个本意于"确保人民安全的行动却导致了人民的更不安全"，（此次）灾难制造了（下一次）灾难。[2]

需要指出的是，虽然权利保障的实现通常认为离不开对政府权力的制约，但权力制约这一概念本身只是从消极角度强调权力行使上的规范性。在强调自由主义的"夜警国家"时期，由于政府并无干涉经济、社会生活之意，权力制约也自然能够达到权利保障的目的。但随着近现代国家从"夜警国家"向"福利国家"的转变，在政府积极介入经济、社会生活的同时，各类给付行政的存在，也使得消极的权力制约的逻辑并不足以自然得出权利保障的结果。加之，权力背后利益主体的多元性，以及"随着经济的发展，传统的国家—社会二元结构渐趋转化为国家—社会—经济的三元结构"，权利主体开始具有民事主体与税法主体双重身份，进一步增加了权利保障的复杂性。[3] 有鉴于此，对于国民/纳税人权利保障，我们不妨通过类型化的方式予以认识。

第一，根据受影响程度不同，相关主体可分为受突发事件影响与未受影响两大类，并进一步根据受影响程度不同进行细分。对于受影响程度不同的主体，

---

[1] 姜峰. 宪法的结构性与公共审议功能——兼对全能论宪法观的反思 [J]. 中国法律评论，2020（06）：105.

[2] 本部分内容为美国 Robert Grafstein 教授在"5·12"汶川特大地震恢复重建暨巨灾应对国际研讨会上的发言，由冯俏彬学者翻译整理，参见冯俏彬. 应急财政：基于自然灾害的资金保障体系研究 [M]. 北京：经济科学出版社，2012：41-42.

[3] 需要指出的是："国家—社会—经济"三元结构更多是基于理论研究需要而提出的范畴，在现实生活中的个体与组织体，都同时具有社会与经济的双重属性——既有民商事主体的基础身份，又兼具纳税人身份，而并不存在孤立的社会主体、经济主体这一区分。参见侯卓. 税法的分配功能研究 [M]. 北京：法律出版社，2018：195.

应在确保纳税人基本生存前提下,课以不同程度的税收减免措施,契合适度性原则的需要,实现国家与纳税人、纳税人与纳税人之间的利益平衡。

第二,从救灾的自愿性角度,相关主体可分为强制性救灾与自愿性救灾两类。在市场经济体制下,基于尊重市场主体自愿,通过税收的杠杆作用来引导其为特定行为,是"市场机制有效、微观主体有活力、宏观调控有度"的具体体现。[①] 当然,在市场经济下,政府不再作为生产者,在突发事件应对时可能需要基于公益而强制要求某些行业、主体为特定的救灾活动。但本质上而言,突发事件应对这一公共物品的提供属于政府职责,特定市场主体无论自愿与否,其救灾行为均具有替代提供公共物品的性质,而需要通过一定的财政利益的让渡(税收利益的让渡是最重要且普遍的形式),来实现双方利益上的平衡。从构建和谐社会角度来看,这种利益让渡在政府强制的社会救灾情形下,尤其需要重视。具体而言,应当通过税费减免的宏观调控手段,防止因强制性命令而减损市场机制活力、微观主体积极性,防止因救灾活动而产生其他的社会不和谐因素。

二、地方自主

如果说权力控制侧重对权力行使风险的规制(消极),那么地方自主则着眼于政府如何更好回应公民正常需求(积极)。其间,涉及央地纵向权力的划分问题。[②]

在讨论纵向权力的划分之前,首先需要明确的是联邦制与单一制下央地关系的问题。对该问题,我们需要注意的是,无论是在单一制国家还是联邦制国家,只要国家存在多级财政,所谓的集权是在分权基础上的集权,分权与集权之间并不相互排斥。事实上,联邦制与单一制这对概念,核心在于区分央地之间的权力来源问题,至于集权与分权并非其核心本质。现有研究显示,联邦制的国家在央地关系上虽然较为清晰,但近些年来央地之间的共同事权也在不断

[①] 叶姗. 社会财富第三次分配的法律促进——基于公益性捐赠税前扣除限额的分析[J]. 当代法学,2012(06):117-126.

[②] 地方自主也涉及横向权力划分问题,不过该部分内容主要纳入权力制约中予以讨论。

增加；而单一制国家不断在中央集权基础上下放权力，以提高中央与地方的积极性。就其原因而言，过度集权会导致地方政府产生依赖心理，影响经济和社会发展效率的提升；而过度分权也容易诱发恶性竞争与加剧地区差距，经济发展的公平与秩序问题难以保障。① 因而，中央集权与地方分权之间并不矛盾，寻求两者之间的平衡是一国权力纵向配置的关键，也是地方自主的应有之义。

公共物品理论与宪法价值，均可以为地方自主提供理论基础。第一，从公共物品的角度来看，公共物品根据不同受益范围可分为区域公共物品与全国公共物品，并分别由地方与中央提供。因为地方政府代表本地区利益，在了解本地区需要以及执行方面，较之于中央具有效率上的优势。第二，从宪法价值上来看，正如葛克昌教授所言，"现代宪法人性观，系指能自我认知、自我负责之个人，在人格自由发展之下，自行决定其生活方式"，② 宪法之目的在于保障人格自由而非提供固定的模式。在此种意义下，政府解决个人无法解决之事项，上级政府解决下级政府不能解决之事项，成为最优选择。③ 就突发事件领域而言，突发事件具有的公共性、紧迫性、危害性等特征，使得地方政府的治理能力对于公民权利的保障尤为重要。从现有研究来看，地方自主还有利于培育公民积极参与地方事务，培育公民责任感；促进地方政府对各居民负责，保障公民的权利；等等。④

就其实现而言，地方自主虽然并非单一机制作用的产物，但财政机制始终是其中最为基础与重要的一类。地方若要对区域内的事务自主负责，在财政领域意味着，地方拥有足够的且可自由支配的财政资源用于地方事务的执行。需要指出的是，地方自主只是一种理念上的要求，其本身并不必然意味着政府收支划分原则上的事权与财权的匹配，或事权与财力的匹配；而需要结合本土实践，予以具体落实。

1998年拟定的《世界地方自治宪章（草案）》（World Charter of Local Self-

---

① 熊伟. 财政法基本问题 [M]. 北京：北京大学出版社，2012：101.
② 葛克昌. 税法基本问题：财政宪法篇 [M]. 北京：北京大学出版社，2004：182.
③ 熊伟. 财政法基本问题 [M]. 北京：北京大学出版社，2012：99-100.
④ 熊伟. 财政法基本问题 [M]. 北京：北京大学出版社，2012：100；魏建国. 中央与地方关系法治化研究：财政维度 [M]. 北京：北京大学出版社，2015：36-38.

Government）未达成一致的失败也印证了这一点。该草案除强调公共职责应当由最接近公民的地方政府来履行外，第九条就财政问题明确了以下几方面原则性的要求。第一，地方政府应当获得与事权相匹配的财政资源，并有权自主安排；第二，地方政府相当部分的财政资源应当来自其有权决定税率的税收与各类费用；第三，地方税或共享税中的税收应当与事权基本匹配；第四，中央对于财政不稳定的地方政府应当通过财政平衡制度予以支持；第五，地方政府应当参与财政资源再分配规则的制定；① 等等。

不过，整体来看，上述宪章实际上在政府间收支划分问题上，主要采取了事权与财权相匹配的观点（第三点），但这并不具有普适性，后文所列举的日本与德国的事权与财权也并没有基本匹配。或许也正是基于此，该宪章草案未能最终达成一致意见。当然，该宪章也反映了各国增强地方自主的总体趋势。② 实践中，一些单一制国家也开始逐步强化地方政府自主权。例如，1999年日本国会通过的《地方分权一览法》，进一步对地方财政制度进行改革，对地方交付税制度（中央对地方的财力保障制度）以及国库补助金制度进行改革，扩大地方的财力。③ 法国在2003年通过《关于共和国地方分权化组织法》的宪法修正案，除确定法国为"单一制分权"国家外，也同时明确了财政自治与财政平衡原则，④ 以更好回应公民的正常需求。需要指出的是，为便于后续研究，对于地方的纵向权力制约部分，也即共同事权的立法监管⑤的内容，将纳入地方自主讨论。

---

① Initial Draft Text of A World Charter of Local Self-Government, Article 9.
② 朱宏文. 论地方政府自治的国际法律运动——"法治浙江"建设的宏观思考 [J]. 法治研究，2007（01）：64.
③ 任进. 日本地方自治制度的新发展 [J]. 新视野，2004（06）：80.
④ 财政自治表现为"领土单位享有可依法律规定条件自由支配的收入"，"对于每一类领土单位，税收收入和其他自有收入代表其全部收入的决定性的一部分"；财政平衡表现为通过国家干预的方式，减少地区间的不平等。See Loi constitutionnelle n°2003-276 du 28 mars 2003. Article 72、72-2.
⑤ 一般而言，对于一项事权，内在包含"事权实施"与"立法监管"（设定一定标准）两方面内容。通常情况下，两者重合也即由同一层级政府实施并设定标准；但在一些事权中两者产生了分离，事权实施归属于地方政府，中央制定相应的标准予以监管。具体见第三章"二、问题分析"中的相关讨论。

第四节　财政应对突发事件法治化的逻辑

　　财政应对突发事件法治化具有的重要意义，以及我国当下财政法治化进程的不断推进，为我国突发事件财政应对机制的法治化提供了必要性与可行性。

　　在法治化方面，机制以制度为落脚点，财政机制的法治化，具体涉及"制度—模式—法治"的基本逻辑。一方面，法治是在制度基础上的法治，其实现离不开制度的有效支撑；另一方面，从系统论角度出发，制度并非孤立存在，而处于整个法律系统中，由各类制度在形式上所构建起来的规范体系，以及在内容上所组成的制度模式是法治化的重要范畴，对具体制度构建起着导向作用。① 本部分将对制度与模式进行一般性的讨论，为后文的考察与分析做铺垫。

一、微观制度逻辑

（一）规范性：形式层面

　　"任何制度都有其特有的外在形式规范和内在制度逻辑"，法律首先是一门规范科学，应当具有形式理性。② 随着近代自然法衰微，人们对于法律理性的认知开始不再诉诸道德、正义等内容，实证主义所追求的形式判断标准揭开了自然法笼罩在法律上的"面纱"，使得法律得以从其他社会系统中脱离出来，使得价值判断与法的事实判断相分离，并影响至今。③ 正如波斯纳所言，"形式是

---

① 制度模式这一构想受到魏建国教授的启发。与魏教授不同的是，本研究还将形式上的规范体系纳入模式领域，指出形式上的规范体系与内容上的制度模式是法治化的重要范畴。此外，本研究还将财政制度模式，进一步划分为权力制约与地方自主的财政制度模式两类。
② 公丕祥. 法制现代化的理论逻辑 [M]. 北京：中国政法大学出版社，1999：79.
③ [德] 海因里希·罗门. 自然法的观念史和哲学 [M]. 姚中秋，译. 上海：上海三联书店，2007：99-121.

法律内在的东西,实质是法律外部的世界"①,可见形式对于当下法律的重要意义。而对于法律在形式上的构成要素,"三要素说"的观点较为主流,该观点认为法律在形式上由原则、规则与概念构成。

作为一门规范科学,法律若想发挥其规范性,首先在形式上应当具有合理性(或谓手段上的合目的性),能为相关主体所预期。正如施米特所言,"规范是非人格的,因而是普遍的,是事先规定的,因而是出于持久考虑的,是针对可预测性和可规定的内容制定出来的"。② 同时,"实证性的规范—逻辑的要求只有当规范或规范性原则的内容能够通过语言明确表述时,谈论它们才是有意义的"。③ 作为一种行为规范,立法想要实现特定目的,立法上的数量与质量是首要的条件,规范应当具备完整性(量的层面)、明确性与协调性(质的层面)。④ 更进一步而言,完整性意味着,规范不能仅有原则性的笼统授权内容,而没有具体性的行为规则的明确;明确性强调规范与相关概念应当表述清晰,而不至于产生歧义;协调性则要求各类规范之间因相互协调,避免冲突。

(二) 正当性:实质层面

1. 利益平衡

利益平衡,也即各主体之间利益所处的一种公正、衡平的和谐状态。这是法律内部正当性的基础,也是法律实现的内在要求。具体来看,法律实现是法律制度在社会实践中运行并实现其既定的目的。影响法律实现的因素是多元的,既要有一定的外部规范形式能为相关主体所预期,同时规范本身的内容又应当

---

① [美] 理查德·A. 波斯纳. 法理学问题 [M]. 苏力,译. 北京:中国政法大学出版社,2002:51.
② [德] 卡尔·施米特. 合法性与正当性 [M]. 冯克利,李秋零,朱雁冰,译. 上海:上海人民出版社,2015:96.
③ [英] 麦考密克,[奥] 魏因贝格尔. 制度法论 [M]. 周叶谦,译. 北京:中国政法大学出版社,1994:138.
④ 王霞. 税收优惠法律制度研究:以法律的规范性及正当性为视角 [M]. 北京:法律出版社,2012:51-52.

具备正当性，① 能够为相关主体所诚心遵从。对于法律内部正当性的判断，亚里士多德的阐述富有启发意义——其认为"法治应包含两重意义：已成立的法律获得普遍服从，而大家所服从的法律本身又是制定得良好的法律"②，法治的正当性源自法律本身所内含的正当性：一方面，法律经由民主程序制定，体现了多数人的利益；另一方面，更为重要的是，法律（Ius）具有正义（Iustum）之内核，以及"不受主观意愿影响的理性"③，不至于因主权者的恣意、民主的暴政致使各方利益失衡。④ 由前所述，虽然近代自然法式微，正义作为自然法核心的实体性标准遭到了实证主义学者的抛弃，价值判断从法律的事实判断中脱离出来，但即便如此，实证主义学者也无法否认的是：自然法的原则在社会生活中仍然被广泛运用，立法者的意志亦蕴含着道德性因素，"每一实证性法律，不管其可能出自哪个立法者，都能够从中找到自然法之影子"，最为典型的便是劳动领域立法。⑤ 可见，无论正义的标准是否法律存在与否的判断要素，正义性始终是法律应当具备的特质或所追求的目标。这其实是一个不断得到验证的经验，用托马斯·阿奎那的话说，"不管情势怎么变化，实证法在被适用的时候若导致实体性不公，自然法就会现身"。⑥ 总而言之，法律应当是正义的，不至于使得各方利益失衡，利益平衡是法律的正当性的基础所在。

事实上，从法律的社会科学属性来看，法律作为一门社会科学，其以社会为基础，社会的生存和发展离不开各种利益冲突的协调与控制，法律亦以妥善

---

① 从学术研究上来看，对于正当性的研究主要在于权力所指涉的服从与被服从关系领域；从评价的标准来看，正当性有三类主要用法：作为法律概念的正当性，作为社会学的经验性概念的正当性，作为道德评价的规范性概念的正当性。See RICHARD H F, Legitimacy and the ConstitutionHarvard Law Review, 2005, 118 (6): 1787-1853.
② 何勤华. 西方法学史 [M]. 北京：中国政法大学出版社, 1996: 19.
③ 何勤华. 西方法学史 [M]. 北京：中国政法大学出版社, 1996: 20.
④ 亚里士多德指出：所谓"公正"（公平、正义）的真实意义，主要在于"平等"。如果要说"平等的公正"，这就要以城邦整个利益以及全体公民的共同善业为依据。最为公正的政体，应该不偏于少数，不偏于多数，而以全邦公民利益为依归。参见 [古希腊] 亚里士多德. 政治学 [M]. 吴寿彭, 译. 北京：商务印书馆, 2009: 157.
⑤ [德] 海因里希·罗门. 自然法的观念史和哲学 [M]. 姚中秋, 译. 上海：上海三联书店, 2007: 133-141.
⑥ [德] 海因里希·罗门. 自然法的观念史和哲学 [M]. 姚中秋, 译. 上海：上海三联书店, 2007: 125.

调节利益冲突为重任。正如亚里士多德所言,"要使事物合于正义(公平),须有毫无偏私的权衡;法律恰恰正是这样一个中道的权衡"①。特别是到了现代社会,财税、金融、环境等经济社会诸多领域发生剧烈变化,其间政治、经济、社会因素错综复杂,利益冲突不断。② 一个利益平衡的制度框架与规制措施有助于"定分止争","最大限度增加社会和谐因素",③ 更好实现社会治理。从法权性角度而言,利益平衡表现为权利与权力、权利与权利甚至权力与权力之间的和谐状态;从治理的角度来看,所谓的提高再分配等财税手段的精准性、精准防疫等背后的"精准"之核心要义即在于利益平衡。

需要指出的是,此处并未采用"权利平衡""权利与权力平衡"或"权力与权力平衡"等表述,并非因为利益平衡在表述上所具有的简洁性,而主要因为"利益"关注相关主体的内心需求。一个利益平衡的法律有助于驱动相关主体的遵从行为,进而提高法律的执行力,以及法律制度的效率最大化。④ 同时,利益平衡的法律是控制公共治理中的技术性风险、实现公共治理目的不可或缺的重要手段。之所以得出这样的结论,主要基于以下两方面理由:第一,利益与权利对主体的驱动性不同。以权利与利益的概念对比为例,权利(right)包含着做正确的事之义,带有外部道德上的正当性,利益(interest)则是指满足主体内心所需要所指涉的对象。⑤ 可见,两者视角不同,对于特定主体而言,带有外部道德正当性的权利可能并不能满足其内心所需,例如拒绝税收优惠的权利。也正是因为利益比权利更符合主体的内心需求,因而更加具有驱动性,对于利益的平衡有助于提高法律的执行力以及降低制度运行的成本。简言之,"平衡本身,看似强调在……权利与权力之间的'均势'或'衡平',但实际上

---

① [古希腊]亚里士多德. 政治学[M]. 吴寿彭,译. 北京:商务印书馆,2009:173.
② 刘剑文. 论领域法学:一种立足新兴交叉领域的法学研究范式[J]. 政法论丛,2016(05):4.
③ 参见《中共中央关于全面深化改革若干重大问题的决定》。
④ 王霞. 税收优惠法律制度研究:以法律的规范性及正当性为视角[M]. 北京:法律出版社,2012:63-64.
⑤ 从社会契约论角度来看,权力(power)源自人民权利之让渡,亦天然地带有道德上的正当性。

强调的是这些利益背后的平衡"①。第二，利益与权利两者范围不同。对于利益与权利之间的关系，自然法学派将权利视作为一种"应当由法律保护的利益"，认为只要是合理的应当承认与保护的利益就是人的自然权利；实证主义学者则倾向于仅将法律所确认的利益作为权利来保护。因而，利益既包括法律确认的权利、未被法律确认但具有合理性的利益以及非法的利益三类。② 由前所述，随着近现代实证法占据了主流地位，自然法的意义已从法律判断的实质性标准转变成法律所应当追求的价值目标。因而，对于被法律所确认的权利法律应当予以保护，对于非法的利益不应当保护，至于具有合理性但未被法律确认的利益则需要谨慎对待——因为未被法律确认只是一个未确定的状态，相关利益可能为后来的立法所确认。同时，更为重要的是，利益平衡所追求的是各主体之间合理利益的平衡。

总之，能够实现利益平衡的法律能为相关主体所诚心遵从，提高法律的执行力与实现制度效率最大化，进而促进法律实现。也正是因为，利益平衡侧重于相关主体的内心需求，因而有助于控制所述的公共治理过程中所存在的技术性风险。由前所述，对技术性风险的控制强调的是权力控制的"精准"性，利益平衡的前提在于正视各方主体真实且合理的利益诉求，而非选择性忽视部分利益或对于不合理的利益予以承认。由此，一个利益平衡的法律既兼顾了各方利益，也有助于最大限度避免因对不合理利益的承认而引致的社会主体对政府、地方政府对中央政府的过度依赖，甚至"（此次）灾难制造了（下一次）灾难"情形的产生。

2. 效率原则

一般而言，效率具有经济与社会的双重属性。经济属性强调最少的投入获得最大的产出，而社会属性则是对有限的社会资源优化配置结果所做的社会评价。从现有研究来看，对于效率原则的讨论，不可避免地涉及效率与公平之间

---

① 王霞. 税收优惠法律制度研究：以法律的规范性及正当性为视角 [M]. 北京：法律出版社，2012：62.
② 王霞. 税收优惠法律制度研究：以法律的规范性及正当性为视角 [M]. 北京：法律出版社，2012：60.

的张力及其权衡问题。① 对于两者的权衡或者说冲突，学者们在不同的领域亦有不同的学术倾向。在权利领域普遍认为公平优先于效率，而市场领域则反之。② 以市场领域为例，上述话题或争论，看似有其合理性，但如果继续追问，则会发现其内在的不合理之处——此处的公平究竟意旨绝对公平还是相对公平？如果是绝对公平，那么资源按需分配，人人皆能满足所有需求，效率并没有存在的意义，但资源有限性的前提却否认了这一点，也即：此处的公平只能是相对公平。而在资源有限情形下，相对公平的实现离不开资源的优化配置，因而有赖于效率原则的保障。就此简单推论，我们不难看出：效率与相对公平（也即利益平衡）之间并不冲突，效率是在资源有限的现实困境下应运而生、实现相对公平的必然手段。因而，两者是正当性的一体两面。

不过，上述冲突的观点虽有逻辑上的不合理，但也从侧面反映了现实中相对平衡实现的困难。社会生活中存在多元价值，这些价值之间存在紧张对立的关系。例如，突发事件治理下各地政府发放消费券刺激经济恢复的财政补贴行为，表面上看似涉及财政资金使用上的效率价值，但实质上还可能涉及其他未被补贴对象的公平性问题（竞争法）、低收入群体的社会保障问题（社会法），甚至国家的货币秩序问题（货币法）。③ 在这些多元的价值对立的情形下，如何优化立法者（决策者）的选择、妥善平衡各方利益成了重要问题。④ 一般而言，正当性的实现涉及以下两方面内容：

第一，程序性立法与决策模式。在汉语中"程序"一词有事情开展的先后次序之意，在不同场景有不同的语用。从法律学的角度来看，程序表现为按照一定的方式来作出决定的相互关系，其普遍的形态为："按照某种标准和条件整

---

① 蒋悟真，詹国旗. 公共物品视角下社会救助的法律解释 [J]. 比较法研究，2016（01）：176.
② [美] 阿瑟·奥肯. 平等与效率：重大的抉择 [M]. 陈涛，译. 北京：中国社会科学出版社，2013：61.
③ 对于该问题，熊伟教授已经有深入的探讨。参见熊伟. 新冠肺炎疫情背景下政府消费券发放规则的法律检视 [J]. 武汉大学学报（哲学社会科学版），2020（05）：5-14.
④ 事实上现代市场经济的课题很大程度上也是优化选择机制的形成。公正与效率的价值之间的冲突市场中选择优化的核心问题，科斯教授特别强调法律运作的程序要件与市场功能的关联。SEE RONALD H C. The Firm, the Market, and the Law [M]. University of Chicago Press, 1988, esp. Chap. 1.

理争论点，公平地听取各方意见，使得各方可以在理解或认可的情况下作出决定。"① 对于程序而言，其既有包容的一面，又有紧缩性的特征。包容性表现在程序没有预先设定结果，纷繁的价值之争在程序之中被暂时搁置一旁；紧缩性的特征表现为，程序开始于不确定的状态，但随着程序的展开参与者言行可能性随之缩减，其结果使得程序参与者难以抵制，制度化的契机也由此形成。② 就具体的立法模式或决策模式而言，程序的意义在于其是一种理性选择的保证。罗尔斯认为，"公正的法治秩序是正义的基本要求，而法治取决于一定形式的正当过程，正当过程又主要通过程序来体现"；③ 因而，对于纷繁复杂的利益平衡的正义僵局，通过将价值问题转变成程序问题来妥善解决，倒不失为一个明智的选择。

第二，执行规则的激励相容。前文已言及，一个激励相容的体制，意味着"所有的参与人即使按照自己的利益去运作，也能实现整体利益的最大化"④。在政府间关系方面，激励相容分别表现在"财"与"政"两方面，并具象化为财权、财力、支出责任与事权等基本要素的配置方面。在政府与社会或市场关系方面，激励相容表现为明确政府的救灾界限，合理分担风险，以及通过财政的杠杆作用鼓励社会参与。

二、中观模式结构

（一）制度模式：内容上的模式

从系统的角度来看，制度并非孤立而处于整个法律体系之中。权力制约、地方自主与权利保障的法治理念的实现，离不开各类制度的有机衔接与相互协调，由此产生制度模式的概念。鉴于研究需要，本书将财政制度模式划分为权

---

① 季卫东. 法治秩序的构建 [M]. 北京：中国政法大学出版社，1999：12.
② 季卫东. 法治秩序的构建 [M]. 北京：中国政法大学出版社，1999：11，22-23.
③ 该观点为季卫东教授对罗尔斯《正义论》的总结，罗尔斯并未有直接的表述。季卫东. 法律程序的意义——对中国法制建设的另一种思考 [J]. 中国社会科学，1993（01）：83-103.
④ 楼继伟. 中国政府间财政关系再思考 [M]. 北京：中国财政经济出版社，2013：3.

力制约与地方自主两类财政制度模式。①

第一,权力制约的财政制度模式。总的来看,财政事项涉及财政支出、财政收入、财政管理内容,在具体机制上涉及预算制度、税收制度、监督评估制度等诸多机制,而各类制度之间又可进一步划分。例如,预算制度涉及预算收支科目划分、重要事项说明制度、预算公开、审批等内容;监督制度涉及审计监督、人大监督、社会监督等内容。而上述机制要实现权力制约的目的,可能具有多种排列组合。例如,在突发事件的事前能力建设与资金准备方面,既可以通过实体法明确相应的标准为预算的编制提供依据,也可以在预算编制时要求政府将各项支出完全细化,还可以折中式地赋予政府部分裁量空间,如部分细化,等等。

可能有观点会质疑道:既然笔者已经承认模式存在多种排列组合,具有不确定性的这一事实,那么,在这种不确定性面前,笔者又如何来保障第三章关于中国是否形成相应制度模式之评价结论的合理性?要说明的是,制度模式所具有的不确定性源自选择的多样性。而随着实践中选择的不断做出,这种不确定性也在逐步削减,进而形成了具体确定的模式。在此基础上的评价,是一种确定性的评价。正如作为结果的网与织网的线一般,可能因线的材质不同,其所形成的网存在多种理论上的可能性。但到了具体实践,其实我们面对的是已经形成的网,因而,我们可以通过对其是否坚固、"网眼"大小是否合适的考察,做出具体判断。

第二,地方自主的财政制度模式。地方财政自主,涉及财政收益权、财政立法权、支出责任、事权等基本因素在央地间的配置。在域外不同的法治国家,上述因素有着不同的排列组合,来实现地方自主的目的。有学者基于域外考察,将之分为对称制的财政制度模式与非对称制的财政制度模式两类,前者以美国、加拿大为代表,后者以德国、日本为典型,具体见表2-1的梳理。

---

① 这一区分并不意味着两者泾渭分明,而具有模糊性。为避免这种模糊性,本文的权力制约的财政制度模式体现的是"政府—社会"下的分权与制衡内容;而地方自主的财政制度模式,则是不同层级的政府之间的分权与制衡。同时,将两者交叉部分的"立法监管"这一督促各级政府履行职责的内容,纳入地方自主的财政制度模式中。

表 2-1　域外发达国家常态下的政府间财政制度模式考察

		对称制	非对称制
代表国家		美国、加拿大	日本、德国
差异	事权划分	事权实施与立法监管一致性程度高。共同/委托事权比例较低：美国53%；加拿大46%。	共同/委托事权比例较高（德国75%），事权实施与立法监管存在一定分离。
	收益权与事权匹配程度	1. 纵向财政不平衡率：美国13%；加拿大7%。2. 财力保障类转移支付：美国29.6%；加拿大19.8%。	1. 纵向财政不平衡率：日本20%；德国28%。2. 财力保障类转移支付：日本37.2%；德国43.8%。
	立法权与收益权适应程度	财政收益权与财政立法权基本匹配。州与地方政府可自主决定的税收收入与全部税收收入：美国均为35.6%；加拿大均为51.8%。	财政立法权高度集中在中央。日本：41.3%与37.5%；德国：49.3%与7.2%。
	预算自主程度	预算自主程度较高，且州与地方政府发生债务危机时，一般不采取紧急救助措施。	预算往往受到中央政府的限制；发生债务危机时，一般采取紧急救助措施。
	……	……	……
共性	强调法治与宪治	均在法治、宪治的框架内处理政府间财政关系。	
	政府层级结构	主要采取三级政府的层级结构。如美国、德国的联邦、州与地方政府，日本的中央、都道府县、市町村。	
	准备金制度	在非中央政府的准备金（预算稳定调节基金等）方面均有一定的要求。	
	协调与争议解决机制	均建立了争议解决机制。例如，美国参众两院的政府事务委员会、日本总务省等。	
	……	……	

资料整理自魏建国. 中央与地方关系法治化研究：财政维度 [M]. 北京：北京大学出版社，2015：125-137.

从差异性上来看，对称制模式下的美国与加拿大，（狭义）财权与事权的匹配程度、（狭义）财权与立法权划分的匹配性程度，以及事权划分的一致性程度（事权实施与立法监管是否属于同一政府）都比较高，与非对称制模式差异明显。上述差异背后反映的是不同国家对于中央集权与地方分权，也即对地方自主的度的理解程度不同。

从共性上来看，两类模式都重视在法治框架内处理政府间财政关系，各类基本要素的配置通过法律的形式进行，而不受中央政府的单方决断。同时，地方政府也能够通过规范化的途径，获取足够的财政资源，以完成相关事权。只不过美国的州与地方政府是通过明确的财政收益权，日本的都道府县与市町村是通过规范化的转移支付制度进行。

当然，上述内容只是相关学者基于常态下的制度模式考察，至于突发事件应对方面，相关制度模式为何，有待笔者的进一步考察。

（二）规范体系：形式上的模式

前文所述的制度上的规范性与正当性是"形式/实质"这一区分下的结果，但两者通常难以分离而容易使得研究陷入困境，因而需要引入"形式/内容"这一区分。从两组区分的差异来看，前者的形式可称为广义上的形式，包括规范形式与规范内容，而后者则仅仅指涉规范形式这一狭义范畴。需要明确的是，后文所指的形式，均是相对于规范内容而言的狭义范畴的理解。

如果说制度模式是基于内容所形成的制度模式，那么规范体系就是各制度的外在形式在宏观上所组成的另一种模式。形式上的模式的意义在于为法律制度引入一定的学习、反思机制，而不至于因社会的变革破坏了法律的统一性与稳定性，使得法治不存（见表2-2）。

表2-2 形式与内容所构成的模式/结构体

	模式	描述
形式	规范体系	目的在于形成一定学习与反思机制。例如，后文的"法律法规—应急预案"体系。
内容	制度模式	是具体实现权力制约、权利保障的媒介，包含权力制约模式、地方自主模式。

从立法原理来看，立法源自社会生活的抽象，但社会生活并非固定不变，社会生活的变迁决定了立法适时变化的必要性。① 因而，法律体系的稳定性与社会生活的灵活性之间存在紧张对立的关系，需要一定的学习、反思机制予以妥善解决。

有学者②基于各国实践，指出：

第一，"议行合一"的议会制国家采用规范和规范等级结构（效力层级）的方案，使得低位阶的立法在高阶规范的范围内自由修改而又不至于与高位阶规范冲突从而危及整个法律体系的稳定性，随着规范等级的下降，立法内容的重要性与抽象性程度亦随之下降。

第二，"议行分离"的总统制国家，如美国，主要采取决定权分散化的非等级结构方案，将决定权分散至各个权限机关，然后通过它们的决定反射到社会中去，各个权限机关互为前提、互相约束。③

从本土化实践来看，我国在立法上采取了大陆法系的规范等级结构的形式，作为"元法律"的宪法与狭义的法律构建了某个具体领域法律制度的框架性结构，行政法规、部门规章、规范性文件等则是在框架性结构内的进一步填补。

需要强调的是，规范体系背后的学习与反思机制，其最终目的在于确保国家事务在法治框架之下处理，并不因此排斥代议机关通过修改法律应对突发事件的行为，以及多次修改法律的行为。

---

① 张守文教授亦认为，随着社会的发展，应当以发展的眼光看待法学与法律，并适时调整以有效解决国家在发展中的问题，推动中国法学的发展。参见张守文."发展法学"与法学的发展——兼论经济法理论中的发展观［J］. 法学杂志，2005（03）：2-6.

② 此处笔者对季卫东教授的观点略有修改，季教授原是从大陆法系与英美法系角度进行区分，但在英国"议会主权"模式下，英国并非决定权分散化的国家。因而，此处笔者以议行合一与分离为区分标准。此外，我国在立法上的学习与反思的机制除了采取大陆法系的规范等级结构方式外，还包括极具中国特色的试行、试点制度。参见季卫东. 法律秩序的建构［M］. 北京：中国政法大学出版社，1999：33.

③ 值得注意的是，如果从"宪法—法律"的角度来看，美国等国其实也有等级结构的方案。此外，从后文实践梳理来看，美国法律对相关事项仍留有一定裁量空间而交由政府决定，由此也至少存在三层的等级结构。

第三章

我国突发事件财政应对机制的历史考察与问题分析

一切事物都有其产生、发展和消灭的过程。财政作为一项历史的产物，其存在必然有着特定的背景。因而在研究突发事件的财政应对机制时，我们不仅要关注当前具有效力的静态规则，还应当基于特定历史，把握其在发展变化过程中的动态规律。有鉴于此，本章在国家财政阶段、过渡阶段与公共财政阶段的划分基础上，首先对各阶段特定历史背景进行考察，而后基于财政规则的考察，梳理事前、事中与事后阶段的财政机制，最后进行问题分析。

第一节 历史考察

一、国家财政阶段

十一届三中全会以前，我国在高度集中的计划经济体制基础上，建立了高度集中的产品经济型财政管理体制，或谓生产建设型财政。在这个时期，"计划替代了市场，政策替代了法律"[1]；中央政府成为社会资源的绝对掌控者，财政被视为生产建设的手段。

---

[1] 张守文. 回望70年：经济法制度的沉浮变迁[J]. 现代法学，2019，41（04）：6.

第一，在政府与市场、政府与社会关系上，国家预算、银行信贷、企业财务被纳入财政收支范围，社会资金被置于统收统支的轨道，① 与实物资源一并以统一计划方式配置。同时，全社会亦按照统一计划进行生产和安排工作，个人的自主选择与自由流动被严格限制。② 此时的财政，虽然在目的上同样是为了公共需要，但因经济上的垄断与政治上的集中使得公共需要的判断集中于中央，是一种典型的国家财政。

第二，在政府间关系上，财政管理权限集中于中央政府，地方政府被视为中央计划的执行部门。不过限于信息处理能力的限制以及各地实际情况的差异，完全的统一计划难以实现，同时也不利于地方政府因地制宜进行生产建设。③ 因而，自1951年起，中央和地方的财政关系就一直处于调整中，总体呈现出"由高度集中的管理体制向各种形式的分级管理体制转变"的趋势，④ 即地方所分享的财权总体上呈增加趋势。不过由于1954年中央政府明确了地方政府的财政开支必须"归口"管理——中央各部门向地方政府下达各项支出指标⑤——使得地方政府即便分享中央的财权，也受限于中央分配的指标而难以动用。⑥ 相反，地方政府基于中央政府分配的预备费指标以及本地区超收分成等项目所持有的"机动财力"，成为地方政府在中央计划之外，因地制宜安排本地区生产

---

① 参见王富华. 关于我国财政模式的若干思考 [J]. 甘肃理论学刊，1988（03）：23.
② 甚至在自然灾害发生后，逃荒灾民要被遣返回原地，如1955年《内务部关于加强春荒救济工作的指示》强调"一般春荒地区应把农民稳定在农村里。对已外逃者要商定一方接，一方送"。
③ 参见楼继伟. 中国政府间财政关系再思考 [M]. 北京：中国财政经济出版社，2013：3-4.
④ 参见财政部综合计划司. 中华人民共和国财政史料（第1辑）：财政管理体制（1950—1980）[M]. 北京：中国财政经济出版社，1982：1.
⑤ 1954年，邓小平同志对当时的财政工作提出六条方针。第一条方针为"预算归口编列"，也即财政开支必须归口管理，按系统（如文教卫生为一口）分配指标和编制预算，所有预算支出都必须有人负责、有人分配。这一现状直到改革开放才得以改变。参见财政部综合计划司. 中华人民共和国财政史料（第1辑）：财政管理体制（1950—1980）[M]. 北京：中国财政经济出版社，1982：5.
⑥ 彼时的财政部部长王丙乾指出："过去编支出计划，先搞一个全国大盘子，由财政部切大块给中央各部，然后再由各部切小块，下达地方。这样切块法，讲的是地方可以统筹安排、调剂使用，但实际上很难办到。"参见湖北财经学院财经系财政教研室资料室. 国家预算参考资料选编 [M].［出版地不详］，1980：21-22.

建设的资金来源。①

(一) 自然灾害应对的财政规则考察

基于中国的经济基础以及苏联的影响，新中国成立初期在实现工业化方面，选择了农业支持工业、农村支持城市的模式。在救灾与实现工业化的问题上，彼时周恩来总理指出："农业的恢复是一切部门恢复的基础。"救灾工作的成败将影响农业经济，影响工业生产的基础。因而，对于自然灾害应对，中央明确地将救灾工作与农业生产相结合。例如，1949年《政务院关于生产救灾的指示》指出"灾区政府及人民团体要把生产救灾作为工作重心"；1950年中央成立生产救灾委员会，负责对全国救灾工作的领导。就具体体制而言，这一时期的自然灾害应对工作，强调依靠群众、依靠集体、生产自救、互助互济并辅以国家救济。②

1. 事前阶段

计划经济时期下的事前准备主要是资金准备，能力建设并没有得到足够重视。③

第一，预备费。中央政府和地方政府均有列支预备费。但要注意的是，中央预备费与地方预备费在制度定位上不同，地方预备费无救灾的目的。具体而言：1951年《预算决算暂行条例》（1991年废止）虽规定各级政府应当列支预备费，但对预备费用途与提取比例并没有明确。对此，《政务院关于编造1954年预算草案的指示》指出，国家预备费主要用于不可预期的特殊事项，并罗列"经济和国防建设中的新的改革或添设事项以及严重灾荒的救济等"具体情形。而对于地方预备费，《国务院关于1964年预算管理制度的几项规定》明确地方预备费旨在解决"预算安排的不足和新发生的一些支出，在上半年不要安排使

---

① 湖北财经学院财金系财政教研室资料室. 国家预算参考资料选编 [M]. [出版地不详]，1980：8-9，61-62.
② 关于新中国成立以来救灾工作方针的梳理，可参见蒋积伟. 新中国救灾方针演变考析 [J]. 当代中国史研究，2014（02）：44-52.
③ 这一时期的突发事件应对虽有进行修筑堤坝等建设以抵抗可能的自然灾害，但总体而言仍是微不足道，主要还是事中与事后阶段的临时应对。

用",且在后续相关文件中均未指出地方预备费有在自然灾害救济上的用途。

事实上,预备费作为地方"机动财力"的重要来源,其是为地方在统一计划外因地制宜安排本地区生产建设提供资金。① 因而,《政务院关于编造1954年预算草案的指示》指出"预备费应该打足"。同时,预备费列支过多不利于国家集中财政资源进行建设,有冲击国家计划之可能。为此,中央对各级政府预备费的上限亦予以明确。例如,《政务院关于编造1952年度预算的指示》指出各级预算的预备费应当不超过一定比例,中央不超过7%,省(市)不超过4%;等等。②

第二,自然灾害救济事业费等。从实践来看,中央政府编制的预算,历年均有列支"自然灾害救济费"与"特大防汛抗旱补助费",而地方直到1995年后才陆续列支"自然灾害救济费",③ 以应对自然灾害。

2. 事中与事后阶段

"依靠群众、依靠集体、生产自救、互助互济并辅以国家救济"的工作方针,在事中与事后阶段也得到了相应的体现。

第一,在财政收入(税费减免)方面,中央鼓励生产救灾。例如,1951年《政务院关于安徽、河南、江苏、山东、山西等省遭受灾荒地区减免税收办法》就明确了扶持灾民生产自救的积极措施。对灾民以救济粮、救济金所经营生产自救的营利事业,免营业税与所得税;对灾民在灾区内买卖牲畜,免交易税;等等。④ 1958年全国人大常委会颁布的《中华人民共和国农业税条例》(2006年废止)第十七条还规定,纳税人的农作物因灾歉收的,按歉收程度减征或免征农业税。

---

① 参见湖北财经学院财金系财政教研室资料室. 国家预算参考资料选编 [M]. [出版地不详],1980:8.
② 预备费上限也经过多次变化,例如《国务院关于1963年预算管理制度的几项规定》中明确天津、沈阳、武汉、广州、重庆、西安六大城市的预备费,由各省按照3%的比例进行分配。
③ 参见蒋积伟. 1978年以来中国救灾减灾工作研究 [M]. 北京:中国社会科学出版社,2014:86.
④ 参见中央人民政府政务院. 关于安徽、河南、江苏、山东、山西等省遭受灾荒地区减免税收办法 [N]. 安徽省人民政府公报,1953(06):1.

第二，在财政支出方面，中央强调灾民自救为主与国家救济为辅。在事中阶段，救灾粮款的支出主要用于灾民的基本生活保障、工作经费，并强调生产自救、以工代赈。例如，1953年《内务部关于加强灾区节约渡荒工作的指示》指出：各地在领导灾民生产自救时应贯彻"节约渡荒"的重要原则，"生产要靠节约积累资金，渡荒也要靠节约储备力量"，要切实控制救济粮款的作用。由于"目前粮食产量难以满足国家与人民需要，为了集中力量保证生产建设的完成，政府只能拿出一部分力量对灾民进行救济"。①除发放救济粮款外，新中国成立初期还曾出现"以工代赈"的情形。例如，1951年河北省实施的水利工程——潮白河下游工程、金门渠工程，通过以工代赈的形式，"解决了六十万人一个月的生活，灾民中有'救命堤'的反映"②。虽然后续或因政治原因而鲜有提及，但"以工代赈"同样具有鼓励生产自救、提高灾民救灾积极性、资金使用效率的作用，在汶川地震、玉树地震等事件中也被予以了强调。③

在灾后恢复重建阶段，同样强调自救为主。例如，倒损房屋重建的用工费用，"除了五保户由生产队开支，劳动力少的四属户和贫农下中农的困难户，由生产队酌情照顾外，一般应该是由房主的劳动工分中扣还。物料费用，由房主负责；房主短期内无现款时可由信用合作社酌情贷款扶助；长期内无力购置物料的，可由救济款解决"④。

第三，在支出责任方面，中央政府"统包统揽"。计划经济时期下，历次政府间收支划分的重点都在于通过明确企业、事业单位的隶属关系来解决各自的生产支出，而基本建设支出主要通过中央政府的专案拨款（转移支付）来实现。至于突发事件应对这类计划外的经费在地方预算编制时不列，因为这些"并不是各个省、市年年都需要的……需要这些支出的时候，由中央另行拨款"⑤，而

---

① 参见《内务部关于加强灾区节约渡荒工作的指示》（1953年9月26日）。
② 《河北省人民政府党组关于春耕播种及河工工作给党委的报告》（1951年6月），河北省档案馆，907-15-4。转引自蒋积伟.1978年以来中国救灾减灾工作研究［M］.北京：中国社会科学出版社，2014：25.
③ 参见《汶川地震灾后恢复重建条例》（国务院令第526号）；《关于在地震灾后恢复重建中推行以工代赈方式的意见》（川府发〔2008〕23号）；等等。
④ 参见《中共中央、国务院关于生产救灾工作的决定》（中发〔63〕663号）。
⑤ 《国务院关于改进财政管理体制的规定》（国务院令1957年11月15日议字第69号）。

后划转地方预算。①

当然，中央强调地方应当在"确有需要"时，才可以向中央申请追加预算。例如，《国务院关于编造1955年预算草案的指示》指出："各省、市除遇重大灾荒、救灾措施为地方财力所不及，得提请中央解决外，一般不应向中央提出追加预算。"不过，从历次财政收支划分的变动以及实践来看，这一原则在实践中没有得到坚持。一方面，灾情标准划定模糊。1951年《中央生产救灾委员会关于统一灾情计算标准的通知》（仍未被废止）明确收成三成以下为"重灾"、六成以下为"轻灾"的标准，但50年代期间却在此之外又出现了"较大"与"严重"的表述，60年代起则开始强调"特大"的灾情标准。②另一方面，相关文件也没有进一步明确标准的具体内涵，使得"地方财力不足"成为申请中央拨款的唯一条件，而"地方财力不足"这一概念的模糊性以及中央难以进行及时核查的困境，进一步使得中央的补充责任在实践中演变成了全部责任，"不管大灾还是小灾，不管地方和农民的经济状况如何，一遇灾害便由中央出钱。资金来源单一，救灾经费严重不足"。③

（二）公共卫生事件应对的财政规则考察

不同于自然灾害事件应对中政府在事后组织受灾群众生产救灾的模式，我国对于公共卫生事件的应对，侧重于事前预防，以提高人民健康水平，确保生

---

① 根据各年度国务院、财政部关于编造预算草案的指示：除了1955年中央专案拨款列入中央预算（旨在增强地方预算的稳定性），以及1958—1960年由于财权大量下放后中央取消专案拨款外，其余年度中央的专案拨款都是划转地方预算。财政部综合计划司. 中华人民共和国财政史料（第1辑）：财政管理体制（1950—1980）[M]. 北京：中国财政经济出版社，1982：79-249.

② 《政务院关于1951年度财政收支系统划分的决定》指出"范围较大的灾荒救济费，列中央预算"，《财政部关于编造1956年地方预算草案若干具体问题的规定》载明"各地区……如遇到严重灾荒自行解决确有困难时，再报请中央核定补助"，《国务院关于1963年预算管理制度的几项规定》明确"特大防汛沿抗旱、救灾经费1963年仍然由中央专案拨款解决"，等等。

③ 张德江. 我国救灾体制改革的探讨[N]. 人民日报，1990-03-05（6）.

产建设的顺利进行。① 毛泽东同志在 1949 年第一届卫生行政会议中指出卫生工作要"预防为主。卫生工作的重点应放在保证生产建设和国防建设方面，面向工农兵，依靠群众，开展卫生保健工作"。同年 10 月与 11 月，中央防疫委员会与卫生部先后成立，分别负责组织群众开展爱国卫生运动与领导全国卫生防疫工作。而后，各地政府也开始组建了自己的防疫队伍。1953 年政务院进一步要求县一级全部设立卫生防疫站。

与此同时，为了解决疾病的治疗与恢复问题，基层开始逐步设立医院、妇幼保健机构。1951 年卫生部《关于健全和发展全国卫生基层组织的决定》强调基层要全面建立基层卫生组织（医院、防疫站、保健所）。② 由此，城镇基本建立起了以县医院、防疫站、妇幼保健所为核心的卫生组织体系，并对城镇职工实行公费医疗、劳保医疗。1965 年毛泽东同志进一步做出"六五指示"，此后基层卫生组织开始全面覆盖至此前被忽视的农村。③ 其中，医院、防疫站设到县一级，乡、村一级的防疫工作由卫生院、（大队）卫生所来承担。由此，农村普遍形成了县、乡、村三级农村医疗防护网，并普遍建立了集体、个人出资的合作医疗制度。这一时期公共卫生事件应对的财政规则比较简单，具体如下：

1. 事前阶段

事前阶段的支出主要强调能力建设，并具体表现在以下两方面。

第一，国家对于卫生组织的工资与业务开支实行"全额管理，差额补助"。全额管理指的是，对于人员工资以及附加工资采取包工资的办法，直接由国家预算列支；差额补助指的是，对于卫生组织的财务管理，全面核算业务收入与

---

① 第一届全国卫生会议上，卫生部部长李德全作《关于全国卫生会议的报告》，指出"今天国家首要的任务是生产建设，一切工作都要围绕着这个任务。所以卫生工作也要保证生产建设"，"根据我们的力量，目前在农村应以防治传染病和地方病为主，工矿则以防治职业病和灾害为主，妇婴保健则为城乡并重的事业"。
② 中央人民政府法制委员会. 中央人民政府法令汇编（1951 年）[M]. 北京：人民出版社，1982：592-594.
③ 转引自孟涛. 非常状态下的法律——危机与中国法律的转型 [D]. 北京：中国人民大学，2010：96.

55

支出，以收抵支后的不足部分由国家预算给予补助。① 值得注意的是，在能力建设方面，1964年《关于卫生防疫站组织机构和人员编制的规定（草案）》明确了人员的配置、经费的标准，防止地方任意削减相关支出。

第二，国家对于传染病的预防采取免费、强制接种的方式。例如，1950年政务院发布《关于发动秋季种痘运动的指示》，卫生部发布《关于种痘暂行办法的指示》《种痘暂行办法》，规定种痘一律免费，种痘费用由各级政府承担。

2. 事中与事后阶段

对于已经发生的传染病治疗，国家原则上进行收费。对于"困难的四属户、五保户、贫下中农的困难户和其他生活确实困难的社员，可以减收或免收"。② 对于实行公费医疗、劳保医疗的城镇职工的看病费用，分别列入各级财政预算、企业生产成本（企业财务此时也在国家预算中）。③

二、过渡阶段

十一届三中全会的召开，开启了中国改革开放之路，是新中国发展历史中的重大转折点。这一转折有两大鲜明的特点：一是经济体制从计划经济开始逐步过渡至市场经济；二是国家治理模式开始转向法治。

根据会议精神，政府开始将重心转移至经济建设，并强调在完成中央统一计划外，充分发挥各方积极性。相应地，财政管理体制也进行了改革。第一，在政府间关系上，中央与地方政府开始"分灶吃饭"，包干制的财政管理体制逐步建立。中央与地方通过事先确定的收支基数来明确各自的权力与责任。收支基数确定后，地方政府自求财政平衡，多收多支，少收少支。④ 而后，1994年

---

① 需要指出的是：乡村医生（赤脚医生）的收入主要来自收费，不在预算范畴中；卫生组织的业务支出包括疫苗接种、防疫用的药品器材与生物制品购置、民办医疗机构的补助经费。参见湖北财经学院财金系财政教研室资料室. 国家预算参考资料选编［M］. ［出版地不详］，1980：187-189.
② 《中共中央、国务院关于生产救灾工作的决定》（中发〔63〕663号）。
③ 什么是公费、劳保医疗？［EB/OL］. 攀枝花政府网，2014-09-25.
④ 1980年《国务院关于实行"划分收支、分级包干"财政管理体制的通知》；1985年《国务院关于实行"划分税种、核定收支、分级包干"财政管理体制的规定》。

包干制的财政管理体制正式转向分税制,中央与地方政府根据事权与财权相结合的原则划分税收体系,基本不以企业的隶属关系划分;与此同时,以增值税为核心的新型税收制度体系全面搭建起来,中央政府对于经济的宏观管理能力增强,[1] 也为突发事件中的社会参与由政治鼓励向财政激励的转变提供了可能。

第二,在政府与市场关系上,政府对经济的管理从直接管理转向宏观调控。中央通过"利改税"等改革措施,将企业财务与银行信贷从财政收支范畴逐步脱离;1982年、1988年《宪法》修改,分别承认个体经济与私营经济的法律地位,市场开始形成雏形。同时,中央也开始强调要弱化对企业经营(国营企业)的直接管理职能。1998年,全国财政会议首次提出公共财政改革;相应地,国务院进行机构改革,明确要"转变政府职能,实现政企分开"。[2]

第三,随着经济建设中各方积极性的调动,政府与社会关系也有一定的变化。1984年《中共中央关于经济体制改革的决定》强调在允许一部分地区、企业和人员先富起来的同时,必须加强对贫困地区、弱势群体的扶持力度。此外,随着农村承包制的快速发展,农村公社也开始解体。[3]

十一届三中全会的召开也为新时期法治建设扫除了思想障碍,法治建设在中国得以初步展开。[4] 1997年党的十五大更是提出依法治国基本方略,该方略也于1999年被载入宪法。这一时期,突发事件应对方面取得的经验开始被上升至法律与行政法规。[5] 不过,由于财政管理体制尚处于改革中,财政规则未能

---

[1] 包干制的核心弊病在于:包干制只关注结果,而不关注过程。中央政府无法通过税收等形式对经济予以调控。

[2] 1998年全国人大通过《关于国务院机构改革方案的决定》,明确"转变政府职能、实现政企分开"的原则。

[3] 1983年中共中央、国务院发布《关于实行政社分开 建立乡政府的通知》,明确"政社分离",并依照1982年《宪法》规定,建立乡政府。

[4] 十一届三中全会《公报》指出:"为了保障民主,必须加强社会主义法制,使民主制度化、法律化。""从现在起,把立法工作摆到全国人民代表大会及其常务委员会的重要议程上来……"

[5] 例如,《中华人民共和国水污染防治法》(1983)、《中华人民共和国传染病防治法》(以下简称《传染病防治法》)(1989)、《中华人民共和国防震减灾法》(1997)等法律。

体现在上述法律中，反而在一般法中得到了碎片式发展。①

（一）自然灾害应对的财政规则考察

过渡时期，中央政府主要围绕救灾款的使用进行了部分改革，包括在部分地区试行救灾款包干、救灾保险，在全国试行救灾扶贫周转金制度、扶持救灾扶贫经济实体，等等。同时，自然灾害应对的工作也开始强调发挥各方积极性。一方面，在强调国家救济为辅的基础上，新增"扶贫"内容，将扶贫与防灾、减灾工作结合起来，即"生产、救灾、扶贫"工作的三位一体；② 另一方面，试图发挥中央、地方、集体与个人四方的积极性。

1. 事前阶段

这一阶段，事前阶段的支出开始逐步强调能力建设。在国家或政府方面，建立了综合性减灾规划以及物资储备制度；在社会或市场方面，试行了救灾合作保险与救灾扶贫周转金制度等。

第一，建立综合性减灾规划。1989年中国国际减灾委员会的成立，使得中国开始注重综合性的减灾规划，改变了以往仅关注于临时性的减灾工程建设的情况。在这一时期，一系列工程性减灾措施（防护林、堤坝修建、防灾基地建设等）与非工程性的减灾措施（监测预警系统的建立与完善）得以实施，提升了灾害的应对能力，减少了灾害的影响。

第二，建立物资储备制度。为了解决经常性募集与灾区需求时间不匹配以及消毒、整理、分类储存等场地的需要，中央与部分大中城市开始建立物资储备仓库。1997年年底，中央要求部分大中城市建成3000平方米以上的仓库，用

---

① 例如，1993年施行的《中华人民共和国税收征收管理法》（以下简称《税收征收管理法》），1995年施行的《中华人民共和国审计法》（以下简称《审计法》）与《中华人民共和国预算法》等。

② 其中，防灾、减灾可与扶贫工作结合的原因在于：历史的逻辑表明，越是贫困的地方，灾民的防灾、减灾能力越弱。结果随着灾害的发生，"旧疮未复，新的打击又接踵而至"，灾民也越来越穷。参见民政部法规办公室. 中华人民共和国民政工作文件汇编（1949—1999）（中）[M]. 北京：中国法制出版社，2001：1408-1412；蒋积伟. 1978年以来中国救灾减灾工作研究[M]. 北京：中国社会科学出版社，2014：54.

<<< 第三章 我国突发事件财政应对机制的历史考察与问题分析

于募集衣物和救灾物资的储存。地方政府承担建设资金的主要部分;① 1998年民政部与财政部联合下发《关于建立中央级救灾物资储备制度的通知》,在要求建立8个中央级救灾物资代储点外,同时明确地方以及经常发生自然灾害的地区都要储备一定物资。② 从实践来看,截至2001年,除8个中央储备库外,9个省、自治区与新疆生产建设兵团已经建立省级救灾储备仓库,其余部分省份也已开始立项;此外,广东还在部分灾害多发地市建立救灾物资储备仓库。以上事实表明,救灾物资储备网络已初步建立,有助于减少灾害影响,并为经常性社会捐助工作的开展提供支撑。③

第三,救灾合作保险与救灾扶贫周转金制度。随着家庭联产承包责任制的发展与公社的解体,一方面,农民"丰收归自己,救济靠国家"现状亟须改变;另一方面,原有的救灾资金只管灾民基本生活,生产则依靠公社(集体)扶持,在公社解体后,农民灾后恢复简单再生产与自救的要求难以满足,更重要的是,随着市场的放开,国家的救灾款无法随物价的上涨而增加,灾民基本生活保障的任务也越来越严重。④ 对此,为了提高有限救灾资金的使用效率,变单一政府应急为全社会应急、变救灾款单纯生活救济功能为保障灾民基本生活与扶持灾民生产自救并重,中央进行了如下尝试:

一是试点救灾合作保险,并试图过渡成为新经济体制下的社会保险制度(废止)。1987年年初,中央开始在全国部分县试点救灾合作保险。其运作机制为:以集体和个人出资为主、国家扶持为辅设立救灾保险,并将农作物、农房、

---

① 参见《大中城市深入开展捐助活动支援灾区贫困地区工作方案》。民政部法规办公室.中华人民共和国民政工作文件汇编(1949—1999)(中)[M].北京:中国法制出版社,2001:1722.
② 民政部法规办公室.中华人民共和国民政工作文件汇编(1949—1999)(中)[M].北京:中国法制出版社,2001:1565.
③ 9个省、自治区分别为河北、内蒙古、吉林、江西、安徽、山东、云南、青海、黑龙江。参见民政部法制办公室.民政工作文件选编2001年[M].北京:中国民主法制出版社,2002:316.
④ 参见《民政部副部长张德江在全国农村救灾保险试点工作会议上的讲话(摘要)》(1990年3月3日)。民政部法规办公室.中华人民共和国民政工作文件汇编(1949—1999)(中)[M].北京:中国法制出版社,2001:1459-1460.

耕畜、劳动力等传统救灾项目作为险种，在灾害发生时通过保险赔付以保障灾民基本生活和恢复简单再生产的需要。① 救灾合作保险强调"低保额、低收费、高保面"，低保额指的是保险金额不超过常年农作物收成的六成，低收费强调保费不宜过高，高保面要求农户都参与救灾合作保险。而后，民政部于1991年再次强调：各地应努力扩大保面，确保农户参加救灾保险，"所有农户都有遭灾的可能，都有享受救助的权利，因而也都有缴纳互济金（保费）的义务"；对于有条件而不参加保险的农户，国家不再承担救助责任。② 以上事实意味着，这一时期的救灾合作保险并非通常意义上的巨灾保险，其与自然灾害下的救助制度融为一体，或者说其被设计成了自然灾害救助制度的替代品。

对救灾合作保险的业务开展与监督管理，各地可经中国人民银行省级分行批准，通过设立救灾保险机构的方式来进行。在保险资金用途上，救灾保险机构的保费扣除赔款与费用后结余的30%可进行证券投资，至于其他投资或发放贷款则需要委托其他金融机构办理。③ 不过，1999年民政部明确停止试点救灾合作保险后，该措施未在全国范围内展开。④

二是建立救灾扶贫周转金，扶持救灾扶贫经济实体（废止）。1985年《国务院批转民政部等部门关于扶持农村贫困户发展生产治穷致富的请示》中指出：救灾款在保障抢险救灾经费以及灾民基本生活需要外，可建立救灾扶贫周转金，用于有偿扶持灾民生产自救，有灾救灾、无灾扶贫。通过扶持无灾群众生产，可以帮助部分困难群众脱贫进而提高其自身的生产救灾能力与防灾、减灾能力。这里的防灾减灾能力的提高具体表现为：对于周转金的使用强调因地制宜，根

---

① 参见《张德江副部长谈我国救灾改革基本思路》（1989年）。民政部法规办公室. 中华人民共和国民政工作文件汇编（1949—1999）（中）[M]. 北京：中国法制出版社，2001：1443.
② 参见《民政部关于继续做好1991年救灾保险试点工作的意见》（民救函〔1991〕50号）。
③ 参见《中国人民银行关于农村救灾保险试点工作几个问题的补充通知》（银发〔1990〕193号）。
④ 参见《民政部副部长范宝俊在1999年全国春荒救灾工作座谈会上的讲话》。民政部法规办公室. 中华人民共和国民政工作文件汇编（1949—1999）（中）[M]. 北京：中国法制出版社，2001：1567.

据当地自然条件,调整产业结构以减少灾害的影响。例如,湖北省监利县新洲乡的洪涝灾害一般发生在 8 月,根据这一特点,他们在夏天种植粮食,秋天种植耐水的黄麻,减少了灾害的影响。① 在规范资金使用方面,民政部于 1989 年明确要求"凡有一定周转金的地方,均应建立周转金管委会"。②

同时,为了促进救灾扶贫事业的进一步发展,各地逐步成立了由民政部门领导的、以生产自救为目的、以灾民和贫困户为主体的救灾扶贫经济实体(企业),试图采用企业化的模式来提高周转金的使用效率。经济实体的利润,兼顾国家、集体与个人利益,属于国家的部分用于周转金增殖。有一定数量经济实体的地方还应当逐步成立救灾扶贫服务公司,在接受周转金管委会委托的前提下,专门负责对经济实体进行引导、管理和监督。③

需要指出的是,民政部于 1999 年正式要求全面清理整顿救灾扶贫周转金。④ 资金管理与使用的乱象是中央清理整顿的主要原因。乱象表现为:救灾扶贫周转金,本应限于扶持生产自救,实际上却做着存贷款和投资等工作,救灾资金被非法或违规挪用的现象比比皆是,大大增加了救灾扶贫资金的风险性。⑤ 20世纪 90 年代,民政部就多次发文强调周转金应当规范化使用。例如,1994 年民政部强调灾民口粮无法保证的地区不得提取周转金;⑥ 1995 年民政部进一步指出各地不准将周转金用于兴办与救灾扶贫无关的项目,周转金的增殖部分只能用于救灾,而不能游离于救灾之外;⑦ 1996 年民政部再次强调周转金"不得用

---

① 转引自蒋积伟.1978 年以来中国救灾减灾工作研究 [M]. 北京:中国社会科学出版社,2014:55—56. 参见民政部政策研究室. 民政工作文件选编 1985 年 [M]. 北京:华夏出版社,1986:97.
② 参见《民政部关于救灾扶贫周转金使用管理几个问题的通知》(民救发〔1989〕54号)。
③ 参见 1989 年颁布的《全国救灾扶贫经济实体管理暂行办法》(民政部令第 2 号)。
④ 参见《民政部副部长范宝俊在 1999 年全国春荒救灾工作座谈会上的讲话》。民政部法规办公室. 中华人民共和国民政工作文件汇编 (1949—1999) (中) [M]. 北京:中国法制出版社,2001:1567.
⑤ 蒋积伟.1978 年以来中国救灾减灾工作研究 [M]. 北京:中国社会科学出版社,2014:163.
⑥ 《民政部关于进一步做好今年春荒救济工作的通知》(民救函〔1994〕71 号)。
⑦ 《民政部关于进一步加强救灾款管理使用工作的通知》(民救发〔1995〕15 号)。

于与救灾无关的开支，也不得投放与救灾无直接关系的民政直属福利企业和城镇社会福利企业"，已借出的应当如期收回，已投资的应当将利润纳入周转金，不得再进行投资性扶持。

2. 事中与事后阶段

第一，财政支出。对于实践中出现的群众自愿筹资、合作互助而组建的农村互助会（民间组织），财政还予以贴息贷款支持。例如，1987年民政部强调要通过专项贴息贷款扶持农村互助会，帮助群众渡过难关。① 不过，农村互助会也与周转金制度一起被清理整顿，原因不再赘述。

第二，财政收入（税费减免）。新中国成立初期，中央在鼓励生产救灾方面采取了税费减免的措施。但随着1956年三大改造完成，除农业税减免外，相关救灾文件并未提及其他的税费减免措施。不过在过渡阶段，生产救灾中的税费减免重新被予以强调。

（1）事中应急阶段。中央强调地方政府要鼓励生产救灾，对自救性的生产和收入的税费予以减免。② 1991年，中央明确省级税务部门有权对产品税、增值税、所得税等税收予以减免。例如，湖北省曾规定对因灾绝收的农户免征当年农业税、特产税、水费等；重灾区农民自宰自食和直接上市的应税牲畜免屠宰税；对重灾区群众生产自救，从事生产、经营、加工、运销等方面收入免收各项税收和管理费。③ 不过，1998年，国务院开始强调按照财政制度的规定进行优惠。

---

① 参见《充分发挥扶持资金的效益——民政部农救司司长姚进明同志在国务院开发办召开的北方十三省贫困地区经济开发工作座谈会上的发言》（1987年8月24日）。民政部法规办公室. 中华人民共和国民政工作文件汇编（1949—1999）（中）[M]. 北京：中国法制出版社，2001：1675-1677.

② 参见《发动群众，振奋精神，夺取生产救灾工作的新胜利——民政部副部长王国权在十四省、区生产救灾工作座谈会上的工作报告》（1981年11月28日）。民政部法规办公室. 中华人民共和国民政工作文件汇编（1949—1999）（中）[M]. 北京：中国法制出版社，2001：1393.

③ 参见《民政部副部长范宝俊在全国春荒救济工作座谈会上的讲话》（民阅〔1997〕2号）。民政部法规办公室. 中华人民共和国民政工作文件汇编（1949—1999）（中）[M]. 北京：中国法制出版社，2001：1525.

(2)灾后恢复重建阶段。中央强调落实土地征用、建筑税收等方面的优惠政策。① 实践中,地方如湖南省进一步要求国土部门划拨灾民建房用地要简化手续,并免收一切费用,木材、钢材、砖瓦等建筑材料供应免收税费。②

第三,收支平衡。1980年《国务院关于实行"划分收支、分级包干"财政管理体制的通知》虽然明确了特大自然灾害的救灾经费仍由中央专案拨款,但由于各级财政已实行"分灶吃饭",无论是特大自然灾害还是其他等级的灾害,"救灾经费仍由中央统支,已经不符合分级负责的精神"。③ 在此期间,中央就救灾经费分级负担改革进行了试点。当然,对于地方而言,救灾经费分级负担也可称为收支平衡下的中央补助规则。试点的具体内容如下:

一是试行特大灾害救济款包干(废止)。1983—1986年,中央在甘肃、宁夏、西藏、新疆等地试行特大自然灾害救济款包干。中央每年将特大自然灾害救济费包干给上述地方,如西藏500万元、新疆1000万元;救济费由各地方统一掌握安排,不得再向下包干。④ 不过该政策到期后并未有后续,也未在全国范围内试行。

二是试行"常年定额补助、大灾超付借贷、特大灾有限救助"办法(废止)。由前所述,中央尝试在试点地区,将救灾合作保险发展成为社会保险,并强调:农户有义务参保,对于有条件不参保的农户国家不再进行救助。不过,由于救灾保险强调"低保额、低收费、高保面",在实践中产生了保险资金总额不足以赔付的情况,或者说超额赔付。为此,中央自1992年开始,除强调各地要按"收赔大体平衡"的精算原则提高保费费率外,在救灾经费分级负担方面进行了富有创新性的尝试,即在试点地区明确了政府间超额赔付分担与有限救

---

① 例如,《民政部关于切实做好灾区群众生活安排工作的通知》(民救发〔1994〕23号)。
② 《民政部副部长范宝俊在全国春荒救济工作座谈会上的讲话》(民阅〔1997〕2号)。
③ 参见《民政部副部长张德江在全国农村救灾保险试点工作会议上的讲话(摘要)》(1990年3月3日)。民政部法规办公室.中华人民共和国民政工作文件汇编(1949—1999)(中)[M].北京:中国法制出版社,2001:1459-1460.
④ 《民政部、财政部关于对甘肃省、宁夏回族自治区特大自然灾害救济费试行包干的通知》(1983年8月3日,失效)、《民政部、财政部印发〈关于对西藏自治区特大自然灾害救济费实行包干的规定〉的通知》(〔84〕民农函第167号,失效)。

助具体机制，试行"常年定额补助、大灾超付借贷、特大灾有限救助"办法。①具体而言：

（1）常年定额补助。中央每年年初下拨给省定额补助款用于超额赔付，而后由省再下拨给试点地区。定额补助款的数额是以1980年至救灾保险试点前一年实际拨给试点地区的救灾款平均数为基础，并综合考虑物价等因素而确定；定额补助款一经核定三年不变，除特大灾害外，中央不再无偿拨给救灾款。此外，补助款中不超过9%的部分可用于灾民生活救助。

（2）大灾超付借贷。财政部、民政部与省级政府建立大灾借贷准备金制度。省级政府可从中央下拨的定额补助款中提取10%、从试点县的保费中提取相当于补助款15%金额的保费作为省级大灾借贷准备金来源。试点县市如遇大灾，保险资金总额（定额补助款、历年结余、保费等）不足以支付救灾经费时，可逐级申报借款。借款先由省级政府在省级大灾借贷准备金的50%以内支付；若仍有缺口，则由财政部、民政部承担不超过定额补助款数额30%的借款责任；借款一般收取2.5%的管理费。

大灾借贷准备金在大灾年借贷地方周转，如遇特大灾害则转为无偿补助。此外，年末大灾借贷准备金若有结余，省级政府可在不超过结余资金的30%范畴内，建立用于奖励救灾成效显著单位的奖励基金，并报民政部备案。

（3）特大灾有限救助。试点县若遇特大自然灾害而出现大量超付时，省、试点地区的所有保险资金总额可全部投入用于救灾，并按保险条款实行比例救助或按救济标准实施有限救助。财政部、民政部酌情予以补助。

不过，随着1999年救灾合作保险工作试点的停止，民政部与财政部强调不再承担救灾保险超赔付责任后，以上措施未在全国范围内实行。② 值得注意的是，相关文件虽未提及救灾合作保险停止的原因，也有部分学者将之归结为管

---

① 《民政部、财政部关于试行"常年定额补助、大灾超付借贷、特大灾有限救助办法"的通知》（民救函〔1992〕326号）。

② 参见《民政部副部长范宝俊在1999年全国春荒救灾工作座谈会上的讲话》。民政部法规办公室. 中华人民共和国民政工作文件汇编（1949—1999）（中）[M]. 北京：中国法制出版社, 2001：1567.

理混乱，但笔者认为，彼时公共财政改革背景下，以农村最低生活保障制度为核心的社会保障制度的逐步建立①与合作保险"有条件不参保的，国家不再进行救助"之间的冲突（但不是非此即彼的关系而有协调可能性，具体见第四章与第五章论述），才是其不再试行的原因。

三是在全国范围内探索救灾工作分级管理、救灾经费分级负担体制。随着市场经济体制改革目标的正式确立，1994年第十次全国民政会议正式确定建立救灾工作分级管理、救灾款分级负担救灾管理体制的改革目标；② 1996年，民政部在全国民政厅长会议中明确进行救灾工作分级管理，救灾经费分级负担的改革，指出：要"按客观标准把灾情分为特大灾、大灾、中灾和小灾，并据此明确各级政府承担的责任，小灾由地（市）、县两级财政与群众的互助互济解决；中灾省级财政帮助解决；大灾和特大灾以省以下各级解决为主，中央予以补助"。③

同时，救灾经费的分级负担要求各级政府在预算编制时列支相应支出。一方面，1994年财政部在地方财政预算科目中首次明确了"自然灾害救济事业费"；④ 1995年《国务院办公厅关于切实安排好当前灾区贫苦地区群众生活的紧急通知》，明确地方在预算编制时必须列支"自然灾害救济事业费"。另一方面，1994年颁布的《预算法》明确了各级政府预算应按本级政府预算支出的1%—3%列支预备费以应对自然灾害的救灾以及其他难以预料的支出，正式在法律层面改变了原先地方预备费在实践中仅为地方生产建设服务的狭隘定位。

从实践来看，地方财政对救灾资金（自然灾害救济事业费）投入明显增加。2000年地方各级财政共计安排14.8亿元救灾资金，实际支出15.74亿元（不足中央拨款的50%）。其中，省级财政共计安排4.2亿元救灾资金，实际支出5.08

---

① 民政部法制办公室.民政工作文件选编 1996年［M］.北京：中国社会出版社，1997：127-129，160-169.
② 《民政部办公厅关于救灾体制改革试点工作的指导意见》（厅办函〔1998〕50号）.
③ 民政部法制办公室.民政工作文件选编 1996年［M］.北京：中国社会出版社，1997：39.
④ 直到1996年，全国大部分县都列支了自然灾害救济费。参见蒋积伟.1978年以来中国救灾减灾工作研究［M］.北京：中国社会科学出版社，2014：70、87.

亿元,为中央的15.9%。此外,有部分重灾省份列支的救灾资金仅两三百万元,全国仍有26个地级财政、246个县级财政未列支救灾资金;也有部分省份列支较多,例如,广东省各级政府每年救灾资金投入超1亿元,超过中央拨付的救灾款,投入比例达4:1;浙江省自1995年以来,地方救灾资金平均每年递增40%。①

四是对口支援。1996年,中央开始强调救灾工作的社会化及其常态化,时任民政部副部长的范宝俊指出:有条件的地方,要组织轻灾区、非灾区等地区进行对口支援,并适当开展群众募捐活动。② 对于支援地区募集衣被所产生的消毒、仓储等费用,由支援地区财政承担,但受援地区应当予以补偿,补偿额不低于0.4元/件,具体由支援地区与受援地区共同商定。③

综上所述,这一时期中央在自然灾害应对工作中进行了富有开拓意义的创新尝试,也开始尝试规范化突发事件应对的财政机制。例如,前文所述的科学划分灾情标准后,以灾情标准划分央地支出责任的规定;以及在救灾款项支出上,强调公开的措施;④ 等等。遗憾的是,过渡阶段并没有出台文件对灾情标准进行进一步界定;在救灾款项的支出方面,也由于当时政企不分、制度建设不全,资金管理只能依靠政治自觉,出现难以规范的乱象。⑤

(二)公共卫生事件应对的财政规则考察

随着中央与地方财政"分灶吃饭"以及市场的逐步放开,公共卫生领域的

---

① 民政部法制办公室. 民政工作文件选编 2001年 [M]. 北京:中国民主法制出版社,2002:315-317.
② 以购置每件越冬衣被50元为例,由于募集期间各种费用约为1元/件,则购置一件冬衣可以支付募集50件冬衣的费用;假设所募集的冬衣价值为20,则这部分资金的效益可达到20倍。参见《民政部副部长范宝俊在重灾省灾民生活安排工作座谈会上的讲话》(民阅〔1996〕23号)。
③ 《"扶贫济困送温暖"活动对口支援省(区)、市协商座谈会纪要》(1996年7月16日)。
④ 《民政部、监察部、审计署关于加强监督检查管好用好救灾款的通知》(民监发〔1990〕6号)强调救灾款发放要透明化,做到"三公开":发放的对象和原则;上级拨款的数额;得款户的名单和金额。同时,要求民政部门接受各方以及群众的监督,回答相关质询。
⑤ 蒋积伟. 1978年以来中国救灾减灾工作研究 [M]. 北京:中国社会科学出版社,2014:163.

事权与支出责任也相应需要改革。卫生事业发展由中央统支、吃"大锅饭",以及卫生事业收费标准低、医疗机构亏损严重的现状,亟须改变。这一时期,中央强调"放权让利,扩大医院自主权,放开搞活,提高医院的效率和利益",允许各卫生机构按照成本制定医疗收费标准,鼓励各卫生机构在国家投入之外自筹经费(收费),解决医疗资源短缺的问题。① 根据相关文件,这一时期的财政规则如下:

1. 事前阶段

这一阶段,公共卫生领域的能力建设规则方面有所变化。具体而言:

第一,财政对防疫站、保健所等卫生机构的补助方法由"全额预算,差额补助"改为按照完成预防保健任务的情况进行补助。

第二,财政对医院的经费由改革开放前的"全额预算,差额补助"改为实行"定额包干"。包干的补助经费确定后,除大修理和大型设备购置外,医院自求收支平衡。

第三,财政鼓励多种形式的医疗卫生事业发展。具体包括:(1)财政支持闲散、离休退休退职医务人员个体开业行医,对于享受公费医疗、劳保医疗待遇的职工,允许其到个体诊所与私立医院就诊;(2)财政支持农村卫生机构改革,扶持乡村医生、卫生员个人开业或与集体组织合办,对其承担的开展的防疫保健任务,由村给予补助。

2. 事中与事后阶段

第一,财政支出方面,鼓励一线卫生防疫人员的抗疫工作。根据《卫生部、财政部、国家劳动总局关于卫生防疫人员实行卫生防疫津贴的通知》(〔79〕卫防字第1560号),常年外勤的卫生防疫人员,根据具体情况不同而划分为四类情形,分别享受不同的防疫津贴;防疫津贴列入各单位的经费预算。

第二,收支平衡或者说支出责任方面,强调按照财政体制,地方的卫生事业建设主要由地方预算自行解决。

---

① 《国务院批转卫生部〈关于卫生工作改革若干政策问题的报告〉的通知》(国发〔1985〕62号)、《国务院批转国家教委等部门关于深化改革,鼓励教育、科研、卫生单位增加社会服务意见的通知》(国发〔1989〕10号)。

总体而言，改革开放初期，公共卫生事业领域的变革主要是为了改变中央统包统揽的局面，要求调动地方、集体与个人等各方的积极性。财政规则也进行了相应的变化，取得了一定的成效。但同时，我们也应当注意到，权力下放并没有匹配相应的立法监管措施，和由此带来的卫生防疫事业被边缘化，以及农村防疫体系近乎解体的不利影响。1997年《中共中央、国务院关于卫生改革与发展的决定》就指出，彼时存在"地区间卫生发展不平衡，农村卫生、预防保健工作薄弱，医疗保障制度不健全，卫生投入不足，资源配置不够合理"等问题，并强调后续卫生工作要以农村为重点，预防为主。

三、公共财政阶段

公共财政的改革，虽然自20世纪90年代末就已经提出，但其何时得以过渡转变，实质上是一个未有确切结论的时间点。因而，笔者只能退而求其次，以1998年全国财政会议首次提出建立公共财政这一时点，作为公共财政阶段的起点。这一阶段财政管理体制、财政行为的规范性以及突发事件应对法治化方面都有较大突破。

第一，在政府间财政关系方面，中央与地方财政管理体制不断进行优化。例如，在央地层面，财政收益权进行了多次优化与调整；① 2016年，国务院颁布《基本公共服务领域中央与地方共同财政事权和支出责任划分改革方案》后，中央与地方事权与支出责任也在逐步完善与明确。在地方层面，2009年财政部发布《关于推进省直接管理县财政改革的意见》，在全国范围内，要求省财政与市、县财政直接联系，开展业务工作。具体包括：收支划分、转移支付、财政预决算、资金往来、财政结算事项。2016年后，基于前述央地改革文件，各省

---

① 2002年，原按企业隶属关系划分所得税中央与地方收益权办法改为比例分享为主。除国家开发银行、中国建设银行、海洋石油天然气企业等企业继续作为中央收入外，其余企业与个人的所得税中央与地方各分享50%；2003年中央的比例变更为60%，多余的10%主要用于对地方的转移支付。在营业税、增值税领域，2016年《关于全面推开营改增试点后调整中央与地方增值税收入划分过渡方案的通知》明确了营业税取消后，中央的增值税分享比例由原先的75%改为50%。此外，房地产税的改革与立法也正在逐步推进中。

份也相继出台办法优化省以下事权与支出责任划分。

第二,在政府与市场的关系方面,中央进一步明确了市场在资源配置中的决定性作用。2013年,十八届三中全会通过《中共中央关于全面深化改革若干重大问题的决定》(以下简称《决定》),明确要加强宏观调控,充分发挥市场在资源配置中的决定性作用,提高资源配置的效率与公平。此外,就税收优惠而言,《决定》强调按照"统一税制、公平税负、公平竞争"原则,清理并规范税收优惠政策,强调税收优惠应当由税收法律法规来规定。

第三,在政府与社会的关系方面,中央逐步明确了突发事件应对的公共物品属性。在自然灾害应对中,表现为工作方针由"辅之以国家救济与扶持"变为"政府主导、分级管理、社会互助、生产自救"。[①] 与此相应,在自然灾害应对中,政府对救济款物的发放不再限制比例,而是强调应救尽救,并注重公平与效率;在公共卫生事件应对中,疾病预防控制中心(2001年卫生防疫站正式更名为此,以下简称为"疾控中心"),[②] 被明确定位为政府公共卫生服务职责承担主体。2005年《关于疾病预防控制体系建设的若干规定》明确疾控中心要退出市场化收费服务,要将公共卫生技术与资源全部投入面向社会的公益性服务之中。

第四,在政府财政行为方面,政府财政行为的规范性程度得到不断提升。一是实行国库集中收付制度。2001年财政部与中国人民银行发布的《财政国库管理制度改革试点方案》明确所有财政资金集中于国库单一账户或专门账户,支出单位的所有支出全部由财政部门统一支付,实行收支两条线管理。[③] 改革的目的在于改变以往征收机关和支出单位设立多重分散账户所导致的财政透明度低、入库退库不规范、资金缺乏事前监督、预算编制科学性难以保障等弊端。二是改革预算管理体系,预算从政府管理的工具变为管理政府的工具。2013年

[①] 2006年召开的全国第十二次民政会议中,这一方针才得到提出。参见回良玉. 深入学习贯彻党的十六届六中全会精神 充分发挥民政在构建和谐社会中的重要基础作用——在第十二次全国民政会议上的讲话 [J]. 中国民政, 2006 (12): 12.

[②] 根据2001年《关于疾病预防控制体制改革的指导意见》,卫生防疫站正式更名为疾病预防控制中心,在原有的基础上增加预防控制慢性病等功能,由此形成国家、省、市、县四级疾病预防控制体系。

[③] 国库集中收付制度 [EB/OL]. 中国政府网, 2008-03-26; "收支两条线"管理的基本含义是什么?[EB/OL]. 财政部预算司网, 2018-12-15.

《决定》要求建立全面规范、公开透明的预算制度，由预算平衡、赤字规模向支出预算和政策拓展；建立跨年度预算平衡机制；中央出台增支政策形成的财力缺口，原则上通过一般转移支付调节；等等。2014年修订的《预算法》将预算法的功能从原先的"健全国家对预算的管理"变更为"规范政府收支行为"；明确所有财政收支纳入预算管理，强调政府性基金、国有资本经营、社会保险基金与一般公共预算之间应当定位清晰、分工明确；① 明确一般公共预算支出按功能分类编列到项，按经济性质分类编列到款，其他预算支出按功能分类编列到项；等等。

第五，在突发事件应对的法治化方面，2003年非典疫情的暴发促进了突发事件应对的法治化进程。以应急预案、应急管理体制、机制与法制为核心的"一案三制"的改革在全国范围内得到推动，各级政府相继出台针对各类突发事件的总体应急预案，各级财政部门也形成了各自的财政应急保障预案。2007年颁布的《突发事件应对法》对上述应急预案的法律地位予以承认，并在法律层面正式明确了预防为主的工作原则，以及从政府角度明确了"统一领导、综合协调、分级管理、分级负责、以地方为主"的应急管理体制。具体而言：

（1）综合协调，指的是在突发事件发生时组成临时性的领导小组以协调各级政府、部门与社会力量。例如，汶川地震中所成立的抗震救灾指挥部，玉树地震中成立的抗震救灾领导小组，新冠肺炎疫情期间各地成立的联防联控领导小组。

（2）分类管理，指的是由不同的专业部门管理不同的突发事件。2018年之前，中国对突发事件的应对实行"单灾种"型的应对模式，森林火灾、消防、地震等灾害分别由不同部门管理。而过于精细化的分工，也在实践中造成了"综合协调"的困难。以汶川地震为例，救援队伍涉及应急办、民政局、地震局等工作人员……、军队、公安以及武警中的消防、水电、交通、森林等部队，彼时温总理一句"是人民在养你们，你们自己看着办"也反映出协调工作中的无奈；在2015年"东方之星"号客轮救援事件中，前后参与的部门更是超过40个。② 如果说以上案例反映了应急处置与救援阶段的协调困难，那么同年8月天

---

① 《关于完善政府预算体系有关问题的通知》（财预〔2014〕368号）。
② 国家应急管理部成立背景和发展前景展望[EB/OL]. 大众网，2018-03-28.

津港事故所暴露出来的事前防灾、减灾工作协调的不足，促使中央决定开始进行改革，并最终在突发事件应对方面，形成了以应急管理部、国家卫生健康委员会为核心的体系，前者主要负责自然灾害与事故灾难应对，后者负责公共卫生事件应对。①

（3）分级负责与以地方为主，指的是将突发事件分为一般（四级，Ⅳ级）、较大（三级，Ⅲ级）、重大（二级，Ⅱ级）、特大（一级，Ⅰ级）四级，分别由县级、地级、省级、省级履行统一领导职责，对于跨省、全国范围或超过省级救灾能力的由国务院统一领导，应急处置的具体工作由突发事件发生地政府负责。②根据相关文件，自然灾害与公共卫生事件的分级标准见表3-1与表3-2。

表3-1 自然灾害事件分级标准

	四级	三级	二级	一级
死亡（人）	20~50	50~100	100~200	200以上
紧急转移（人）	10万~50万	50万~100万	100万~200万	200万以上
房屋倒塌	1万间~10万间；或3000户~3万户	10万间~20万间；或3万户~7万户	20万间~30万间；或7万户~10万户	30万间以上；或10万户以上

---

① 2018年《深化党和国家机构改革方案》明确：撤销国家安监总局成立应急管理部，并将国务院办公厅、民政部、国土资源部、水利部、农业部、国家林业局、中国地震局、国家防汛抗旱总指挥部、国家减灾委员会、国务院抗震救灾指挥部、国家森林防火指挥部的灾害防治与应急管理职责并入应急管理部；撤销国家卫生和计划生育委员会、深化医药卫生体制改革领导小组办公室，成立国家卫生健康委员会；撤销国家粮食局，成立国家粮食和物资储备局，专门负责落实粮食和物资储备工作；等等。而后，各地相继进行改革，撤销与组建相关部门。

② 汪永清. 中华人民共和国突发事件应对法解读[M]. 北京：中国法制出版社，2007：15-16；《民政部关于印发〈民政部救灾应急工作规程〉的通知》（民发〔2015〕83号）、《突发公共卫生事件分级标准》、《中华人民共和国国家卫生健康委员会公告》（2020年第1号）。

续表

	四级	三级	二级	一级
干旱灾害造成缺粮缺水生活困难，需要救助（人）	100万~200万；或救助人数占农牧业人口15%~20%	200万~300万；或救助人数占农牧业人口20%~25%	300万~400万；或救助人数占农牧业人口25%~30%	400万以上；或救助人数占农牧业人口30%以上

资料来源：《民政部关于印发〈民政部救灾应急工作规程〉的通知》（民发〔2015〕83号）。需要指出的是，民政部相关职能划归应急部后，笔者尚未见到应急部颁布新的文件，因而上述文件仍有参考价值。

表3-2 公共卫生事件分级标准

	四级	三级	二级	一级
肺鼠疫、肺炭疽（例）	—	0~5	>5；或波及2个以上县（市）	大、中城市发生有扩散趋势；或波及2个以上省份
腺鼠疫（例）	0~10	10~20；或波及2个以上县（市）	>20；或波及2个以上地（市）	—
霍乱（例）	0~9	10~29；或波及2个以上县（市）；或地（市）市区首次发生	>30；或波及2个以上地（市）	—
一次食物中毒（例）	30~99	>100；或有死亡病例	>100并有死亡案例；或出现10例以上死亡	—
一次急性职业中毒（例）	0~9	10~49	>50；或死亡5例以上	—
预防接种或群体性预防性服药	—	出现不良反应	出现死亡病例	—

续表

	四级	三级	二级	一级
乙、丙类传染病发病水平	—	1周内超前五年同期平均水平1倍以上	1周内超前五年同期平均水平2倍以上；或波及2个以上县（市）	—
群体性不明原因疾病	—	未扩散至县（市）外	扩散至县（市）外	扩散至多个省份
尚未发现的传染病	—	—	有发生与传入病例（还未扩散）	有扩散趋势；或发现新传染病；或已消灭的传染病重新流行
其他	……	……	……	……

资料来源：《突发公共卫生事件分级标准》以及《中华人民共和国国家卫生健康委员会公告》（2020年第1号）。

注：目前生效的《突发公共卫生事件分级标准》尚未将新冠肺炎纳入其中。按此前新冠肺炎"乙类甲管"的要求，其分级在实践中按照非典肺炎的分级标准执行。2022年12月26日，国家卫健委发布《关于将新型冠状病毒肺炎更名为新型冠状病毒感染的公告》（国家卫生健康委员会公告2022年第7号公告），将现阶段新冠肺炎更名为新型冠状病毒感染（以下简称为"新型冠状病毒感染"），并由"乙类甲管"改为"乙类乙管"。在这一背景下，新冠感染的分类标准需按照"乙类、丙类传染病发病水平"进行相应分级。

（一）财政规范体系考察

一案三制改革后，我国在突发事件应对领域形成了以"法律法规—应急预案"为核心的二元规范体系。同时，《突发事件应对法》第四十四条明确突发事件发生后有关部门应当启动应急预案，使得应急预案在突发事件应对实践中甚至部分替代了法律法规。由于目前我国突发事件领域尚未有专门的财政类的法律法规，相关规则散见于一般法甚至规范性文件中，因而，此处的考察主要基于一般法与规范性文件，对其中可能涉及的突发事件应对的财政规则进行梳理，具体包括财政领域规范、非财政领域规范以及应急预案三方面。

1. 财政领域规范

财政领域法律涉及《预算法》《税收征收管理法》《审计法》《中华人民共和国社会保险法》《中华人民共和国国库券条例》《政府性基金管理暂行办法》《行政事业性收费标准管理办法》以及税收实体法等法律法规。

第一，财政收入方面，涉及税收与非税收入。

（1）税收。税收的减征、免征与缓征本质上与税收的开征、税率提高等均属于税收立法权的范畴，两者一体两面。[①] 不过，从具体规定来看，两者出现分离。按照现行实体法规定，税收增加，无论是新设税种还是提高税率，只能由全国人民代表大会或其常委会制定法律。而税收减征、免征与缓征，从税收程序法来看，《税收征收管理法》明确纳税人有特殊困难的，可向省级税务局申请，经批准可延期缴纳，但最长不得超过三个月（第三十一条）；从税收实体法来看，现行18个税种，除《烟叶税法》《中华人民共和国土地增值税暂行条例》（以下简称《土地增值税暂行条例》）没有税收减免条款以及《中华人民共和国消费税暂行条例》（以下简称《消费税暂行条例》）仅规定出口消费品免税外，其余15个税种均有税收减免规定。其中，《中华人民共和国个人所得税法》（以下简称《个人所得税法》）《中华人民共和国契税法》（以下简称《契税法》）《中华人民共和国资源税法》（以下简称《资源税法》）《中华人民共和国房产税暂行条例》（以下简称《房产税暂行条例》）还授予省、自治区、直辖市人民政府减免的权力，《中华人民共和国城镇土地使用税暂行条例》（以下简称《城镇土地使用税暂行条例》）更是赋予县级以上税务部门减免的权力。具体见表3-3。

（2）行政性事业收费。其开征、增加与减征、免征、缓征的权力主体较为统一。在行政性事业收费方面，实行中央与省两级审批制度，全国或跨区域范围内的由中央价格、财政主管部门审批；其余的由省价格、财政主管部门审批；重要项目的收费标准还须报本级政府批准。收费标准的提高与降低均由相应的

[①] 熊伟. 财政法基本问题 [M]. 北京：北京大学出版社，2012：119.

审批部门负责。

（3）政府性基金。其征收实行中央一级审批制度，由财政部审批。① 根据《政府性基金管理暂行办法》的规定，政府性基金的减征、免征、缓征，只能由法律、行政法规和中共中央、国务院或者财政部来决定，省级政府及财政部门无减免权（第二十一条）。②

（4）社会保险费。费用的增加与减免主要表现为收费标准的变化。《中华人民共和国社会保险法》第十二条、第二十三条、第三十五条、第四十四条、第五十三条就五项社会保险的缴纳进行了一般性规定，明确相关主体应当按照国家规定缴纳相应的费用，该法还规定社会保险费统一征收的步骤和办法由国务院规定（第五十九条）。其中，工伤保险直接按照社会保险机构确定的费率缴纳。因而，国务院有权增加或减免缓征社会保险费。具体见表3-4。

表3-3 税收实体法税收减免情形（截至2021年12月31日）

	实施主体	税收实体法	备注
1	国务院	《中华人民共和国增值税暂行条例》《车辆购置税法》《海关法》《中华人民共和国企业所得税法》《耕地占用税法》《中华人民共和国车船税法》《船舶吨税法》《中华人民共和国城市维护建设税法》《环境保护税法》《中华人民共和国印花税法》	—
		《消费税暂行条例》	仅出口退税
2	国务院	《个人所得税法》《契税法》《资源税法》	—
	省政府		特定情形

---

① 2015年修订的《立法法》第八条、2018年修订的《行政事业性收费标准管理办法》第四条、2010年颁布的《政府性基金管理暂行办法》第三条。
② 需要特别指出的是，《政府性基金管理暂行办法》2010年颁布，2011年1月1日才正式生效，因而在汶川地震、玉树地震应对中可以看到地方政府对相关基金减免的措施。

续表

	实施主体	税收实体法	备注
3	省政府	《房产税暂行条例》	"确有困难"可申请
4	县以上税务部门	《城镇土地使用税暂行条例》	"确有困难"可申请
5	—	《烟叶税法》《土地增值税暂行条例》	无税收优惠条款

表3-4 行政性事业收费、政府性基金减免情形（截至2021年12月31日）

	类型	优惠措施	实施主体
1	行政事业性收费	收费标准变化	国务院价格、财政部门
			省级价格、财政部门
2	政府性基金	减征、免征、缓征等	国务院、财政部、中共中央、全国人大及其常委会
3	社会保险基金	缴费标准变化	国务院等

（5）国债发行。从《预算法》的现行规定来看，国务院可以在全国人大常委会批准的限额内发行国债，省级政府可在国务院确定的并经全国人大或其常委会批准的限额内举借债务。所举借的债务纳入预算范畴，经本级人大或其常委会审批。其中，一般债务纳入本级一般公共预算，专项债务列入本级政府性基金预算。

从历史的维度来看，中央对于地方举借债务的控制，经历了从预算外到预算内，从中央转贷、代借代还到限额内自行举借的过程。最初，由于1995年施行的《预算法》明确规定各级预算不列赤字，同时以例外条款规定中央政府对部分建设投资项目的资金，在全国人大批准的限额内可通过举借债务方式筹集；因而仅中央政府有举债权。不过为了解决地方政府资金不足的问题，自1998年起，中央开始将部分长期建设国债转贷给省级政府（含计划单列市），[①] 省级政

[①] 《国债转贷地方政府管理办法》（已失效）、《财政部关于国债转贷资金还本付息若干问题的通知》（已失效）。

府在实践中再将资金分配给下级政府。① 由于当时国债转贷既不列中央赤字，也不纳入地方预算管理，只反映在往来科目中，难以有效监督该笔资金，中央财政风险较大。② 为此，《2009年地方政府债券预算管理办法》明确省级政府可以在国务院确定的并经全国人大或其常委会批准的限额内举借债务，同时要求省级政府发行的债券冠以地方政府名称，并明确债务纳入本级预算管理；不过债务仍由财政部代为举借（仍旧为转贷）。2014年《国务院关于加强地方政府性债务管理的意见》更进一步明确地方政府可自行在限额内举借一般债务与专项债务，具体限额由国务院确定并报全国人大常委会备案；并明确市县政府的债务由省级政府代为举借（省级政府转贷）。其中，一般债务指的是列入一般公共预算并用于公益性事业发展的一般债券，专项债务是列入政府性基金预算用于有收益的公益性事业发展的专项债券，如建设投资类项目。③ 上述内容被2014年修订的《预算法》吸收，该法第三十五、四十八、六十七、七十九条明确地方政府举借的债务需要列入预算或预算调整，经本级人大或常其委会审批。

（6）增发货币。在货币发行领域，我国一直没有法律法规层面的文件，并且当下也没有规范性文件予以规制。此前，中国人民银行在1988年发布《中国人民银行货币发行管理制度（试行）》对于货币发行进行了初步规范，但该文件已于2010年被中国人民银行公告〔2010〕第2号文件废止。

第二，财政支出与财政监督方面。

根据《预算法》的规定，政府的各项开支都需要经过预算（第十三条）。预算涉及预算的编制、执行、调整、决算与相应的监督机制，具体见表3-5梳理。

---

① 例如《浙江省中央特别国债转贷资金管理办法》（已失效）。
② 财政部有关负责人就财政部代理发行2009年地方政府债券有关问题答记者问［EB/OL］.财政部网，2009-03-17.
③ 《预算法实施条例》第四十五条。

表3-5 财政支出与财政监督的一般规则

	财政支出与财政监督
预算编制	突发事件应对的过程，也是财政资源的配置过程。事前阶段的资源配置，以各级预算的编制为起点，其间涉及预算草案编制、初步审查、人大审议等内容。在加强预算刚性约束背景下，2014年修订的预算法在具体规则上进行了完善。 　　1. 预算草案编制。财政部门在根据绩效评价结果和收支预测以及征求各方意见后，基于收支平衡、量入为出原则编制预算草案；所有的财政收入与支出均应当纳入其中。当然，草案的编制须基于当前年度有效的政府收支分类科目。2014年修订的预算法，要求一般公共预算支出与其他预算支出均需按功能分类编列类、款、项（无须编列到目），按经济性质分类编列到类、款，旨为强化预算的刚性约束服务。考虑到本研究主要基于问题解决的视角进行，因而后续的实践考察侧重于功能分类的考察。此外，各级预算应当设置预备费，可以设置周转金①、预算稳定调节基金分别用于年度内、跨年度收支平衡。 　　2. 初步审查。2014年修订的预算法，新增了初步审查的规则，要求各级财政部门应在本级人大举行会议30天之前（中央为45天），将预算草案送至有关部门进行初步审查，并向主席团提交审查结果报告（第四十四、四十九条），以增强预算的科学性。审查报告应当包含：上一年度预算执行情况；预算草案是否符合《中华人民共和国预算法》规定；对草案的建议；对执行预算、改进预算管理等的建议。 　　3. 审议。2014年修订的预算法，明确了人大审查的重点内容。除上述前两项内容外，还包括：相关收支政策的可行性、重点支出的适当性、对下级政府转移支付的规范性与适当性、举借债务数额的合法性与合理性以及偿还资金来源的稳定性、与预算有关的重要事项的说明是否清晰等。 　　4. 公开。对于经人大批准的预算，由财政部门在批准后20天向社会公开，并对转移支付、执行情况、举债等重要事项做出说明（第十四条）。
预算执行	预算执行的规则主要包括以下三方面： 　　1. 预算内的支出应当及时、足额拨付，对于突发事件处理的转移支付应及时下达（第五十二条）；在草案经批准前，可优先安排突发事件应对的支出，但需在报告中说明（第五十四条）。 　　2. 在资金具体使用方面，预算资金的使用涉及事前应急物资储备购买的，还需要遵循《中华人民共和国政府采购法》的相关规定。对于事中阶段的紧急采购，则不在该法的适用范围。拨付资金的使用，应当勤俭节约、讲求绩效（第五十七条）。 　　3. 在预算资金不足情形下，可能涉及预备费、周转金、预算调节基金的动用以及减少支出。预备费的动用，由财政部门提出方案并报本级政府决定（第六十四条）；周转金的使用，由财政部门管理（第六十五条）；预算稳定调节基金的动用，属于预算调整范畴，需经常委会批准（第六十九条）；减少支出，因勤俭节约造成一般公共预算支出的实际减少，不属于预算调整；② 增列赤字，若省级政府在预算年度内出现短收，通过调入预算稳定调节基金、减少支出后仍难以实现收支平衡时，经本级人大或其常委会批准可增列赤字（第六十六条）。

---

① 考虑到周转金并非各级政府普遍设置的项目，中央本级预算也并未设置该科目，后文将不对此进行讨论。

② 参见《预算法实施条例》（2020年修订）第七十八条。

续表

	财政支出与财政监督
预算调整	预算调整需编制调整方案，经初步审查后，由常委会批准。对于突发事件，资金不足且预备费不足情形下可以先安排支出，并纳入预算调整方案（第六十九条）。预算调整范围包括四方面：一是预算总支出的增加或减少；二是预算稳定基金的动用；三是重点支出数额的调减；四是国债发行数额的增加（第六十七条）。此外，部门之间的调剂按照财政部有关规定办理（第七十二条）。①
决算	决算编制内容与预算编制内容大多一致，但在批准主体与审查内容方面有所差异。 在一致性方面，各级财政部门编制的决算草案经审计部门审计后，报各级政府审定，而后由相关机关进行初步审查。决算草案批准后的公开与相关情况说明，与预算公开一致。 在差异性方面，初步审查报告是向常委会提交（第七十八条），并由各级政府提请常委会审查和批准（第七十七条）。在具体审查内容方面，常委会应当基于上一年度预算执行和审计工作报告进行，并对预算调整与执行情况、周转金与预算稳定调节基金的规模与使用情况、预备费使用情况、举借债务的使用偿还情况等进行重点审查（第七十九条）。
监督	预算方面的监督涉及人大监督、审计监督以及社会监督等内容。 1. 人大监督。对于预算草案、预算调整方案、决算草案的审查与批准体现的是人大监督，上文已详细展开，此处不再赘述。 2. 审计监督。相关法律依据主要为《审计法》（2006年修正）及其实施条例。《审计法》要求对各级政府及其部门的收支（第二条）、社会捐赠资金的收支（第二十三条），进行监督。地方各级审计结果报告向本级政府与上一级审计机关提出，中央则向国务院总理提出（第十七条）。 3. 社会监督。经批准的预算、预算调整方案、决算均需向社会公布，此处不再赘述。不过对于审计结果的公布可能存在冲突。《中华人民共和国审计法实施条例》规定审计机关"可以"向社会公布审计结果（第三十六条），但若将其理解为《中华人民共和国政府信息公开条例》应当主动公开的突发事件应对情况，则政府应当主动公开（第十条）。从后文的实践梳理来看，2008年五部委的《关于加强对抗震救灾资金物资监管的通知》则明确了审计结果应当公开。

第三，政府间财政关系方面。自然灾害与公共卫生事件应对中的事权与支出责任既存在差异，又具有共性。差异之处在于事中与事后阶段支出责任上的处理不同，相同之处在于事前阶段能力建设与资金准备原则上都属于地方事权，由地方自行解决。具体参见表3-6。

---

① 笔者尚未检索到财政部的规定，不过从部分省级政府发布了调剂的相关办法的现状来看，可能财政部已经内部授权省级政府自行制定办法。例如，《四川省财政厅关于印发〈省级预算调剂办法〉的通知》（川财预〔2019〕35号）。

表 3-6 政府间事权与支出责任划分

		事权与支出责任划分
自然灾害事件	中央与地方	在中央与地方的支出责任方面，突发事件事中与事后阶段的支出责任已经相对明确。至于事前能力建设，在中央没有明确其为共同事权情况下，应属地方事权。具体而言，2012年财政部与民政部颁布的《自然灾害生活救助资金管理暂行办法》第十八条基于各地区财力情况明确了中央与地方分担比例，其中：（1）北京、上海、天津、江苏、浙江、广东与大连、青岛、宁波、厦门和深圳，中央分担50%；（2）辽宁、福建与山东，中央分担60%；（3）其他地区，中央分担70%。 实践中，这一比例在2010年玉树地震与舟曲山洪事件应对中就已得到大致体现，具体而言：中央在玉树地震的事中与事后阶段分别投入56.87亿元（总73.02亿元）、206.5亿元（总316.5亿元），总体占比67.61%；舟曲山洪未公开事中阶段资金情况，事后阶段中央投入33.7亿元（总50.2亿元），占比68.22%。① 需要指出的是：该办法名义上针对自然灾害生活救助资金管理，但实质上涵盖应急处置与救援与灾后恢复重建支出项目。此外，2020年财政部与应急部联合颁布的《中央自然灾害救灾资金管理暂行办法》取代了上述办法，并将上述分担规定直接改为在发生重大、特大自然灾害超过省级政府财力范围时，中央结合财力与灾害情况具体确定补助金额，而不再采取固定比例的方式。 此外，就中央自然灾害救灾资金申请而言，申请文件应当包括灾害规模、受灾情况（需要救助人数、倒损房屋数量、经济损失）、救灾资金实际需求以及已安排情况等内容，由应急部审查核实后向财政部提出资金安排建议，财政部结合地方财力等因素与应急部共同核定补助额；补助额可根据灾情先行预拨，后期具体清算。

---

① 参见《关于玉树地震抗震救灾资金物资跟踪审计结果》（2010年7月29日公告）、《玉树地震灾后恢复重建2010年跟踪审计结果》（2011年3月18日公告）；《甘肃省审计厅关于舟曲抗洪救灾资金物资跟踪审计结果的公告》（2010年11月12日公告）。

续表

事权与支出责任划分	
自然灾害事件 省以下	在省以下的事权与支出责任方面，各地在2012年前后也开始相继颁布办法，明确特大、重大自然灾害事件下省级财政与直接管理的县市财政的分担比例。从各地的规定来看，存在两类模式： 1. 不事先确定比例的模式。例如，广东省规定"按照各级受灾人数和有关规定的补助标准，测算下达救助专项资金"①。 2. 事先确定比例的模式。例如，江苏省对南京、无锡、常州、苏州、镇江分担40%，对南通、扬州、泰州分担50%，对其他地区分担60%。② 需要指出的是，在省直管县的体制改革下，地级市政府无须补助县级政府，而由省政府直接补助。
公共卫生事件 中央与地方	根据2018年国务院办公厅发布的《医疗卫生领域中央与地方财政事权和支出责任划分改革方案》，能力建设原则上属于地方事权，疫情防控与应急救助属于中央与地方共同事权。具体而言： 1. 在能力建设方面，除了根据国家战略规划统一实施的卫生人才队伍建设、重点学科发展项目、中医药传承与发展外的项目，原则上由地方自行解决，包括：改革和发展、自主实施的卫生健康能力提升项目、卫生健康管理事务（监测、健康促进、宣传引导等）、医疗保障能力建设（综合监管、宣传引导、人才建设等）。对于首尾两项，中央在深化医药体制改革期间予以补助。 2. 在公共卫生事件的报告和处理方面（基本卫生公共服务），中央结合地方财力因素实行分档分担办法，划分为10%、30%、50%、60%、80%五档。③ 3. 在应急救助方面，中央结合地方财力因素、救助需求与工作情况予以补助。新冠肺炎疫情期间，财政部直接明确中央对确诊患者个人负担部分费用补助60%。此外，该方案还要求省级以下的支出责任适度上移，减轻基层政府压力。

---

① 《关于印发〈广东省自然灾害生活救助资金管理办法〉的通知》（粤财社〔2014〕184号）。
② 《关于印发〈江苏省自然灾害生活救助资金管理暂行办法〉的通知》（苏财规〔2011〕48号）。
③ 对于内蒙古、广西、重庆、四川、贵州、云南、西藏、陕西、甘肃、青海、宁夏、新疆12个省、自治区，中央分担80%；河北、山西、吉林、黑龙江、安徽、江西、河南、湖北、湖南、海南10个省，中央分担60%；辽宁、福建、山东3个省，中央分担50%；第四档包括天津、江苏、浙江、广东4个省（直辖市）和大连、宁波、厦门、青岛、深圳5个计划单列市，中央分担30%；北京、上海2个直辖市，中央分担10%。

续表

事权与支出责任划分		
公共卫生事件	省以下	就省以下的事权与支出责任划分，总体上而言： 1. 在能力建设方面，与中央的逻辑基本一致。 2. 在应急处置方面，与中央的方式略有差异。部分地区将省级或跨省的重大传染病防控列为省级事权而非共同事权，如福建省；① 部分地区将其列为省以下共同事权，如浙江省。② 3. 在应急救助方面，各地均列为共同事权，但支出责任方面同样存在两种不同的设计。一是明确具体比例。例如，福建省级财政在统筹中央资金基础上，按照常住人口数和省级人均补助标准，根据市县财力状况按80%、60%、50%和50%比例予以分档补助。二是不明确具体比例。例如，浙江省结合市县财力情况、救助需求等情况予以补助。

2. 非财政领域规范

虽然政府财政措施受到财政领域规范的调整，但其不可避免地涉及社会生活的方方面面，而同时受到其他领域规范的规制。同时，非财政领域的各类规范之间，也并非泾渭分明，相关财政措施可能同时涵盖社会保障、竞争法、货币法等内容，如政府发放消费券的行为。非财政领域规范的梳理具体见表3-7。

---

① 《关于印发福建省医疗卫生领域省与市县财政事权和支出责任划分改革实施方案的通知》（闽政办〔2021〕1号）。
② 《浙江省医疗卫生领域财政事权和支出责任划分改革实施方案的通知》（浙政办发〔2019〕66号）。

<<< 第三章 我国突发事件财政应对机制的历史考察与问题分析

表 3-7 非财政领域规范梳理

	非财政领域具体规则
一般法律规制	突发事件应对的一般法律规制，主要涉及《突发事件应对法》（2007 年）。 1. 事前资金准备。县级以上各级政府应保障应对经费（第三十一条）。此外，《自然灾害救助条例》（2019 年修订）应当将救助工作纳入规划，建立资金与物资保障机制，安排资金并纳入预算。 2. 事前能力建设。在预防与应急准备方面，县级以上政府建立与培训专业应急救援队伍（第二十六条）、定期培训有关工作人员（第二十五条）、建立物资储备保障制度、与当地企业订立紧急采购协议以保障应急物资的生产与供给（第三十二条）；乡政府、街道办以及县级以上政府应开展应急知识普及与应急演练（第二十九条）；国家建立财政支持的巨灾保险体系（第三十五条）。在监测与预警方面，国家建立健全监测网络与预警机制（第四十一、四十二条）。 3. 事中支持与鼓励社会参与。在事中与事后阶段，国务院对受突发事件影响地区制定优惠政策（第六十一条）。县级以上政府应给予表现突出的公民表彰或奖励（第六十一条）；国家鼓励自然人、法人或其他组织提供捐赠和技术支持（第三十四条）、扶持进行突发事件应对方面的研发与应急管理人才的培养（第三十六条）。此外，《突发公共卫生事件应急条例》（2011 年修订）明确对直接参与防疫与救治的一线医疗工作人员给予补助（该条例第九条）。 4. 对口支援。上一级政府应组织其他地区政府进行资金、技术等支持（第六十条）。 5. 事后提交工作报告与专项报告。应急处置工作结束后，履行统一领导职责的政府应当向上一级政府提交报告（第五十九条），总结经验教训并制定改进措施（第六十二条），包括：突发事件的原因、发生过程、应急情况、应对时存在的问题、恢复重建情况以及改进的考虑和建议；① 县级以上政府，在应急处置工作结束后应向本级人大常委会做专项报告（第十六条）。

---

① 汪永清. 中华人民共和国突发事件应对法解读 [M]. 北京：中国法制出版社，2007：163.

续表

	非财政领域具体规则
社会保障领域	突发事件下的各类临时救助措施均属于社会保障范畴。 　　1. 自然灾害事件。根据《自然灾害救助条例》，个人救助的资金来源于中央与地方列支的自然灾害救助资金（此前称为自然灾害救济事业费）。对受灾个人的补助项目包括：（1）基本生活救助；（2）倒损房屋补助；（3）遇难人员亲属的抚慰；（4）医疗救助（补助给医疗机构）；等等。①《社会救助暂行办法》（2019年修订）明确社会救助应当遵循公开、公平、公正以及及时的原则，具体的标准由省级政府或设区的市级政府根据经济发展和物价水平确定。 　　2. 公共卫生事件。2004年修订的《传染病防治法》明确国家对患有特定传染病的困难人群可减免费用，具体内容由卫生部与财政部等部门制定（第六十二条）。
竞争法领域	各类财政措施的运用，在资源有限的困境下，可能因分配不均而造成纳税人之间利益失衡，而须经受竞争法的审查。目前该领域尚没有法律法规层面的规范。值得注意的是，2016年国务院颁布《关于在市场体系建设中建立公平竞争审查制度的意见》，以及2017年五部门在此基础上联合发布《公平竞争审查制度实施细则（暂行）》。根据上述规定，对于涉及市场主体经济活动的文件，制定机关在颁布之前应自行或指定专门机构进行公平竞争审查；对于涉及公共利益等情形，在满足必要性与比例原则情形下，即便有排除和限制竞争效果亦可实施。即制定机关应当说明政策是实现目的不可或缺的手段，且不会严重排除和限制竞争，并明确实施期限。
货币法领域	《中国人民银行法》（2003年修正）规定人民币为法定货币（第十六条），任何单位和个人不得印制、发售代币票券，以代替人民币在市场上的流通（第二十条）。因而，以实物券、电子消费券形式发放的财政补贴要防止对国家货币秩序的冲击。

---

① 需要指出的是：补助还包括公共设施的恢复与重建、物资的采购、储存与运输等，这些主要是对下级政府的补助，因而未予列示。

续表

	非财政领域具体规则
保险法领域	2014年，国务院发布《关于加快发展现代保险服务业的若干意见》（保险业新"国十条"），首次将治理机制引入保险范畴。在体制方面，强调要在保险中增加灾害救助参与度；在机制方面，要求将保险纳入事故防范救助体系，而不再仅关注于事后风险分担。后续，全国与地方均在探索巨灾保险方面取得了有益经验。 　　从保险类别来看，目前财政支持的巨灾保险主要有农业保险、地震保险、民生类巨灾保险与财政巨灾指数保险四类。其中，农业保险与地震保险由中央部门颁布规范性文件且其运行模式为"政府引导"或"政府推进"；民生类与财政类巨灾险为"政府主导"型，同时，两者非常规意义下的巨灾保险，都旨在增加财政的杠杆倍数，提高资金使用效率。从中央是否补贴来看，中央明确对农业保险进行补贴，其他三类则由地方财政自行支出。 　　从治理的角度来看，各类保险都不同程度地在体制、机制方面进行了探索。总的而言，在农业保险方面，中央在给予地方农业保险保费财政补贴的同时，还对地方补贴的比例进行了规定。此外，中央还明确补贴由地方先行支付，而后每年向中央申请补助，中央据实结算，以提高地方积极性。在地震保险方面，体制上，强调投保人的投保以房屋达到国家质量标准为前提，并引入市场主体（成立中国城乡居民住宅地震巨灾保险共同体）；机制上，引入市场机制，后通过五层损失分担机制分散风险。在民生类巨灾保险与财政巨灾指数保险方面，体制上，通过引入市场主体（保险机构），在构建社会共治格局基础上，减轻政府工作压力，有助于促进政府职能的转变；机制上，通过引入市场机制，增加财政杠杆倍数，有助于提高资金的使用效率。具体如下： 　　1. 农业保险。农业保险是目前唯一由中央财政给予补贴的巨灾保险，也是唯一一个有行政法规层面直接依据的保险。农业方面的保险，也即此前的救灾合作保险，自1999年停止试点后，2007年得到再次启动。新的农业保险，注重运用临时性的财政补贴、税收优惠①等方式降低保费费率（而非直接给予低费率），鼓励保险机构参与。2013年施行的《农业保险条例》，为农作物保险提供了行政法规层面的依据。2019年，中央进一步要求推动农业保险的高质量发展。根据相关文件，农业保险制度基本要素如下：

---

① 对经营农业保险机构的农业保险保费收入（按90%计入业务收入）以及规定范围内提取的巨灾风险准备金（按一定比例在税前扣除），给予企业所得税方面的优惠。参见《关于农村金融有关税收政策的通知》（财税〔2010〕4号）、《关于延续支持农村金融发展有关税收政策的通知》（财税〔2017〕44号）、《关于保险公司提取农业巨灾风险准备金企业所得税税前扣除问题的通知》（财税〔2009〕110号）、《关于保险公司农业巨灾风险准备金企业所得税税前扣除政策的通知》（财税〔2012〕23号）。

续表

非财政领域具体规则
保险法领域	（1）保险范围方面，主要针对农作物。至于其他涉农保险，如农房保险，则参照适用。① （2）保险金额方面，以保障农户、农业生产组织灾后恢复生产为目标。《中央财政农业保险费补贴管理办法》（2016）进一步明确保费确定的标准。例如，对种植业保险的保险金额原则上以生长期内的直接物化成本为准，包括种子、化肥、农药、灌溉、地膜等成本。 （3）保费费率方面，保费享受中央与地方财政的补贴。不过，具体补贴由地方现行支付，而后每年向中央申请补助，中央据实结算。2016年财政部颁布《中央财政农业保险费补贴管理办法》，进一步强化了对农作物保险的财政补贴力度，并将分散的补贴规定予以汇总。② （4）赔付方面，要求保险公司提取风险准备金，并实行专户管理。 （5）风险分担方面，按照《农业保险条例》第十八条规定，经营农业保险的保险机构自负盈亏，但目前在实践中有朝着"救灾合作保险"式的央地责任分担方面发展的趋势。2019年四部委发布的《关于加快农业保险高质量发展的指导意见》指出，要"通过给予必要的……大灾赔付……支持"，"加快建立财政支持的多方参与、风险共担、多层分散的农业保险大灾风险分散机制。……明确界定中央和地方各自承担的责任与义务"，这与此前"救灾合作保险"损失分担机制较为相似。考虑到《农业保险条例》目前仅为行政法规而未上升到法律，后续的改革，有路径依赖式地回归到与"救灾合作保险"相似的损失分担机制的趋势。

---

① 实践中，农房保险相关公开具体文件的政府并不多。同时，从部分公开地区文件来看，相关内容也的确是参照农作物保险的有关规定，因而本文不再单独介绍这部分内容，具体可参见湘潭市民政局. 关于推进农村住房保险工作的指导意见[A/OL]. 湘潭县政府网，2018-11-07.

② 在种植业方面，中央对东部、中西部地区补贴35%、40%，并要求省级财政至少补贴25%。在养殖业方面，中央对东部、中西部地区补贴40%、50%，并要求省级财政至少补贴30%。在森林方面，就公益林而言，中央补贴50%，地方至少补贴40%；就商品林而言，中央补贴30%，地方至少补贴25%。在藏区品种、天然橡胶方面，中央补贴40%，地方至少补贴25%。值得注意的是，中央加大对产粮大县三大粮食作物保险的支持力度，当省级财政补贴比例高于25%的部分，中央给予激励性的补助，承担地方补贴中高出部分的50%。

续表

	非财政领域具体规则
保险法领域	2. 地震保险。2015年，中国城乡居民住宅地震巨灾保险共同体在北京成立，通过统一业务平台，逐步积累灾害数据信息，加大信息资源共享，以扎实推进住宅地震保险制度落地。① 其中，上海保险交易所承担了业务平台的建设工作，为巨灾保险业务提供覆盖全业务流程、集中统一的数字化基础设施。2016年保监会、财政部在各地实践基础上发布《建立城乡居民住宅地震巨灾保险制度实施方案》（以下简称为《实施方案》），对地震保险制度的基本要素予以明确。根据上述文件，并以四川省为例，地震保险基本要素如下： （1）保险范围方面，以地震及其引起的次生灾害下的住宅损失为保险对象。值得注意的是，《实施方案》还进一步要求住宅投保应达到国家建筑质量要求。 （2）保险金额方面，对城乡居民住宅进行了区分。《实施方案》明确城镇住宅基本保额5万元/户，农村住宅基本保额2万元/户，超过100万元部分，可由保险公司提供商业保险。 （3）保费费率方面，保费享受地方财政补贴。例如，四川省对于基本保额部分保费，明确由省财政与市级财政（或扩权强县试点县）两级财政各自负担30%（个人只承担40%）；对于特殊优抚群体，其保费由财政全额承担，两级财政各自负担50%。对于超过基本保额的投保费用，由投保人全额承担。② （4）赔付方面，除免赔额设置外，中央还要求保险公司按照一定比例计提准备金，建立巨灾保险专项准备金，并实行专户管理。2017年，财政部发布《城乡居民住宅地震巨灾保险专项准备金管理办法》，对计提比例（暂定15%）、使用规则、管理规则进行了明确，并要求相关保险公司，每年6月底前就专项准备金的计提、使用与管理情况，向财政部、保监会报告。 （5）损失分担方面，由投保人、保险公司、再保险公司、专项准备金以及财政提供支持或通过发行巨灾债券等安排，对损失进行分担，超过部分则启动比例回调机制。③

---

① 中国城乡居民住宅地震巨灾保险共同体成立［EB/OL］. 人民网，2015-04-27.
② 四川省人民政府办公厅《关于印发〈四川省城乡居民住宅地震巨灾保险工作方案〉的通知》（川办函〔2017〕97号）。
③ 以四川省为例，扣除免赔额部分外，在当年度保险赔款不超过8亿元或当年实收保费8倍（孰高者为准）时，由保险公司和再保险公司承担损失，并以4.8亿元（倍）为界限划定保险公司与再保险公司的责任；在赔偿超过前述金额或倍数时，全额启动地震保险基金进行赔偿，其资金主要来源于保费中按一定比例计提的专项准备金。若仍超过地震保险基金，则启动赔付比例回调机制。

续表

非财政领域具体规则
保险法领域	在成效方面，截至 2020 年末，上海保险交易所地震保险业务平台，在 2 年间，累计为 1268 万户次的居民提供出单服务，提供保险金额近 5238 亿元。① 　　3. 民生类巨灾保险。该类保险 2014 年由宁波市首创，而后为厦门、上海、山东与海南多地所借鉴。值得注意的是，2021 年，宁波市对该制度进行调整，保险范围由此前仅适用于自然灾害事件下的人身伤亡与财产损失，扩大至所有突发事件下的人身伤亡与财产损失。以宁波市为例，这类保险制度的基本要素如下： 　　（1）保险范围方面，2014 年的方案以自然灾害事件下的人身伤亡抚恤与家庭财产损失为保险对象。不过，根据《宁波市公共巨灾保险工作实施方案（2021—2023 年）》，这一范围拓展至所有突发事件。其中，公共卫生事件下的保险，仅针对参与疫情防控的医疗机构、志愿者、干部等一线工作人员。 　　（2）保险金额方面，根据不同事件而有所区别。② 　　（3）保费费率方面，民生类巨灾保险由政府财政全额出资购买。宁波市在 2014—2017 年度期间支付的首年保费为 3800 万元，后续根据每年实际赔付及风险保障变动情况，对保险费率进行调整，确保费率科学。2018—2020 年度期间，根据公开招标信息，保费约为 4080 万元/年。③ 2021—2023 年度期间，保费每年不超过 4000 万元。 　　（4）赔付方面，建立巨灾保险基金、专项准备金制度。其中，巨灾基金的资金来源，除宁波市财政拨付 500 万元外，还包括相关捐赠款、向保险公司提供风险分担保障对应的保费转入部分以及基金的投资收益，并由民政部门牵头负责基金的管理。专项准备金由保险公司提取，每年提取金额为保费金额扣除成本与约定利润后的盈余部分，并实行专户管理。 　　（5）风险分担机制方面，通过保险公司、巨灾风险专项准备金、巨灾基金分担损失。值得注意的是，当赔付金额超过上述机制总额时，并不采取超额赔付比例回调机制，而是优先赔偿人身伤亡抚恤超额部分。

---

① 专家把脉中国巨灾保险：推动运用保险机制创新灾害风险管理 建立多层次灾害风险管理体系［EB/OL］. 中国保险网，2021-05-07.
② 以 2021—2023 年度期间为例，自然灾害下的人身伤亡，根据国家伤残等级进行赔付，最高不超过 20 万元/人，年累计赔付限额 2 亿元；家庭财产损失救助赔付按照倒损与进水情况赔付，年累计赔付限额 3 亿元。公共安全事件下的人身伤亡，最高赔付不超过 20 万元/人，扣除安置救助赔付后的年度累计赔付限额 2 亿元；安置救助赔付，按 150 元/人、最多 90 天标准进行赔付，年累计赔付限额 3000 万元。就公共卫生事件下的人身伤亡，最高赔付 20 万元/人，年累计赔付限额 3000 万元。见义勇为下的人身伤亡，相关赔付包含在上述三大事件赔付限额中。
③ 宁波市公共巨灾保险项目的采购公告［EB/OL］. 中国政府采购网，2017-12-01.

续表

非财政领域具体规则
保险法领域	在成效方面，2014—2017 年度期间，宁波市累计向 16 万户家庭赔付 9500 多万元；① 2018—2020 年度期间，宁波市累计向 20 余万户家庭赔付 1.28 亿元。② 需要再次强调的是，财政类与民生类的保险，并非常规意义上的巨灾保险，两者目的都在于扩大财政的杠杆功能，为可能的风险提供保障。因而，从实际赔付金额与保费数额来看，虽然两者大体相当，直观上来看似乎成效不佳，但这部分保费能够覆盖的风险却高达 7.3 亿元。并且，更为重要的是，从治理的角度来看，两类保险引入了市场机制，在促进社会共治，提高相关工作效率的同时，有助于减轻政府工作压力，促进政府职能的转变。 4. 财政巨灾指数保险。自 2017 年广东试行财政巨灾指数保险后，四川等地亦开始探索该类保险。所谓的巨灾指数保险，指的是在自然灾害事件下，保险机构与地方财政之间的风险分担机制安排。以广东省广州市为例，这类保险的基本要素如下： （1）保险范围方面，广州市选择了台风、强降水两项灾害因子。 （2）保险金额方面，台风为 3.5 亿元，强降水为 3 亿元。 （3）保费方面，笔者并未查阅到相关信息。但保费的支付，广州市明确由市与区按 1∶1 分摊。值得注意的是，广东省还对试点市的保费给予财政补贴。③ （4）赔付方面，保险机构是否需要提取风险准备金，笔者并未找到明确答案。就具体赔付而言，当自然灾害达到一定级别时，政府与保险公司直接进入理赔程序，而无须进行现场勘查。这有助于确保救灾资金的及时到位，以及缓解救灾资金大灾年度不够用的困境。④ 此外，保险赔款既可以用作突发事件事中与事后阶段的支出，也可以用于日常防灾减灾活动，覆盖范围广。

3. 应急预案

一案三制改革后，总体预案、专项预案与部门预案在法律法规之外，构建起了一个庞大的预案体系，为突发事件的及时、有效处理，提供了指导和依据。

---

① 杨芝. 巨灾保险为群众撑起保护伞 2018 年起，宁波公共巨灾保险正式实施［J］. 宁波通讯，2018（01）：38.

② 《关于印发宁波市公共巨灾保险工作实施方案（2021—2023 年）》政策解读［EB/OL］. 宁波市政府网，2021-05-14.

③ 关于下达 2019 年度巨灾保险保费省级补助资金的公示［EB/OL］. 广东省财政厅网，2019-04-02.

④ 李一鹏，杨群娜，丁继武. 广东巨灾气象指数保险服务防减救新格局［N］. 中国气象报，2020-01-22（01）；广州启动巨灾指数保险试点工作［EB/OL］. 广州市地方金融监督管理局网，2019-03-22.

具体到财政领域，2005年财政部制定《财政应急保障预案》，随后各地财政部门陆续以此为据颁布内容上高度相似的预案。①

第一，《财政应急保障预案》规则梳理。从财政部与各省市财政领域预案来看，其主要包括以下五方面内容。

（1）财政收入措施。包括税费优惠与上级财政补助两方面。税费优惠适用于受突发事件影响较大的企事业单位与个人，其措施包括税收、行政性事业收费、政府性基金减征、免征与缓征。在上级政府的补助方面，下级政府执行税费减免措施所减少的收入，原则上由下级政府自行负担，但造成财政困难的由上级财政酌情予以补助。

（2）财政支出措施。一是本级突发事件应对方面的支出，具体包括：突发事件应对的工作经费；对突发事件影响较大的主体予以适当救助与支持，对行业、企业流动资金贷款提供贴息支持，以及其他措施。其中，对个人的救助，《国家自然灾害救助应急预案》进一步将基本生活救助细化为过渡期生活救助、冬春救助（灾后当年冬季、次年春季的救助）两类，并明确由财政部、民政部（现应急部）负责救助费的拨付、救助费落实的监督以及救助结束后的绩效评估。二是对下级政府的帮助方面的支出，强调按照现行事权与财权划分原则分级负担，但对受影响较大的地区予以适当帮助。三是资金保障措施，包括：动用应急专项资金、部门间调剂、压缩一般性支出②；动用预备费；动用超收收入；及采取其他方案，并按程序报批。

（3）资金拨付方面。实行"特事特办、急事急办"原则，快速拨付。

（4）预算调整方面。本级政府因临时性的因减收增支造成预算难以平衡时，财政部门可以提出预算调整方案，并按程序报批。

（5）监督与评估。各级财政部门应当加强监督与管理保证资金专款专用、

---

① 笔者目前尚未检索到财政部的该预案。不过，由于地方公开的财政应急保障预案多基于财政部的预案制定，体例与内容上高度相似。同时，财政部下属财政科学研究所的多篇文章（例如，秦锐.财政公共危机管理的财政保障研究 [D]. 北京：财政部财政科学研究所，2013：81）对财政部的该预案进行了详细描述，也确实与地方公开的预案高度相似。

② 压缩一般性财政支出与动用预备费并不需要进行预算调整，由县级以上政府自行决定。

<<< 第三章 我国突发事件财政应对机制的历史考察与问题分析

提高资金使用效益,接受审计部门的监督以及对资金进行绩效评估。

第二,规则再分类。《财政应急保障预案》下的规则分类是根据措施的性质划分的结果,但并非分类的唯一结果。从问题解决的角度来看,无论是上下级财政间的补助与帮助,还是本级财政支出的缩减、预备费的动用、国债发行等,都是为了解决资金不足或者说收支平衡的问题,因而上述措施也可以分类为收支平衡措施(表3-8)。而将上述内容从财政收入与支出方面抽离,也有助于后文实践的梳理。事实上,本研究对于国家财政、过渡阶段财政规则的梳理也主要是基于此进行的。

表3-8 规则再分类

	具体内容	备注
财政收入 (税费减免)	对受影响较大的纳税人的税费减免	—
	其他	—
财政支出	对受影响较大的行业、企业贷款的贴息支持	—
	对受影响较大的个人的救助 生活救助、倒损房屋重建补助、抚恤金、医疗救助	—
	其他	—
收支平衡	压缩一般性支出等	—
	动用预备费	本级政府批准
	动用超收收入(预算稳定调节基金)	属于预算调整
	上级政府补助	—
	其他	—
资金拨付	快速拨付	—
监督与评估	各级财政部门加强对资金的管理与监督并进行绩效评估	—
	接受审计部门监督、检查	—

(二) 财政应对机制的实践考察

"理论是灰色的，而生活之树常青。"① 零散的财政规则与应急预案构建了政府行为的基本准则，上述规则的运用过程，也是突发事件应对的财政规则实施的过程，通过对规则和实践的考察，"不仅可以看到其取得的成就，更能看到其存在的问题，有助于帮助探寻未来完善的基本路径"。② 同时，基于法社会学领域学者的观察，我国法律规范的"表达"与"实践"之间存在分离，因而研究"行动中的法"成为全面认识法律制度不可或缺的方法。③

1. 事前阶段

由于我国应急预案并不针对事前阶段活动，事前阶段对政府行为的控制，也即对资金准备与能力建设支出的控制，主要通过预算机制进行。其间涉及政府收支分类科目、支出标准两方面内容。

第一，政府收支分类科目划分。政府收支分类科目的逐步完善，既便于政府内部管理，也有助于政府行为的规范。根据2014年修订的《预算法》，一般公共预算支出要按功能编列到项（类、款、项），按经济性质编列到款（类、款）；其他预算支出要按功能分类编列到项（类、款、项）。根据2018年《深化党和国家机构改革方案》，中央与地方政府机构进行了调整，分散在各部门的自然灾害与事故灾难事件防治与应急管理等职责被统合到新设立的应急管理机构中；④ 同时，公安消防部队、武警森林部队被并入应急管理机构，承担专业救援队伍职责。相应地，自然灾害应对的政府收支分类科目也被统合到一个类别之下——《2019年政府收支分类科目》在政府一般公共预算增设"灾害防治及应急管理支出"类级支出科目（224科目），将原先分散在农业、林业、水利、国土海洋气象类级支出科目下的相关内容统合至224科目。

---

① [德] 歌德. 浮士德 [M]. 郭沫若, 译. 北京：人民文学出版社，1959：95-96.
② 张守文. 危机应对与财税法的有效发展 [J]. 法学杂志，2011（03）：22.
③ 孟涛. 非常状态下的法律——危机与中国法律的转型 [D]. 北京：中国人民大学，2010：14.
④ 撤销国家安监总局，并将国务院办公厅、民政部、国土资源部、水利部、农业部、国家林业局、中国地震局、国家防汛抗旱总指挥部、国家减灾委员会、国务院抗震救灾指挥部、国家森林防火指挥部的灾害防治与应急管理职责并入应急管理部。

根据《2021年政府收支分类科目》，事前阶段支出在政府收支分类科目中的具体体现见表3-9。

表3-9 政府收支分类科目梳理（功能分类）

收支分类科目	具体内容
灾害防治及应急管理支出（类级）	该类级科目下细分应急管理事务、消防事务、森林消防事务、煤矿安全、地震事务、自然灾害防治等科目（款级），款级科目细分的项级科目涵盖了《突发事件应对法》所要求的预防、监测、预警、救援、演练等内容（项级）。
公共卫生（款级）	该款级科目下细分疾控机构、应急救治机构、基本公共卫生服务、重大公共卫生服务、突发公共卫生事件应急处理等科目（项级），涵盖了突发事件防治的预防、监测、预警、救援等事项。
应急物资储备支出（项级）	该科目位于"222 粮油物资储备支出"（类级）—"05 重要商品储备"（款级）之下，反映了救灾、防汛抗旱等物资储备支出。 需要指出的是：该科目不包含防疫应急物资储备支出，2021年新增的"234 抗疫国债安排的支出"（类级）—"01 基础设施建设"（款级）—"05 应急物资保障科目"（项级）临时性科目中才涉及该支出。
农业保险保费补贴（项级）	该科目是对农民与相关组织保费的补贴支出，是财政支持的巨灾保险机制的体现。值得注意的是，地方财政补贴的地震保险，以及地方财政出资的民生类巨灾保险、财政巨灾指数保险目前没有明确的对应科目。
其他	其他相关的收支分类科目，具体包括：自然灾害救济及恢复重建支出（款级）、预备费（款级）、安排预算稳定调节基金（款级）、补充预算周转金（款级）。这些科目可用于突发事件事中与事后支出，以及"减收增支"下的预算平衡事项。

第二，预算支出标准的规范。支出标准的明确，既便于政府支出，也有助于控制政府恣意。根据表3-10，应急部门基本支出标准明确、预备费标准明确、中央防汛抗旱补助支出相对明确，但自然灾害救济方面的支出标准具有一定模糊性，"与自然灾害救助需求相适应"的这一表述没有明确其具体内涵。需要说

明的是，疾病预防的业务经费与农业保险、地震保险保费补贴由中央与地方据实结算，自然灾害救灾物资储备支出按照政府采购法进行，虽无明确标准，但无须过多担心。此外，救灾物资储备支出目前仅涉及自然灾害事件，公共卫生事件中尚没有相关规定。

表3-10 支出项目与标准梳理

支出项目		支出标准或相关情况说明
应急管理部门、疾病预防控制中心的基本支出	标准明确	目前各行政单位、参公单位、事业单位对基本支出已实行定员定额管理。① 按照《中国共产党机构编制工作条例》的规定，各单位人员编制的设置，由中央机构编制委员会负责审定省级的行政编制总额与机构设置，省级政府具体负责地方机构的具体编制安排；各级应急管理部门亦如此。 公共卫生领域则进一步有所细化，《关于疾病预防控制中心机构编制标准的指导意见》（中央编办发〔2014〕2号）明确疾病预防控制中心的编制按"总量控制、分级核定、统筹使用"原则进行，各省编制总额原则上按照各省常住人口万分之1.75比例核定编制总额，而后由省进一步对内核定具体比例、统筹安排，并向基层倾斜。在对基本支出采取定额定员管理情形下，应急管理部门、疾控中心以及相关事业单位的基本支出的标准已然明确。
疾病预防控制中心的业务支出	据实结算	根据2005年《关于疾病预防控制体系建设的若干规定》（卫生部令第40号），县级以上疾病预防控制机构向社会提供公共卫生服务所需经费，包括业务经费等，由同级政府预算和单位上缴的预算外资金②统筹安排，也即回到了全额预算拨款的阶段。 对于乡（镇）卫生院、城市社区服务中心设置的预防保健组织，其经费列入县级财政预算，根据任务与绩效考核结果给予补助。对于承担预防保健工作的村级卫生人员，由县卫生行政部门或乡（镇）卫生院给予补助。

① 以中央为例，2006年起，财政部开始研究参公单位纳入定员定额试点工作，经过几年努力，绝大部分单位已纳入定员定额管理；2008年起，中央部门所属事业单位也开始逐步纳入定员定额管理。参见财政部预算司. 中央部门预算编制指南2021版［M］. 北京：中国财政经济出版社，2020：41-43.

② 2014年修订的《预算法》从制度层面正式要求各项收支纳入预算，因而，预算外收支已成为历史。

续表

支出项目		支出标准或相关情况说明
救灾物资储备支出	政府采购	救灾物资储备支出包括物资采购支出与仓储管理支出。目前在自然灾害领域，全国已经形成"国家—省—市—县"四级救灾物资储备体系，并于2015年开始朝着"国家—省—市—县—乡"五级体系发展。就物资采购支出而言，由各级应急管理部门①会同财政部门、粮食和物资储备局确定年度购置计划，进行采购。 1. 采购要求：2002年1月民政部《关于规范救灾粮采购和发放工作的通知》要求地方在集中安排地方口粮时，要面向市场、公开招标、集中采购，按照"等价择优、等质择廉"原则与中标企业签订购粮合同，2002年《中华人民共和国政府采购法》颁布并于2003年生效后即适用该法的规定，但紧急采购被排除在适用范围外。对于紧急采购，《突发事件应对法》第三十二条要求县以上各级政府应当根据当地实际，事前与相关企业签订协议，以保障应急物资的生产与供给。 2. 仓储要求：物资的仓储管理由代储单位负责，实践中由中国储备粮管理集团有限公司（中央物资）以及其在各地设立的分公司（地方物资）负责。中央物资按照上年实际储备物资金额的8%核定管理经费；② 地方物资的管理经费各地没有统一标准，鲜有直接在地方性法规或公开的规范性文件中明确。 3. 物资调度的支出。由申请调出的地方负责。
预备费	明确	按照现行《预算法》明确规定，预备费按一般公共预算支出额的1%—3%列支。
巨灾保险方面	—	由前所述，目前我国存在四类巨灾保险。在农业保险方面，中央对地方的补贴，按照地方的申请据实结算。在地震保险方面，由地方财政按照一定比例分担地震保险保费，也同样属于据实结算。在民生类巨灾保险、财政巨灾指数保险方面，各地采取公开招投标的方式进行，受《中华人民共和国招标投标法》规制。

---

① 2012年颁布的《中央救灾物资储备管理办法》在该事项上规定的是民政部，但2018年国务院机构改革后，实践中民政部的相关职能已统合到应急管理部。

② 2012年颁布的《中央救灾物资储备管理办法》规定中央物资由省级政府民政部门代储，但在实践中已经发生变化。具体参见国家粮食和物资储备局：职能配置与内设机构[EB/OL]. 国家粮食和物资储备局，未知；中储粮集团：企业简介[EB/OL]. 中储粮服务网，未知。

续表

支出项目		支出标准或相关情况说明
自然灾害救灾及恢复重建支出	模糊	《自然灾害救助条例》将实践中的自然灾害救济费支出予以明确，条例第四条规定各级政府要建立与"自然灾害救助需求"相适应的资金保障机制，并将救助资金纳入预算。
中央防汛抗旱补助支出	相对明确	1994年颁布的《特大防汛抗旱补助费管理办法》（2011年修订）就明确，该补助是为了支持省级政府开展抗旱、防汛抢险与基础设施修复而设置的专项补助资金；具体由中央按照洪涝面积、水利设施毁损情况、受旱成灾面积、因旱临时缺水人口与牲畜数量以及地方投入与财力状况等因素，进行分配。
预算稳定调节基金、周转金	—	严格来讲，预算稳定调节基金与周转金没有支出标准的概念。不过，由于两者旨在实现跨年度、跨季度的预算平衡，因而所有的预算稳定调节基金、周转金余额在理论上均可以作为后续突发事件应对的备用资金。就预算能稳定调节基金的管理而言，2018年财政部发布《预算稳定调节基金管理暂行办法》，对预算稳定调节基金的管理进行了规范。

2. 事中与事后阶段

按照《突发事件应对法》第四十四条要求，突发事件发生后，各级政府或相关部门应当及时启动应急预案。基于这一规定，此处的考察主要是在《财政应急保障预案》基础上，对实践中的临时性规定，以及部门内部的工作性文件等内容进行梳理。

第一，财政支出措施。

从实践来看，除应急预案所明确的对受突发事件影响较大的主体进行救助外，财政支出措施还涉及鼓励社会参与方面的内容。

（1）对受灾主体救助。具体包括以下三方面：

一是对受灾企业与个人的财政贴息。财政贴息，指的是各级财政对企业支付的贷款利息提供补贴。从非典疫情、汶川地震、玉树地震以及新冠肺炎疫情事件来看，中央财政对于受突发事件影响较大的企业给予贴息贷款；贴息标准为企业实际获得贷款利率的 50%，贴息期限不超过 1 年。例如，2003 年 5 月，财政部发布通知，决定对中央民航和旅游企业的短期贷款给予财政贴息贷款，帮助企业渡过难关；2020 年，财政部明确对已获得创业担保贷款贴息支持的感染新冠肺炎的个人，在展期 1 年基础上给予政策贴息；① 后进一步支持对批发零售、住宿餐饮、物流运输、文化旅游、出租车等行业的主体获得的创业担保贷款进行财政贴息。②

二是对自然灾害下受灾个人的生活补助。由前所述，目前生活补助包括四类：基本生活补助、抚慰金、倒损房屋重建补助、冬春生活补助。在救助工作的总体安排方面，民政部 2004 年发布《灾害应急救助工作规程》《春荒、冬令灾民生活救助工作规程》《灾区民房恢复重建管理工作规程》；③ 2011 年发布《因灾倒塌、损坏住房恢复重建补助资金管理工作规程》；2014、2015 年对《春荒、冬令灾民生活救助工作规程》进行了修订，并更名为《受灾人员冬春生活救助工作规程》，④ 上述文件对民政机关工作的总体安排予以明确。鉴于民政部职责划归应急部，而应急部尚未有相关文件颁布，因而这些文件仍具有参考价值。在具体补助发放方面，涉及标准制定、救助对象确定以及具体发放。以上内容，具体见表 3-11。

---

① 《财政部关于修订发布〈普惠金融发展专项资金管理办法〉的通知》（财金〔2019〕96 号）。
② 《关于进一步加大创业担保贷款贴息力度全力支持重点群体创业就业的通知》（财金〔2020〕21 号）。
③ 江西省民政厅救灾救济处. 救灾救济工作文件汇编 [M]. [出版地不详]，2006：60-86.
④ 民政部政策法规司. 民政工作文件选编（2014 年）[M]. 北京：中国社会出版社，2015：207；民政部政策法规司. 民政工作文件选编（2015 年）[M]. 北京：中国社会出版社，2016：164.

表 3-11 自然灾害事中应对工作的相关梳理

	涉及的工作内容
总体工作安排	《灾害应急救助工作规程》（2004）：涉及灾情管理；应急响应；监督与管理等工作安排。
	《受灾人员冬春生活救助工作规程》（2015年修订）：涉及救助需求的调查、核定、评估和上报；救灾资金的申请与安排；救灾资金发放与管理；救助情况调查、核定、评估和上报；监督和检查；绩效评估等工作安排。
	《灾区民房恢复重建管理工作规程》（2004）：涉及倒损房屋统计、核定；组织实施；监督管理等工作安排。
	《因灾倒塌、损坏住房恢复重建补助资金管理工作规程》（2011）
具体补助发放	1. 标准制定。倒损房屋重建补助则由县级民政部门确定，受灾人员冬春补助标准由县级民政部门在省级民政部门指导标准基础上制定具体实施标准。对于基本生活补助、冬春补助、倒损房屋补助根据受灾情况的不同采取"分类救助"的模式。 2. 对象确定。各类救助均须按照民主评议、登记造册、张榜公布、公开发放的程序。对于倒损房屋重建补助、冬春生活补助，由于事态已经得到控制，可以充分履行上述程序，上述文件也对相应程序予以进一步细化。而基本生活补助发放时，由于事态尚未得到控制，此时程序更应当予以细化、变通，以兼顾生存权保障以及工作的有序开展。否则，汶川地震期间，部分地方的生活补助领取数量超过该地总人数的窘状还将持续出现。但遗憾的是，笔者尚未看到相应的规定。 3. 具体发放。对于发放现金的纳入一卡通发放，对于发放实物的要严格按照政府采购有关规定及时发放。

从汶川地震、玉树地震、舟曲山洪等具体实践来看，具体补助的对象与标准情况见表 3-12。

第三章 我国突发事件财政应对机制的历史考察与问题分析

表3-12 受灾个人生活的补助

项目	分类	汶川地震①	玉树地震②	舟曲山洪③
抚慰	遇难人员	5000元/人	8000元/人	8000元/人
生活补助	困难群众	10元/天,1斤口粮;暂发3个月		
	"三孤"人员	600元/月;暂发3个月	1000元/月;暂发3个月	800元/月;暂发3个月
	应急安置	—	150元/人	150元/人
倒损房屋重建补助	自有产权房屋倒塌且无房可住	平均2.5万元/户。注:国务院于2007年将房屋重建补助标准从600元/间提高至1500元/间。④	1.统规统建:每户享80m²安居房、基础设施配套与公共设施配套; 2.统规自建:城镇13.5万元/户住房补助与基础设施配套;农村12.5万元/户住房补助与基础设施配套; 3.异地自购:一次性享14.5万元/户住房补助。	城乡受灾居民在国家补助2万元(农村)、2.5万元(城镇)基础上,用省级接受的捐助资金户补助到10万元。⑤

① 参见国务院批转《国务院抗震救灾总指挥部关于当前抗震救灾进展情况和下一阶段工作任务的通知》(国发[2008]16号)、《国务院关于印发汶川地震灾后恢复重建总体规划的通知》(国发[2008]31号)、《四川省人民政府关于支持汶川地震灾后恢复重建政策措施的意见》(川府发[2008]20号)(此文件已于2017年12月19日宣布失效)、《四川省汶川地震灾后城镇住房重建工作方案》(川府发[2008]35号)(此文件已于2017年12月19日宣布失效)。
② 参见玉树地震灾区基础统计结果4项补助发布动[EB/OL].中国政府网,2010-05-03;《国务院关于印发玉树地震灾后恢复重建总体规划的通知》(国发[2010]17号)(此文件已于2016年6月30日失效)、《青海省人民政府关于玉树地震灾后恢复重建的实施意见》、《玉树地震灾后恢复重建2011年跟踪审计结果》(2012年第4号)。
③ 参见《国务院关于支持舟曲灾后恢复重建规划和资金安排实施方案的通知》(国发[2010]38号);甘肃省人民政府关于印发舟曲灾后恢复重建规划和资金安排实施方案[A/OL],甘肃省人民政府网,2010-08-09。
④ 参见温家宝主持召开国务常务会议 研究部署抗震救灾工作[EB/OL].中国政府网,2007-08-15。
⑤ 需要强调的是,虽然中央明确了救灾资金是用于补助受灾地方政府,而非直接补助受灾主体,但实践中地方政府的认识并不一致,此处即典型。

99

续表

项目	分类	汶川地震	玉树地震	舟曲山洪
倒损房屋重建补助	房屋损坏加固维修	轻微损坏0.1万—0.3万元/户；中等破坏0.4万—0.5万元/户；严重破坏0.6万—0.8万元/户。	平均1万元/户。	城镇0.6万元/户；农村0.4万元/户。
	无房的"三孤"人员	安排至福利院、敬老院，省级财政补助3.5万元。	安排至福利院、敬老院，州、县政府补助3.5万元。	—
	其他	低保户中的三无家庭，政府直接提供40m²住房。	—	—

注：表格中汶川地区的倒损房屋补助未包含未对口支援、捐赠资金补助的金额，与实际数据可能有差异。此外，笔者目前在网上尚未检索到全面的冬春生活救助的资料，因而表中未予统计。

100

<<< 第三章 我国突发事件财政应对机制的历史考察与问题分析

三是对公共卫生事件下患者的医疗救助。早在 2003 年非典疫情期间，财政部与卫生部就发文指出对困难群众的救助费用进行减免，该措施最终被 2004 年颁布的《传染病防治法》第六十二条吸收。① 2020 年新冠肺炎疫情期间，这一范围扩大至所有确诊患者，财政部、医保局、卫生健康委员会明确扣除基本医疗保险、大病医疗保险等项目后费用的个人负担部分由政府承担。②

（2）其他。除了《财政应急保障预案》所明确列举的情形外，实践中还主要存在以下六类支出。

一是对应急处置工作人员的补助。2004 年人事部、财政部、卫生部发布《关于调整卫生防疫津贴标准的通知》，对于防疫一线卫生工作人员，提高了此前适用的 1979 年制定的标准；2016 年该标准再得到提高，具体见表 3-13。③ 此外，2020 年新冠肺炎疫情期间，中央明确对于湖北省一线医疗工作人员（含援湖北医疗队）的补助标准提高一倍。④ 需要说明的是，目前笔者尚未检索到自然灾害事件中对应急处置工作人员额外补助的规定。

二是中央对疫情防控重点保障企业的补助。新冠肺炎疫情期间，中央明确对纳入疫情防控重点保障的生产企业贷款给予财政贴息，具体目录由省级以上发展改革部门、工业和信息化部门确定。贴息金额为人民银行再贷款利率的 50%，期限不超过 1 年。⑤

三是地方对志愿者、专职城乡工作者予以补助。新冠肺炎疫情期间，基于疫情防控的特殊需要，志愿者等非官方工作人员发挥了重要作用，多数地方也对志愿者予以一定的补助。同时，民政部、国家卫健委指出，要争取各级党委

---

① 参见《关于农民和城镇困难群众非典型肺炎患者救治有关问题的紧急通知》（〔2003〕财社明传 5 号）。
② 参见《关于做好新型冠状病毒感染的肺炎疫情医疗保障的紧急通知》（国医保电〔2020〕5 号）。
③ 参见《关于全面落实进一步保护关心爱护医务人员若干措施的通知》（国发明电〔2020〕5 号）。
④ 参见《关于建立传染病疫情防治人员临时性工作补助的通知》（人社部规〔2016〕4 号）。
⑤ 参见《关于支持金融强化服务 做好新型冠状病毒感染肺炎疫情防控工作的通知》（财金〔2020〕3 号）。

101

支持，对全体志愿者与专职的城乡工作者发放抗疫补助。①

表3-13 突发事件中志愿者、应急处置工作人员的补助情况

	适用对象	具体内容
公共卫生事件	直接参与应急处置的卫生工作人员	按工作性质、风险程度等因素，划分为四档： 1979年标准：15元/月、12元/月、9元/月、6元/月； 2004年标准：9元/天、7元/天、5元/天、3元/天； 2016年标准：300元/天、200元/天、100元/天、50元/天。
	志愿者、专职城乡工作者	未明确是否有补助，各地在是否补助以及标准上均存在差异。
自然灾害	应急处置工作人员	未明确是否有额外补助
	志愿者	未明确是否有补助

四是地方对外地员工就地过年、企业稳岗就业方面的补贴。2021年1月，中共中央、国务院办公厅发布《关于做好人民群众就地过年服务保障工作的通知》、人社部等7单位发布《关于开展"迎新春送温暖、稳岗留工"专项行动的通知》（人社部函〔2021〕8号），要求各地政府合理引导群众过年、鼓励企业稳岗留工。为此，各地纷纷出台相应的财政补助措施，具体见表3-14。

表3-14 新冠肺炎疫情中地方在就地过年、稳岗就业方面的补助项目梳理

	各地财政补助项目
合理引导外地员工过年	各地的措施具体包括以下三类： 1. 鼓励外地员工就地过年。例如，杭州市给予外地员工1000元就地过年补贴。部分地区如江苏省常州市溧阳市，还对低风险地区来当地过年的外地员工直系亲属的交通、住宿费用，分别予以不超过500元、1000元的补贴。对于补助的范围与方式，各地主要明确为当地缴纳社保、非本地户籍的员工，不过也有地区如杭州市将范围缩小至非浙江户籍；② 补贴的方式较为多元，有现金补贴、消费券（含购物卡）、旅游补助以及流量，等等。

---

① 参见《关于深入学习贯彻习近平总书记重要指示精神 进一步做好城乡社区疫情防控工作的通知》（民发〔2020〕13号）。
② 参见杭州市新冠病毒肺炎疫情防控工作领导小组办公室《关于开展春节期间面向在杭外来务工人员"十送"关爱行动的通知》。

续表

	各地财政补助项目
合理引导外地员工过年	2. 鼓励企业留工过年。例如，浙江省台州市鼓励企业对外地员工发放新春红包，并重点对部分企业予以补助。对于亩均绩效综合评价 B 类及以上的规上制造业企业 380 元/人，亩均绩效综合评价 B 类及以上的规下制造业企业、规上（限上）服务业企业、一级及以上建筑业企业、市级及以上农业龙头企业 280 元/人。① 3. 鼓励企业集中接送外地员工。例如，江苏省南通曲塘镇除明确给予就地过年的外来员工 500 元补贴外，还对企业接送来源地集中员工（15 人以上）的包车费予以全额补助。
稳岗留工补贴	各地的措施具体包括以下三类： 1. 鼓励员工留岗。例如，浙江省丽水市经济开发区对符合要求的企业员工，按照每人每天 50 元和 20 元的标准给予企业员工加班补助和用餐补助。 2. 鼓励企业稳岗留工、促经济增长。例如，宁波市鄞州区对不裁员或少裁员的企业，返还上年度实际缴纳的事业保险费 50%；对企业参保人员每增加一人给予 500 元的补助，最高不超过 10 万元；对按规定开展员工培训的院校、机构和企业给予最高 600 元/人补贴等。绍兴市对 2020 年规上工业企业，2021 年第一季度工业产值不低于 2020 年第三、第四季度平均产值的，给予 10 万元奖励。② 宁波市鄞州区同样对于 2020 年规上工业企业，2021 年第一季度产值不低于 2020 年第三、第四季度平均产值的给予奖励；不过奖励有所不同，符合上述条件的 2020 年产值 2000 万元以上 1 亿元以下的规上工业企业奖励 5 万元，产值 1 亿元以上的规上工业企业奖励 10 万元，重点规下企业奖励 2 万元。 3. 鼓励外地老员工返岗、外地新员工就业、带动就业。例如，浙江省嘉兴市桐乡市在 2021 年 1 月 27 日—2 月 26 日期间，对首次来当地就业、签订一年以上劳动合同、社保缴满 3 个月的员工，给予 1000 元补助；对 2 月 12 日—2 月 19 日返岗的老员工按省内 200 元，省外 500 元给予补贴；对 2 月 20 日—2 月 26 日返岗老员工，减半执行。嘉兴市还对疫情期间，对介绍 20 人以上省外员工首次来当地就业、签订 1 年以上劳动合同、社保缴满 3 个月的机构给予 200 元/人补贴。江苏省南通市海安市曲塘镇，对 2021 年外地员工带来海安市外的新员工到当地企业就业、社保缴满 6 个月的，给予 1000 元/人补贴。

---

① 范宇斌. 浙江台州鼓励外来员工留当地过年 予以新春红包补助 [EB/OL]. 中国新闻网，2020-01-07.
② 参见《绍兴市防控办关于支持工业企业留工稳增的若干意见》。

五是地方鼓励业主为租户减免房租。新冠肺炎疫情期间，地方为响应国家支持企业复工复产的要求，纷纷出台房租减免的相关规定。具体包括两类：一是多数地方对于国有资产类经营用房，直接发布减免规定，如北京、上海、山东、江苏、浙江等；① 二是对于非国有资产类经营用房，除税费优惠措施外（见下文），有少部分地方明确对减租的业主给予财政补贴。例如，四川鼓励大型市场运营主体在疫情期间对中小企业减免租金，要求下级政府对减免租金的业主给予适度财政补贴。对减免入驻中小微企业厂房租金的省级小微企业创业创新示范基地，省财政按照不超过租金减免总额的50%给予补助，每个基地补助总额不超过200万元。②

六是地方发放消费券。新冠肺炎疫情期间，各地基于十部委发布的《关于促进消费扩容提质加快形成强大国内市场的实施意见》（发改就业〔2020〕293号），在刺激消费与经济复苏方面，普遍采取了发放消费券的措施。其实，在非典型肺炎疫情期间，各地政府也同样采取了向消费者发放消费券的方式以促进经济复苏，并履行社会保障的职责。但本次消费券的发放在形式上有较大变化，非典型肺炎疫情期间各地既有纸质的消费券，也有现金补贴，而在新冠肺炎疫情期间，各地几乎都是借助网络平台发放电子消费券，仅社会保障类的消费券采取纸质消费券的方式。

从政策的目的上来看，各地发放的基本是经济促进类消费券，或兼有部分社会保障类消费券，③ 但也有个别地方仅发放社会保障类消费券，如河南省郑州市巩义市仅对登记在册的四类救助对象发放纸质消费券。④ 在不同的政策目

---

① 参见《北京市人民政府办公厅关于应对新型冠状病毒感染的肺炎疫情影响促进中小微企业持续健康发展的若干措施》《上海市全力防控疫情支持服务企业平稳健康发展的若干政策措施》《关于应对新型冠状病毒肺炎疫情影响推动经济循环畅通和稳定持续发展的若干政策措施》《关于应对新冠肺炎疫情支持生活服务业批发零售业展览业及电影放映业健康发展的若干意见》等。

② 参见《关于应对新型冠状病毒肺炎疫情缓解中小企业生产经营困难的政策措施》（川办发〔2020〕10号）。

③ 熊伟. 新冠肺炎疫情背景下政府消费券发放规则的法律检视［J］. 武汉大学学报（哲学社会科学版），2020（05）：12-13.

④ 巩义市红利性消费券发放工作方案［EB/OL］. 巩义市政府网，2020-04-23.

的下，消费券的发放与兑付等规则上存在一定差异。同时，电子消费券的发放，除与纸质版消费券一样涉及发放对象、发放规则、使用规则、商户的确定外，还涉及发放与兑付平台的选择。具体见表3-15。

表3-15　新冠肺炎疫情期间消费券发放相关规则的梳理

	经济促进类	社会保障类
发放对象	各地没有明确限制。	针对登记在册的救助对象。
发放形式	均为电子消费券形式，并主要采取抢券的方式，也有部分地区如南京市采取"摇号"方式。	定向投放。
使用规则	均设置有消费门槛与使用期限，消费者需要在消费满一定金额时方可享受折扣，例如南京市发放的餐饮类消费券的门槛为150元，有效期截至2020年3月31日。①	没有设置消费门槛但同样设置了使用期限。
商户确定	多限定为受疫情影响较大的行业，其中餐饮类、购物类、旅游类较为普遍，商户需要进行报名的形式，如武汉市。此外，还有地区直接明确所有实体商家，或兼而有之。例如，杭州市发放的第一批消费券涵盖杭州市内所有实体商家，商家无须报名；第二期消费券则针对餐饮类、购物类，需要商家进行报名。②	就可抵扣的商品服务范围，仅适用于指定商家。

---

① 南京市人民政府：超3亿元消费券！发！[EB/OL]. 南京市人民政府网，2020-03-14.
② 杭州16.8亿消费券，今早8点开领！[EB/OL]. 杭州市人民政府网，2020-03-27.

续表

	经济促进类	社会保障类
发放/兑付平台	存在直接指定与公开征选两类模式。 1. 直接指定：从实践来看，各地政府普遍直接选定多个网络平台，例如宁波市主要选择官方App甬派进行发放消费券，兑付平台为支付宝与云闪付；① 武汉市选择微信、支付宝和美团（大众点评）为发放与兑付平台；等等。② 但也有部分地区仅选择单一的平台，如杭州市指定支付宝为唯一的发放与兑付平台；③ 山东省聊城市指定支付宝为唯一的兑付平台；④ 等等。 2. 公开征选。就公开征选情形而言，实践中仅有个别案例，例如，温州市鹿城区对消费券的兑付结算平台进行公开征选。⑤	—

从实践效果来看，经济促进类消费券普遍取得了较好的成果。例如，截至2020年4月9日，杭州市消费券已核销2.2亿元，带动消费23.7亿元，乘数效应达10.7倍；郑州市核销1152.4万元，带动消费1.28亿元，乘数效应达11倍；⑥ 截至2020年5月17日，宁波市已核销约2682万元，带动消费2.7亿元，乘数效应达10.1倍。⑦

不过，从合法性角度来看，政府消费券的发放存在一定的问题。如由前所述，政府的财政支出行为一方面受财政法调整，另一方面还涉及其他非财政领域法律的规制。2009年财政部颁布《关于规范地方政府消费券发放使用管理的

---

① 宁波3000万元电子消费券本月17日10点在甬派发放 [EB/OL]. 搜狐网，2020-04-15.
② 武汉市面向全体在汉人员投放消费券 [EB/OL]. 央广网，2020-04-17.
③ 杭州16.8亿消费券，今早8点开领！[EB/OL]. 杭州市人民政府网，2020-03-27.
④ 《聊城市消费券发放活动实施方案》解读 [EB/OL]. 聊城市商务和投资局促进局，2020-04-21.
⑤ 公开征选"餐饮业振兴复苏活动"兑现平台的公告 [EB/OL]. 鹿城市人民政府网，2020-05-25.
⑥ 商务部. 我国市场消费触底回升 消费券释放十倍乘数效应 [EB/OL]. 央广网，2020-04-09.
⑦ 宁波消费券大数据来了！3000万消费券带动消费成效几何？[EB/OL]. 中国宁波网，2020-05-20.

指导意见》，对政府发放消费券的行为进行了规范。该意见明确指出：消费券发放应当公开公正地确定商品供应商（公平竞争），并按照公平合理原则重点向困难群体倾斜（社会保障）；同时，禁止消费券直接兑换现金、使用时替代现金找零与反复流通（维护货币秩序）。但遗憾的是，该意见已于2016年被财政部第83号令废止。

纵观两大疫情期间的消费券发放，对其合法性方面作评价，可谓"有进有退"。"进步"主要表现在财政法、货币法、社会保障法领域合法性程度有所提高。在财政法领域，各地通过与支付平台或电商平台的合作，提高了资金的使用效益。例如，在商家范围方面，由于平台方拥有广泛的商家资源，免去了政府的签约成本；在技术方面，平台方成熟的技术免去了政府开发成本；在消费券投放方面，平台可基于其优势提高投放的精准度，减少投放成本，提高了资金的使用效率，更加契合财政法的要求。在货币法领域，消费券的发放从非典期间的纸质转变到新冠肺炎疫情期间的电子消费券，不能用于兑换现金、找零与反复使用，对货币秩序并不会产生较大影响。在社会保障法领域，各地消费券多预留部分资金用于特殊人群救助，并采取定向投放的形式，保障特殊人群的利益。

合法性"退步"体现在：地方政府在纸质消费券到电子消费券发放的过程中实施排除与限制竞争的不当行为。尽管笔者尚未检索到地方政府依据《公平竞争审查制度实施细则（暂行）》规定，对消费券的发放进行审查的相关资料，但没有公开并不意味着没有。从地方政府实践来看，部分地区在发放/兑付平台选取方面确实有违竞争法的规定。从是否公开征选平台的角度来看，各地在实践中多直接指定相应平台，仅有个别公开征选的案例，例如温州市鹿城区对消费券的兑付结算平台进行公开征选。① 更进一步从指定平台的地区来看，多数地区坚持了平台的多元性，减轻了其违法程度，但也存在部分地区仅指定单一平台的限制竞争行为。例如，杭州市指定支付宝为唯一的发放与兑付平台；②

---

① 公开征选"餐饮业振兴复苏活动"兑现平台的公告 [EB/OL]. 鹿城区人民政府网，2020-05-25.
② 杭州16.8亿消费券，今早8点开领！[EB/OL]. 杭州市人民政府网，2020-03-27.

山东省聊城市指定支付宝为唯一的兑付平台;① 等等。

第二,财政收入措施。

就税费减免措施而言,《财政应急保障预案》未就税种、程度等问题做出明确规定。从实践来看,除烟叶税减免外,其余17个税种以及费用的减免均得到了运用;在程度方面,有权机关根据受影响程度、对象的不同,对受灾纳税人实行分类支持的财政措施。此外,政府还在鼓励社会参与方面进行了多元的尝试。从合法性与合理性的角度来看,各类税费减免措施总体上符合实体法规定,并在总体上实现了利益平衡,不过也存在个别的利益失衡现象,有待后续进一步完善。具体而言:

首先,由于税制的复杂性,因而对于繁杂的税费措施进行分类,是科学认识或者制定优惠措施的必要途径。对此,有学者从功能或目的角度出发,将实践中的税收优惠政策分为减轻纳税人负担的"止血"措施,鼓励社会参与的"输血"措施,以及激励纳税人生产自救的"造血"措施。但该学者同时也承认,"止血"措施同样具有激励功能,② 因为两者最终都旨在帮助纳税人度过危机,因而容易混淆致使该分类的意义下降。但笔者认为,"止血"与"造血"类措施侧重点不同,区分两者可反映政府在突发事件应对中措施运用的倾向,该分类有重要意义。因为从措施采取的逻辑起点来看,"止血"措施以降低纳税人负担为出发点,关注企业的基本生存,至于是否产生激励作用则在所不问;而"造血"措施是在此基础上进一步关注激励功能的结果,直接提高生产经营所得利润的留存比例。该分类在反映政府措施运用倾向上的意义具体表现为:在自然灾害事件应对中,国务院多次明确要根据影响程度、对象的不同而采取分类支持的举措,原则上以受灾地区生产自救为主、财政税收政策支持为辅(止血措施),对受灾严重地区重点照顾(造血措施),并鼓励社会参与(输血

---

① 《聊城市消费券发放活动实施方案》解读 [EB/OL]. 聊城市商务和投资局促进局网,2020-04-21.
② 李建人. 税收制度在抗灾重建中的功能之强化 [J]. 法学,2011(06):118.

措施);① 在公共卫生事件应对中,国务院虽无明确规定,但在实践中同样采取分类支持的举措。

(1)"止血"与"造血"措施方面。自然灾害下的税费优惠措施,侧重于保障纳税人生存、减轻纳税人负担,激励措施较为有限。在"止血"功能的发挥上,通过对受灾严重地区损失严重的企业直接免征当年企业所得税、对纳税人获得的救灾与救济等款项免征所得税等措施,减轻受灾地区纳税人的压力;在"造血"功能的发挥上,仅对受灾严重地区因灾失业人员就业、创业事项上予以定额式税费减免的优惠。公共卫生事件下的税费优惠措施,虽然从非典到新冠肺炎有一定的变化,但"止血"措施仍具有普遍性。非典疫情期间的税收优惠措施都是针对受非典疫情影响最为突出的民航、饮食、旅店、出租等行业。而到了新冠肺炎疫情期间,"止血"措施开始适用并扩大至全部纳税人,如社会保险费的减征、免征、缓征,以及小微企业和个体工商户企业所得税的缓征。另外,"造血"措施适用于受灾特别严重的交通运输、餐饮、住宿、旅游、电影行业企业以及小规模纳税人。具体参见表3-16。

(2)"输血"措施方面。从历次突发事件应对来看,包括三类情形:免除捐赠物品的商品税负担、捐赠款项可在所得税税前全额扣除、其他特定纳税人的措施(对生产抗疫物资企业的税收减免等)。

---

① 参见《关于支持汶川地震灾后恢复重建政策措施的意见》(国发〔2008〕21号)、《关于支持玉树地震灾后恢复重建政策措施的意见》(国发〔2010〕16号)。

表3-16 自然灾害与公共卫生事件下对受灾地区纳税人的税费优惠措施情况

	止血措施	造血措施
汶川地震[①]	1. 对受灾严重地区损失严重的企业，免征当年度企税。 2. 企业取得的抗震救灾和灾后恢复重建款项和物资，以及税收法律、法规和本通知规定的减免税金及附加收入，免征企税。 3. 受灾地区或支援受灾地区重建的企业进口国内不能满足供应并直接用于灾后重建的大宗物资设备等，三年内给予进口税收优惠。 4. 个人接受捐赠的款项、取得的政府发放的救灾款项，免征个税。 5. 三年内减免部分政府性基金和行政事业性收费。 6. 5年内免征受灾地区农村信用社企税。	1. 对受灾严重地区损失严重的企业，免征当年度企税。 2. 企业取得的抗震救灾和灾后恢复重建款项和物资，以及税收法律、法规和本通知规定的减免税金及附加收入，免征企税。 3. 受灾地区或支援受灾地区重建的企业进口国内不能满足供应并直接用于灾后重建的大宗物资设备等，三年内给予进口税收优惠。 4. 个人接受捐赠的款项、取得的政府发放的救灾款项，免征个税。 5. 灾区恢复重建中，一律免收属于中央收入的各类行政性收费和政府性基金。
玉树地震[②]	1. 企业招用当地因灾失业城镇职工，予以定额（4000元/人/年）依次扣减营业税、城建税、教育费附加和企税。 2. 因灾失业的城镇职工从事个体经营的，定额（8000元/户/年）扣减其当年实际应缴纳的营业税、城建税、教育费附加和个税。	1. 企业招用当地因灾失业城镇职工，予以定额（4000元/人/年）依次扣减营业税、城建税、教育费附加和企税。 2. 因灾失业的城镇职工从事个体经营的，定额（8000元/户/年）扣减其当年实际应缴纳的营业税、城建税、教育费附加和个税。

---

① 参见《关于支持汶川地震灾后恢复重建政策措施的意见》（国发〔2008〕21号）、《关于支持汶川地震灾后恢复重建有关税收政策问题的通知》（财税〔2008〕104号）。
② 参见《关于支持玉树地震灾后恢复重建政策措施的意见》（国发〔2010〕16号）、《关于支持玉树地震灾后恢复重建有关税收政策问题的通知》（财税〔2010〕59号）。

续表

	止血措施	造血措施
非典型肺炎①	对餐饮、旅店、旅游、娱乐、民航、公路客运、水路客运、出租汽车等行业减免15项政府性基金。	受灾特别严重行业企业的税费优惠： 1. 民航旅客运输业务和旅游业免征营业税。 2. 饮食业、旅店业减、免或缓征营业税。 3. 出租汽车司机免个税或降低征收定额。 4. 出租汽车公司和城市公共交通运输公司减、免或缓征营业税等。
新冠肺炎②	1. 阶段性减免企业养老、失业、工伤保险单位缴费。 2. 阶段性减免以单位方式参保的有雇工的个体工商户职工养老、失业、工伤保险。 3. 阶段性减征职工基本医疗保险单位缴费。 4. 2020年社会保险个人缴费基数下限可执行2019年标准。 5. 个人身份参加企业职工养老保险的个体工商户和各类灵活就业人员2020年可自愿暂缓缴费。 6. 小微企业和个体工商户延缓缴纳2020年所得税。	受灾特别严重行业企业的税费优惠： 1. 阶段性减免小规模纳税人增值税。 2. 电影放映服务免征增值税。 3. 交通运输、餐饮、住宿、旅游、电影企业2020年度亏损最长结转年限延至8年。 4. 免征文化事业建设费。

其次，就合法性而言，前文表3-3已经对政府税费减免权内容进行了梳理，实践中的税费优惠也基本符合法律规定，但个别措施有待进一步完善。具体而言，现行《土地增值税暂行条例》没有税收减免条款，《消费税暂行条例》只

---

① 参见受非典影响行业将享受5个月税收优惠［EB/OL］.央广网，2003-05-13.
② 部分税收优惠措施，总体上属于常态下的宏观调控政策，与本研究关联性不大，故未予列示。例如，延续实施"新能源汽车免征车辆购置税""物流企业大宗商品仓储设施用地减半征收城镇土地使用税"以及稳外贸扩内需的"提高部分产品出口退税率"、"二手车经销企业销售旧车减征增值税"，等等。

涉及出口退税内容。但在汶川、玉树地震应对中，国务院均规定重建的安居房转让时免征土地增值税；在非典以及新冠肺炎疫情期间，财政部经国务院批准，明确应对疫情的货物捐赠免征消费税。由于上述优惠措施并非针对受灾地区行业企业，无法适用《突发事件应对法》第六十一条之规定。因而，其法律依据只能是1985年全国人大常委会的"特别授权"，① 后续应当予以改进。考虑到消费税、土地增值税目前尚未上升至法律，可在后续立法中对税收优惠条款予以明确。

最后，从合理性角度来看，现有税费减免措施总体上符合适度性要求，并不会造成国家与纳税人、纳税人之间利益失衡。不过，在鼓励社会参与方面，存在利益失衡的个别情形。

（1）总体上利益平衡。总体而言，税费优惠应当关注其范围和程度，"保障各类主体的合法权益，实现经济与社会的稳定发展"，② 防止国家与纳税人、纳税人之间的利益失衡。其首要的检验标准为：必要性与比例原则。

从必要性角度来看，一国的税制不能危及纳税人生存，同时突发事件应对属于全社会应急而非单一政府应急，③ 三类措施均有其必要性。从比例原则角度来看，"止血"措施普遍的现实，以及实践中的"造血"措施仅适用于受灾特别严重的行业企业的情况（见前文，此处不再赘述），均表明税收优惠以"保障"纳税人生存为主要目的，有权机关没有滥施税费优惠。同时，各类税费优惠措施均明确地设置日落条款，如非典型肺炎疫情期间的税收优惠明确了"在2003年5月1日至9月30日期间"的限制。④ 在以上事实前提下，我们可以说

---

① 目前我国税收领域的立法授权有两类模式：第一类是基于全国人大常委会的特别授权，国务院所享有就税收领域相关事项先行制定行政法规的权力，例如国务院基于1984年与1985年的两个特别授权规定所制定的《中华人民共和国增值税暂行条例》等税收实体法；不过，前者已于2009年被全国人大常委会废止。第二类是基于既有的各税收实体法中的授权性规定，国务院等有权机关所享有的就某一具体事项进行规定的权力，也即法条授权模式。
② 张守文."结构性减税"中的减税权问题［J］. 中国法学，2013（05）：60.
③ 汪永清. 中华人民共和国突发事件应对法解读［M］. 北京：中国法制出版社，2007：19.
④ 受非典影响行业将享受5个月税收优惠［EB/OL］. 央广网，2003-05-13.

<<< 第三章 我国突发事件财政应对机制的历史考察与问题分析

税费优惠措施整体上符合适度性的要求，不会造成国家与纳税人、纳税人之间的利益失衡。就"输血"措施而言，由前所述，包括三类情形：免除捐赠的商品税负担、捐赠款项可在所得税税前全额扣除、其他特定纳税人的措施（对生产抗疫物资的企业的税收减免等）。前两种情形旨在降低特定纳税人税负以鼓励特定纳税人参与救灾，而非鼓励其生产经营；最后一种情形，由于其关乎突发事件的应对能否有效进行、涉及更大的公共利益，适用范围有限、也并非以促进纳税人竞争为目的。因而，三类情形均不会超过必要的限度而致使国家与纳税人、纳税人之间利益的失衡。

此外，对特定纳税人的税费减免，可能因为预算收支平衡的要求，从而导致其他纳税人负担的增加，尤其是税收负担的增加。因而，此处还需要考量对特定纳税人的税费减免是否对其他纳税人产生了不公。对这一问题，我们首先要明确的是，收支平衡的实现并非完全只能依靠增加税收的方式，也可以通过发行特别国债、增发货币或缩减政府支出的方式。因而，此处需要考察的是，实践中是否以增加税费的方式来实现收支平衡。

从历年的财政收入数据来看，既往的大型突发事件均没有造成当年度所在省、全国一般预算收入（或财政收入）的降低。例如，2003年全国财政收入达到21691亿元（增长14.7%），2008年全国一般预算收入达到61316亿元（增长19.5%），2010年达到83080.32亿元（增长21.3%），[①] 2008年四川省一般预算收入1041.76亿元（剔除捐赠资金46.5亿元，同口径增长18.93%）。当然，上述结果也表明政府的财政政策颇具成效。[②]

根据上下文所梳理的实践来看，这些收支措施主要涉及调整优化支出结构、积极的财政政策（发放消费券等）、发行国债，等等，并无增加税收的措施。可见，虽然常态下财政收入的增加以税收为主要来源，并辅之以间接性方式促进

[①] 参见《关于2003年中央和地方预算执行情况及2004年中央和地方预算草案的报告》《关于2008年中央和地方预算执行情况与2009年中央和地方预算草案的报告》《2010年中央和地方预算执行与2011年预算草案报告》。

[②] 需要说明的是，截至2021年6月15日，2020年度全国财政决算信息尚未公布。

113

收入的增长，①但在临时性的突发事件"减收增支"应对中，国债发行以及积极性的财政支出政策却反而成了预算平衡的主要手段。税收之所以没有在此成为应对手段，其背后的原因在于：税收的增加需要考虑"谦抑性"与"收敛性"②原则以及更为重要的课税要素的设计等诸多内容，突发事件由于其不确定性等内容导致其课税要素难以科学设计，而如果平均负担则似乎又因为各地突发事件概率不近似而有不公平之嫌；各类费用亦如此。更为重要的是，税收与费用的增加也与近些年来中国"减税降费"的趋势相背离，从《关于2019年中央和地方预算执行情况与2020年中央和地方预算草案的报告》来看，即便遭受新冠疫情的重创，中国仍将继续推进"减税降费"。

综上，以保障纳税人生存为核心的具体减税措施契合了适度性要求，不会造成国家与纳税人之间利益的失衡。同时，对由此导致的突发事件应对中临时性的"减收增支"情况，政府采取积极的财政支出政策以及发债的方式来应对，而没有增加其他纳税人的负担，因而不会造成纳税人之间利益的失衡，总体上符合合理性的要求。

（2）局部利益失衡。虽然实践中的税费优惠措施总体上实现了各方利益平衡，决策做出时程序保障机制缺失的风险基本被规避，但这一结论并非绝对。笔者注意到，在鼓励社会参与方面，存在利益失衡的情形。以新冠肺炎疫情为例，"全国700多万物业服务人员为住宅小区提供不间断的日常服务，牢牢守住疫情防控的第一道防线"。③而根据《支持疫情防控和经济社会发展税费优惠政策指引》，虽然国务院强调要支持疫情防控工作，但税费减免的范围主要涉及保障物资的生产与运输，而不包括对物业公司的支持。

另外，在地方税减免方面，实践中各地减免的税种主要涉及房产税与城镇土地使用税两类（以下简称为两税）。在程度方面，各地同样根据受影响程度、

---

① 这是因为大规模的国债发行所带来的还本付息之压力以及长期的货币增发所可能引致的通货膨胀，使得国债发行与货币增发并非长久之策。参见张守文. 财税法学 [M]. 6版. 北京：中国人民大学出版社，2018：104-105.
② 张守文."结构性减税"中的减税权问题 [J]. 中国法学，2013（05）：60.
③ 国务院联防联控机制3月10日新闻发布会 [EB/OL]. 中国政府网，2021-03-10.

对象的不同，实行分类支持的财政措施。具体来看，实践中各地普遍明确对于受严重影响纳税人，缴纳两税有困难的，予以减免。例如，浙江对住宿餐饮、文体娱乐、交通运输、旅游企业以及小微企业的自用房产，减免3个月的两税（后改为免征2020年整个年度的两税），以减轻纳税人生存压力。

不过，在鼓励社会参与，也即鼓励业主为承租企业、个体工商户减免租金的措施方面，税费优惠则不尽一致。有未涉及该内容的地区，如江苏；也有直接依法明确减免的，例如，浙江对于经营性房产业主疫情期间为纳税人减租的，按实际免租月份或折扣比例相应减免两税；① 还有地方要求自用房产所有人自己在缴纳两税却有困难时，可申请减免，如山东、上海等。②

第三，程序方面。"特事特办、急事急办"原则在实践中得到了充分贯彻。

（1）快速拨付。在各个突发事件的应对中，财政资金的"快速拨付"成为财政保障基本要求，并且在突发事件发生时，中央往往率先通过紧急调拨部分款项为地方快速有效地应对突发事件提供了充分的保障，例如非典期间中央财政紧急下拨20亿元；③ 新冠肺炎疫情期间中央拨付补助资金35亿元，重点用于患者的救治等；④ 汶川地震时紧急下拨救灾资金8.6亿元；⑤ 舟曲特大山洪紧急下拨5亿元救灾资金用于抢险救灾和受灾群众的紧急转移安置；⑥ 等等。

（2）快速直达的特殊转移支付。新冠肺炎疫情期间，中央在快速拨付程序方面还新增"特殊转移支付"。对于扩大赤字规模与发行国债所获得的2万亿元资金，按照"中央切块、省级细化、备案同意、快速直达"的原则进行，资金

---

① 参见《关于落实应对疫情影响房产税、城镇土地使用税减免政策的通知》（浙财税政〔2020〕6号）；《关于调整明确部分应对疫情影响房产税、城镇土地使用税减免政策的通知》（浙财税政〔2020〕13号）。
② 参见《上海市全力防控疫情支持服务企业平稳健康发展的若干政策措施》《关于应对新冠肺炎疫情支持生活服务业批发零售业展览业及电影放映业健康发展的若干意见》。
③ 财政部公布中央财政20亿元非典防治基金用途［EB/OL］. 央广网，2003-04-24.
④ 省财政厅紧急下拨疫情防控补助资金35亿元［EB/OL］. 湖北省人民政府网，2020-02-17.
⑤ 党中央国务院高度重视汶川地震迅速实施救援行动［EB/OL］. 中国政府网，2008-05-13.
⑥ 中央财政紧急下拨我省综合财力补助资金5亿元［EB/OL］. 甘肃省人民政府网，2010-08-09.

由中央直接分配到省，而后由省级财政部门细化，并报财政部备案同意，财政部同意后由省级财政部门在限定的时间内下达基层政府。①

第四，"减收增支"下的收支平衡措施。

对于突发事件应对"减收增支"背景下的预算平衡问题，除运用财政应急保障预案中所明确的方案外，实践中还存在增列赤字、增加发债数额的情形。

（1）压缩财政支出。非典型肺炎疫情期间，财政部发文强调：中央各部门、各单位调整2003年预算，以确保防疫经费的需要；②汶川地震后，财政部发文要求各省级政府压缩一般性支出，确保重点支出的需要，如抗震救灾支出、对口支援支出等。③新冠疫情期间，李克强总理作2020年《政府工作报告》，强调各级政府要优化财政支出结构，压缩一般性支出，保障民生以及重点领域支出。④同时，根据上述文件，一般性开支的压缩主要限于"三公经费"，也即减少会议与接待、公车购置与使用、出国出境组团经费。此外，除了党中央、国务院确定的项目以及法律规定增长的支出、民生领域重点支出外，原则上不再追加部门和单位的支出。不过，对于支出压缩，至今没有清晰的客观标准。值得注意的是，地方个别预案如《苏州市级财政应急保障预案》在该领域进行了有益的探索，例如，取消尚未实施的增支方案，停止出台刚性支出政策；取消或暂缓尚未实施的社会事业和城市建设等项目；调减支持竞争性领域的支出项目；等等。

（2）动用预备费。从实践来看，中央与地方政府历年提取的预备费偏低，中央在1.5%左右，地方整体在2010—2015年甚至不足1%，2016年开始地方整体的预备费科目甚至不统计（参见表1-1）。虽然预备费在历次突发事件中都得到运用，但其与实际的资金需求差异性较大，难以成为财政的"稳定器"。

（3）动用超收收入（预算稳定调节基金）。早在2008年汶川地震期间，中

---

① 国务院政策例行吹风会（2020年6月12日）[EB/OL]. 中国政府网，2020-06-12.
② 参见《关于中央部门调整2003年预算支出确保"非典"防治经费的紧急通知》（财预〔2003〕71号）.
③ 参见《关于做好增收节支有关工作的通知》（财预〔2008〕89号）.
④ 李克强. 政府工作报告——2020年5月22日在第十三届全国人民代表大会第三次会议上[R/OL]. 中国政府网，2020-05-22.

央就通过预算调整，调入预算稳定调节基金 600 亿元作为部分灾后恢复重建资金；① 新冠肺炎疫情期间，中央没有进行预算调整，地方政府多有进行预算调整，且基本上调入了预算稳定调节基金。例如，湖北省政府在 2020 年预算调整方案中，调入预算稳定调节基金 65 亿元，其中 50 亿元用于弥补省级减收缺口。②

（4）上级政府转移支付。在实践中，转移支付包括两类：一是在救灾经费分级负担体制下，中央对地方、上级政府对下级政府的补助；二是过渡期财力补助，用于支持地方减税降费以及恢复公共财政。例如，2008 年，四川省政府《关于支持汶川地震灾后恢复重建政策措施的意见》明确在三年恢复重建期间，给予重灾区过渡期财力补助。2008 年四川省下达过渡期财力补助 26.5 亿元，2009 年 20.38 亿元，2010 年 15.28 亿元，用于缓解地震重灾区减收增支压力，巩固灾后恢复重建成果。③ 2011 年青海省玉树州对地震灾区下达过渡期财力补助 2000 万元；④ 等等。

新冠肺炎疫情期间，中央将新增的 2 万亿元财政资金中的 3000 亿元用于补助地方财政因减税降费而造成的损失。⑤ 需要指出的是，中央并没有公开 2 万亿元资金的安排的具体文件，但《湖南省人民政府关于 2020 年省级预算调整方案（草案）的报告》对此予以了说明。具体而言，中央以 2 万亿元资金为契机，建立了资金直达机制，资金的安排大致如下：第一，中央发行的 1 万亿元抗疫特别国债，全部由中央还本付息。其中，3000 亿元调入一般公共预算，绝大部分用于减税降费补助；7000 亿元调入政府性基金，先安排重点地区与疫情较重地

---

① 全国人民代表大会常务委员会关于批准 2008 年中央预算调整方案的决议 [J]. 中华人民共和国全国人民代表大会常务委员会公报，2008（05）：517-518.
② 湖北省人民政府关于 2020 年省级预算调整方案的报告 [EB/OL]. 湖北省人民政府网，2020-10-09.
③ 参见《关于四川省 2008 年预算执行情况和 2009 年预算草案的报告》《关于四川省 2010 年财政决算的报告》等。
④ 玉树州向所属六县拨付财力补助资金 2000 万元 [EB/OL]. 玉树州人民政府网，2011-05-16.
⑤ 李克强：新增财政资金要切实推动减税降费直接惠企利民 [EB/OL]. 中国政府网，2020-08-18.

区1000亿元，剩余6000亿元按要素法分配并直达基层，但省级可预留不超过20%的抗疫国债资金。中央政府转贷湖南省政府228亿元抗疫特别国债，湖南省政府预留45亿元抗疫国债资金，调入一般公共预算。第二，中央增列的1万亿元财政赤字，其中3450亿元用于正常转移支付，6050亿元用于特殊转移支付（包括对地方的财力补助3830亿元，以及专项用于疫情防控补助及城乡居民养老保险基础养老金提标等的1220亿元），剩余500亿元为一般债券增量，列入地方财政赤字。

（5）其他。从实践来看，实际运用的收支平衡措施还包括增列赤字与增加举债债务数额。

在增列赤字方面，新冠肺炎疫情期间，中央政府新增财政赤字1万亿元，将赤字率从2.8%提高至3.6%以上，以解决收支平衡的矛盾。

在增加举借债务数额方面，由前所述，中央政府可以基于《中华人民共和国国库券条例》发行国债，省级政府可在国务院规定的限额内举借一般债务与专项债务，并转贷给下级政府。从实践来看，自然灾害事件发生后，地方政府往往通过在限额内举借专项债务的方式筹集灾后重建项目的部分资金。例如，汶川地震后，汶川县的部分灾后重建项目以发债的方式筹集；[1] 2012年，青海省政府将中央代为发行的部分地方债券资金用于玉树地区灾后重建；[2] 2018年，四川省政府发行"8·8"九寨沟地震恢复重建专项债券。[3] 在公共卫生事件应对中，2003年非典疫情期间仅国家开发银行在银行间金融市场发行债券，中央政府并没有发行特别国债；[4] 2020年新冠肺炎疫情期间，中央政府发行1万亿元特别国债用于地方公共卫生等基础设施建设和抗疫相关支出，并预留部分资金用于地方解决基层特殊困难。此外，中央政府还新增地方政府专项债务限额1.6万亿元（原定2.15万亿元），支持地方扩大投资规模，补短板、惠民生、促

---

[1] 笔者尚未检索到该次债券发行的具体情况。参见汶川县今年首批1.4亿元政府专项债券成功发行［EB/OL］. 汶川县人民政府网，2020-01-19.
[2] 青海今年发行地方政府债券60亿元［EB/OL］. 网易新闻网，2012-05-28.
[3] 关于2018年四川省"8·8"九寨沟地震恢复重建专项债券（一期）——2018年四川省政府专项债券（十五期）上市交易的通知［EB/OL］. 深圳证券交易所网，2018-09-18.
[4] 财为民所理（第一集）：非常时期 非常财政［EB/OL］. 中央卫视，2004-04-09.

<<< 第三章 我国突发事件财政应对机制的历史考察与问题分析

消费、扩内需。①

第五，财政监督规则。

《财政应急保障预案》并没有明确具体的监督规则。就实践来看，相关监督侧重于国家机关内部的监督。

（1）财政部门监督。主要表现在规范化资金的使用、保证专款专用方面，具体包括以下三方面：

一是自然灾害救灾资金专户管理制度的全面落实。早在1996年中央就要求各地建立救灾资金专户管理制度，但彼时仅有内蒙古、重庆、云南、甘肃、陕西等省初步建立该项制度。② 而随着国库集中收付制度改革的进行，2002年中共中央、国务院办公厅发布《关于进一步安排好困难群众生产和生活的通知》，要求各地在5月底前，建立起省、地（市）、县、乡四级财政救灾资金专户制度，防止救灾款被挤占、截留、挪用。③

二是政府收支分类科目的细分。在自然灾害事件方面，汶川灾后恢复重建基金、舟曲山洪灾后恢复重建基金，这些特别基金都是建立在政府收支分类科目的基础上实现与其他支出的隔离。④ 在公共卫生事件方面，2020年6月财政部发布《关于修订2020年政府收支分类科目的通知》，临时性增设收入科目和支出功能分类科目，既透明化了资金的去向，也便于后续的监督。

三是财政监督规则的完善。除《中央自然灾害救灾资金管理暂行办法》明

---

① 财政部.关于2019年中央和地方预算执行情况与2020年中央和地方预算草案的报告——2020年5月22日在第十三届全国人民代表大会第三次会议上[EB/OL].中国政府网，2020-05-30.
② 民政部法规办公室.民政工作文件选编 2001年[M].北京：中国民主法制出版社，2002：320-321.
③ 民政部法规办公室.民政工作文件选编 2002年[M].北京：中国民主法制出版社，2003：215.
④ 例如，《汶川地震灾后恢复重建资金（基金）预算管理办法》规定：①收到的国内外捐款（含按规定变价处理的捐赠物资变价收入），在"其他收入"103990103项"汶川地震捐赠收入"中反映。②上级财政通过一般预算安排给下级财政的灾后恢复重建补助，下级财政在1100701项"地震灾后恢复重建补助收入（一般预算）"中反映；通过政府性基金预算安排给下级财政的灾后恢复重建补助，下级财政在1100702项"地震灾后恢复重建补助收入（基金预算）"中反映；等等。

119

确对自然灾害的救灾资金实行全过程绩效管理外,① 新冠肺炎疫情期间,中央对于 2 万亿元直达资金,要求省级财政部门负总责并定期向财政部报告。具体而言:临时性的《中央财政实行特殊转移支付机制资金监督管理办法》要求省级财政部门建立常态化动态监测机制,对资金分配、拨付和使用情况进行监督,并汇总本地区直达资金的使用情况,每月 10 日向财政部作定期报告。

(2) 审计监督。主要表现为全过程跟踪审计方式的引入。按照《审计法》的要求,政府所有的收支活动都需要进行审计。在自然灾害事件中,审计的方式为全过程跟踪审计。与传统的审计相比,除贯彻真实性、合法性与效益性审查外,全过程跟踪审计的优点在于将审计的时间节点提前至过程中,有助于及时纠正违法行为,规范资金的使用。2008 年审计署制定的《2008 至 2012 年审计工作发展规划》指出,要探索突发事件的全过程跟踪审计内容;2010 年审计署颁布的《中华人民共和国审计准则》对跟踪审计又进行了原则性规定。从实践来看,汶川地震、玉树地震、舟曲山洪等事件的事中阶段救灾资金、事后阶段灾后重建与恢复阶段的支出均进行了全过程跟踪审计,但公共卫生事件并没有进行全过程跟踪审计。

就审计的具体内容与规则而言,多为临时性的规定。例如,在事中阶段的审计方面,2008 年五部委发布的《关于加强对抗震救灾资金物资监管的通知》明确要对事中阶段资金的筹集、分配、拨付、使用及效果进行全过程跟踪审计,强调重点查处滞留、随意拨配、作假浪费、截留挪用、贪污私分等问题,并及时向社会公布。在事后阶段的审计方面,汶川审计报告提出"统筹安排、分级负责、把握总体、分头公告"的原则,并直接对 72 个重点项目、753 所学校和 22 个县住房重建项目进行了审计;玉树审计报告则明确按"保障灾后恢复重建不出重大问题,促进灾后恢复重建顺利进行"原则开展工作,对规划实施、资金管理使用、工程建设管理、环境保护等情况进行了审计,并重点抽查 60 个项目;等等。

---

① 对于中央救灾资金,由应急管理部(原民政部职责)会同财政部开展绩效运行监控,于年终开展绩效自评,以提高资金使用效益,并督促地方依照规定安排使用救灾资金。对于属地救灾资金,由财政部各地监管局进行监管。

（3）上一级政府监督。根据前文梳理，突发事件应急处置工作结束后，履行统一领导职责的政府需要向上一级政府提交报告。根据《突发事件应对法》的立法释义，其内容包括：突发事件的原因、发生过程、应急情况、应对时存在的问题、恢复重建情况以及改进的考虑和建议等。从玉树地震等事件来看，政府工作报告内容与立法释义的规定一致。

（4）人大监督与社会监督。由于《预算法》并没有在突发事件方面设置相应的社会监督规则，因而，此处的考察主要基于政府专项工作报告这一人大监督机制与全过程跟踪审计报告这一涉及社会监督的特殊机制。

第一，政府专项工作报告。从立法释义来看，履行统一领导职责的政府向本级人大常委会做出的专项工作报告内容与向上一级政府的报告内容基本一致。从汶川地震、玉树地震专项工作报告内容来看，报告内容亦与立法释义保持一致，仅侧重于行政事项的说明。

第二，全过程跟踪审计报告。《审计法》第三十六条虽然规定审计结果"可以"向社会公开，但考虑到其属于《政府信息公开条例》第十条规定的突发事件应对情况，笔者认为其不是"可以"公开，而是应当主动公开。值得注意的是，2008年中纪委、监察部、民政部、财政部、审计署等五部委联合制发的《关于加强对抗震救灾资金物资监管的通知》（中纪发〔2008〕12号）也强调了审计结果应当公开。同时，实践中，汶川地震、玉树地震、舟曲山洪等事件处理过程中，政府均向社会公开了关于救援物资以及灾后重建的审计结果；新冠肺炎疫情期间，各级政府也公开了其2020年度预算调整方案及其报告（若有）以及预算决算等内容；对于2万亿元直达资金，中央也明确各级财政部门除向人大或常委会报告资金使用情况外，还应及时向社会公开，主动接受社会监督。

值得注意的是，就公开的标准或尺度而言，《中华人民共和国审计法实施条例》第十七条仅笼统地规定审计报告应当包括：财政收支基本情况，审计评价、存在的问题及采取的措施、对于改进收支管理工作建议以及其他内容。实践中，国家审计署和省级审计厅对财政收支基本情况公开尺度的理解程度不一，汶川地震、玉树地震中国家审计署发布的审计报告内容相对全面，资金的来源与去向较为清晰，而舟曲山洪中省级层面的审计报告则相对粗略。不过，即便是国家审计署的审计报告，其内容其实也是比较粗略的。以《审计署关于汶川地震抗震救灾资金物资审计情况公告》（第3号）为例，在中央与地方财政救灾款物安排方面，该公告在载明未发现重大违法违规问题的前提下，对各级财政总体资金安排、应急抢险救灾支出（有进一步细分）、灾后恢复重建支出等进行了宏观性说明。我们认为，这样的宏观说明当然很好，问题的关键在于，我们暂且不论受救助的人数、水平等相关数据没有公布以及是否应当公布等问题，如果公众对于这些数据背后的意义——是否与需求匹配？为什么部分数据高、部分数据低？等等问题，都不甚明了，也就难谓社会监督。此外，两万亿元财政直达资金的公开标准同样存在缺失的问题，这里具体不再赘述。

第二节 问题分析

由前所述，财政应对突发事件的法治化，指的是在法治框架下通过财政机制应对突发事件。内容上的权力制约与地方自主的财政制度模式，以及形式上的规范体系，是法治化的重要范畴。但遗憾的是，法治化的规范体系，以及权力制约、地方自主的财政制度模式均没有形成，行政主导问题凸显。本部分将对该领域行政主导的具体表现及其成因进行考察。

一、形式上："法律法规—应急预案"规范体系未能发挥作用

虽然我国在突发事件应对领域形成了"法律法规—应急预案"的二元规范体系，但这一体系在财政领域却存在缺陷，这也是导致我国突发事件财政应对机制法治化程度不足的根源所在。上述缺陷具体表现为：《财政应急保障预案》之部门预案与专项预案双重定位的内在缺陷。由于财政部门并非财政收支决策主体，实践中将其制定的部门预案之定位专项预案化，使得"法律法规—应急预案"的体系难以在实践中发挥应有的作用。具体表现如下：（1）在应急预案方面，既使得真正的专项预案被掩盖在部门预案之下，也使部门预案侧重点偏

离，在实践中难以为突发事件应对提供具体的指导。（2）在法律法规方面，由于事中与事后阶段应急预案取代了法律法规而成为突发事件应对的依据，而应急预案又因其内在局限难以发挥作用，使得政府不得不自行制定相关决策，也即：政府不得不就适用的措施、程度、期限等基本要素，在法律法规未规定或笼统规定情形下，自行做出相应的抉择。

不过，在具体展开这部分内容之前，我们首先需要解决一个此前未解决的前提性问题。这个前提性问题是：在强调依法治国的当下，应急预案能否成为现行法律体系的一部分、其与现行法律制度如何协调？简言之，应急预案的法律属性为何？总之，这是一个前提性问题，下文将先对应急预案的法律属性进行探讨，而后再对体系存在的问题展开分析。

（一）应急预案及其法律属性

1. 应急预案与行政主导

应急预案是政府机关及其职能部门制定的用于应对突发事件的方案，所谓行政主导，指的是各级行政机关作为代议机关决策的执行机构，在突发事件所导致的非常状态下，取代代议机关成为主导机构。简言之，行政机关按照其自行制定的决策（应急预案）来处理突发事件。事实上，行政主导模式在古今中外各国突发事件应对中均属于一种普遍的现象。在古罗马时期，行政主导表现为独裁官制度在紧急情况下取代了常态下的三权分立体制，由独裁官对紧急状况进行处置。[①] 在当代社会，各国也同样采取行政主导的模式。例如，日本《灾害对策基本法》第一条明确要求相关行政机关和指定机构制定"防灾计划"并作为灾害管理工作的基本依据，其具体包括防灾基本计划、业务计划以及地区防灾计划；英国《国民应急法》（Civil Contingencies Act）也要求各级政府针对各类危机制定预案，包括总体预案（Generic Plans）与各类专项预案（Specific Plans）；在美国，预案在各类突发事件的应对中同样发挥着重要作用，其中最为核心的便是美国《国家响应框架》（National Response Framework）；等等。

---

① 罗马共和国实行王权、贵族与平民三权分立的制度，在机构设置上分别对应于执政官、独裁官、元老院与保民官。此外作为现代共和国翘楚的威尼斯共和国，也同样将权力留给少数公民以应对危机。参见［意］马基雅维里. 论李维［M］. 冯克利，译. 上海：上海人民出版社，2005：134-136.

各国之所以采取行政主导的模式,在于突发事件的不可预测性。突发事件的发生使得适用于常规情形的法律难以发挥其作用,而现代国家所设置的宪治体制,本质上是基于常规情形(和平稳定的环境)所设置的。①"常规制度通常动作迟缓,利用它们去对付那些刻不容缓的事,便成了风险极大的手段"。② 由于突发事件无法预测、无法准确把握,若想免于被灾祸覆灭,应对主体不得不享有广泛的裁量权,采取多种规范形式灵活应对,以妥善处置突发事件,保护公民权利。

但我们在肯定行政主导的模式优点的同时,必须清醒地认识到,行政主导的模式也具有破坏国家法制的可能,希特勒治下的德国案例即证明了这一点。因此,为解决两者冲突,防止专政向专制的演变,各国普遍将应急预案纳入现有的法律体系之中。例如,对预案的权力范围、方法、程序以及原则进行规定,要求对预案进行审批,以及加强事后监督等。在我国,应急预案同样被视为现行法律制度的一部分,被视为法治政府建设的重要指标。③ 也正是基于此,2007年颁布的《政府信息公开条例》第十条明确将应急预案作为政府主动公开的事项。

不过,值得注意的是,"纳入现有法律体系之中"这一表述其实具有模糊性。从后文对美国与日本的应急预案梳理情况来看,这一纳入其实意味着将应急预案中涉及抽象的权力义务事项上升为法律,而应急预案侧重于具体工作计划安排。通过这样的制度安排,既兼顾了法治,也有助于政府妥善应对突发事件。

2. 应急预案的法律属性

虽然应急预案被政府视为现行法律制度的一部分,但学界对其法律属性并没有形成统一意见。《突发事件应对法》起草小组成员汪永清将应急预案视为政府和政府部门依法制定的,为执行法律规定和行政管理所发布的规范性文件;④

---

① C. L. ROSSITER, Constitutional Dictatorship: Crisis Government in the Modern Democracies [M]. Transaction Publishers, 2002: 5, 15-28.
② [意] 马基雅维里. 论李维 [M]. 冯克利, 译. 上海: 上海人民出版社, 2005: 135.
③ 温家宝. 政府工作报告——2005 年 3 月 5 日在第十届全国人民代表大会第三次会议上 [R/OL]. 中国政府网, 2005-03-05.
④ 汪永清. 中华人民共和国突发事件应对法解读 [M]. 北京: 中国法制出版社, 2007: 45.

<<< 第三章 我国突发事件财政应对机制的历史考察与问题分析

另一位起草小组成员莫纪宏教授则认为,应急预案是基于《突发事件应对法》等法律、法规而制定的,政府及其工作人员履行职责的具体工作计划,是立法的配套措施。①

从表面上来看,两类观点都承认应急预案具有拘束力,其矛盾冲突似乎是在对规范性文件的性质理解上存有分歧。一方面,政府及其部门应当按照《突发事件应对法》要求启动预案并按照预案履行职责,表明预案具有拘束力;另一方面,传统意义上的规范性文件,是政府基于针对不特定的人和事所为的抽象行政行为,对外而非对内。

那么,我们是否需要把规范性文件进行扩张解释?笔者认为,问题的核心在于明确应急预案具有拘束力,并准确界定其效力范围。至于应急预案在现行的法律体系中如何找到其位置,则属次要问题。这是因为,所谓的规范性文件也仅是现行法律体系的一种分类,囿于认知上的局限性,难免有不完善之处。与之相似的是,经各级人大批准的预算是否是法律,在国内外均没有统一结论,但这并不妨碍我们对法定预算的正确理解与适用——其具有法律效力,但却并非常规意义下的法律;其无法修改现行法律内容,相关主体也无法基于预算而要求政府为特定给付;德国、日本与台湾地区对此问题多年探讨得出的结论也同样如此。②

总之,笔者认为,应急预案具有拘束力,其是政府及其工作人员履职的重要依据,但并非常规意义下的法律法规与规范性文件。

(二)《财政应急保障预案》双重定位的内在矛盾

从上文梳理来看,虽然财政措施在突发事件应对中发挥了巨大的作用,但大部分都并未在应急预案所明确列举的内容中,也即《财政应急保障预案》在实践中没有发挥应有的指导作用。究其原因,在于其部门预案与专项预案双重定位的非理性。具体而言:

---

① 莫纪宏.《突发事件应对法》及其完善的相关思考 [J]. 理论视野,2009,110(04):49.
② 关于法定预算性质的探讨,可参见蔡茂寅. 财政法:第二讲——预算的基本原则与法律性质 [J]. 月旦法学教室,2003(07):122-138;陈新民. 法治国家原则之检验 [M]. 台北:元照出版社,2007.

125

现行《财政应急保障预案》从性质上来看，属于财政部制定的部门预案，而非由相关部门组织制定的专项预案。从类型化的角度来看，《突发事件应对法》第十七条将突发事件应急预案分为总体应急预案、专项预案与部门预案三类。其中，国务院负责制定总体预案，牵头部门与其他相关部门共同组织制定专项预案（由国务院审批），有关部门根据职责与上述预案的要求制定部门预案；地方依此类推。例如，《国家突发公共卫生事件应急预案》《国家自然灾害救助应急预案》等属于专项预案，规定了多个部门的具体职责；《财政应急保障预案》属于部门应急预案，规定了财政部门的具体工作安排。

不过，在现行体制下，除自身作为支出单位外，财政部仅负责对其他部门的支出进行统一支付，而非相关支出的决策主体，仅将上述预案作为部门预案的定位，在实践中难以为突发事件的应对，提供及时、有效的指导。至于财政收入方面，以税收为例，财政部仅有权单独决定印花税免征（在《中华人民共和国印花税法》于 2022 年 7 月正式生效时，这一权力也将被收归至国务院层面），有权与国家税务总局共同决定出口消费税免税办法、企业所得税收入、扣除的范围、标准与资产的税务处理事项，对于其他事项仅只能提出建议。或许这也是《财政应急保障预案》规定财政部拟定财政收入建议的原因所在；但该预案并不止于此，其同时明确——财政部按照突发事件的影响程度，确定采取不同的收入、支出以及快速拨付的方式进行支持的事实表明：财政应急保障预案具有双重定位。这种定位上的偏差，严重影响了"法律法规—应急预案"二元规范体系功能的发挥。

这一缺陷的影响具体表现为：在应急预案方面，使得真正的专项预案被掩盖在部门预案之下，也使部门预案侧重点偏离，在实践中难以为突发事件应对提供具体的指导。在法律法规方面，由于事中与事后阶段应急预案取代了法律法规而成为突发事件应对的依据，而应急预案又因其内在局限难以发挥作用，使得政府不得不自行制定相关决策，也即政府不得不就适用的措施、程度、期限等基本要素，在法律法规未规定或笼统规定情形下，自行做出相应的抉择。

（三）审查机制与监督机制的缺陷

由前所述，应急预案应当与现行法律体系相衔接。要实现该目的，需要对政府制定的应急预案，匹配相应的审查机制与监督机制。但从现行规定来看，上述机制存在较大缺陷。应急预案的审查机制主要涉及审批、备案两方面，其法律依据为《突发事件应急预案管理办法》，该文件在性质上属于国务院办公厅发布的规范性文件。[1] 根据该文件内容，审批与备案均属于政府内部的自我审批与备案。这意味着各级人大及其常委会无权监督，存在与现行法律规定不匹配的较大风险。[2]

如果说《财政应急保障预案》双重定位的内在缺陷，产生了行政主导、立法机关缺位现象，那么监督与审查机制的不足则复杂化了这一问题的解决，为其披上了"隐身衣"，阻碍其法治化进程的有效推进。

二、内容上：权力制约与地方自主的财政制度模式尚未形成

目前我国并未在法治的框架下处理突发事件应对中的财政关系，财政领域的"法律法规—应急预案"二元规范体系有着内在缺陷。而这一缺陷在内容上进一步造就了权力制约以及地方自主的制度模式尚未形成的结果。

（一）权力制约的财政制度模式尚未形成

1. 事前阶段

权力制约的财政制度模式尚未形成，在事前阶段主要表现在能力建设支出难以控制与准备制度功能部分重叠两方面。

第一，能力建设支出难以控制。

（1）预算收支划分尚不完善。科学的收支划分是人大监督、审计监督、绩效管理的重要基础。不过，在预算收支的完整明确性方面，应急管理与公共卫生领域人才与设备研发鼓励方面的支出、防疫应急物资储备支出，目前没有常规性的科目对应。同时，在财政支持的巨灾保险方面，除农业保险外，由地方财政补贴的地震保险、民生类巨灾保险与财政巨灾指数保险相关支出，没有明确的科目对应。在协调性方面，"应急物资储备支出"与《中央自然灾害救灾资金管理

---

[1] 参见《国务院办公厅关于印发突发事件应急预案管理办法的通知》（国办发〔2013〕101号）。
[2] 总体预案与专项预案的审批主体为国务院与各级政府，部门预案的审批主体为部门；从备案来看，地方总体预案与地方专项预案的备案对象分别为上一级政府、上一级政府有关主管部门，部门预案则向本级政府备案。

暂行办法》之间存在冲突，有待进一步改进（参见表 3-17）。

表 3-17 预算收支划分存在的问题

		描述与问题
完整明确性	灾害防治及应急管理支出（类级）	该类级科目下细分应急管理事务、消防事务、森林消防事务、煤矿安全、地震事务、自然灾害防治等科目（款级）。款级科目进一步细分的项级科目涵盖了《突发事件应对法》所要求的预防、监测、预警、救援、演练等内容（项级）。 问题：人才与设备研发的鼓励事项没有常规性的科目对应。不过，从既往的实践来看，民政部历年均有开放课题申报，在相关职责划转至应急管理部后，理应设置相应的科目。
	公共卫生（款级）	该类级科目下细分疾控机构、应急救治机构、基本公共卫生服务、重大公共卫生服务、突发公共卫生事件应急处理等科目（款级），涵盖突发事件防治的预防、监测、预警、救援等事项。 问题：对应急管理人才与设备研发的鼓励事项，同样没有明确的科目。
	应急物资储备支出（项级）	该科目位于"222 粮油物资储备支出"（类级）——"05 重要商品储备"（款级）之下，反映救灾、防汛抗旱等物资储备支出。 问题：该科目不含防疫应急物资储备支出，防疫应急物资储备支出目前没有常规性的科目，目前仅 2021 年新增的"234 抗疫国债安排的支出"（类级）——"01 基础设施建设"（款级）——"05 应急物资保障科目"（项级）临时性科目中专门涉及该支出。
协调性		问题："应急物资储备支出"与《中央自然灾害救灾资金管理暂行办法》之间不匹配。 根据 2020 年《中央自然灾害救灾资金管理暂行办法》第六条，救灾物资日常购置经费源自救灾资金，那么基于正常逻辑，其预算科目应当在"灾害防治及应急管理"科目（类级）之下，但实际上"应急物资储备"位于"粮油物资储备支出"（类级）之下，两者并不匹配。 不过，这一问题属于 2018 年机构改革所遗留的问题。此前，在应急管理部尚未组建、物资储备职责尚未统一前，应急物资储备支出位于各职能部门的相关科目之下，因而两者匹配。例如，根据 2017 年财政部发布的《2018 年政府收支分类科目》，应急物资储备支出在中央自然灾害生活补助（项级）科目之下。但在 2018 年物资储备职责统一并且与灾害管理支出分属不同科目后，救灾资金与应急物资储备支出在科目上实现了分离，但上述暂行办法仍旧保留原有表述，产生了矛盾。

(2)预算支出事项与标准仍有不清晰之处。在公共卫生方面,防疫物资的采购主体、购置计划制定等目前均没有任何规定;即便是2018年新组建的国家卫生健康委员会,其职责范围也没有任何关于防疫物资储备的内容。① 在自然灾害方面,自然灾害救灾及恢复重建支出提取的比例较为模糊。根据《自然灾害救助条例》第四条,各级政府要建立与"自然灾害救助需求"相适应的资金保障机制,并将救助资金纳入预算。但何谓与自然灾害救助需求相适应并非一个明确的概念。此外,在能力建设方面,各项能力建设,既无原则性规定,也无参考性的数据,而全权交由政府自由裁量;在财政支持的巨灾保险支出方面,由于农业保险、地震保险保费补贴据实结算,地方政府作为投保人的民生类巨灾保险与财政巨灾指数保险采取招投标方式,对于该部分支出倒也无须过多担心。

(3)预算草案公开程度与重大事项说明制度设计不足。在预算编制阶段,对政府预算支出的制约与监督,既可采取将一般公共预算支出按功能分类细化到目级的方式,也可以在现行规定基础上通过重要事项说明制度进行。但遗憾的是,现行预算草案中一般公共预算支出按功能分类仅编列到项,而重大事项说明制度设计又存在缺陷,使得人大以及专门委员会难以发挥监督作用。

具体而言,《预算法》第四十六条明确,报送本级人大批准的预算草案,一般公共预算支出按功能分类编列到项,按经济性质分类编列到款。从功能分类来看,由于预算草案没有编列到目,人大对于预算事前监督功能偏弱。以地震事务(项级科目)为例,其涉及预测、监测、演练等一系列事项的支出,但在预算草案以及最终公开的预算中仅表现为一个笼统数字,如2019年中央在该项目上的执行数为3.92亿元,2020年预算数为0.55亿元。② 但对于笼统数值背后所代表的意义,其实人大与社会公众都不甚明了。

当然,有观点可能认为:预算只是对财政年度收支计划的估算,过于精细化的安排难以实现且没有必要。笔者对此持保留态度。一方面,按照《预算法》

---

① 国家卫生健康委员会职能配置、内设机构和人员编制规定[EB/OL].国家卫健委网,2018-09-11.

② 2020年中央本级支出预算表[EB/OL].财政部预算司网,2020-06-17.

第三十二条的规定，预算需要根据上一年度支出情况、绩效评价结果和收支预测进行编制，以提高预算科学性，强化预算刚性约束，并实现财政资源效益的最大化。现行各省所逐步推进的"零基预算"改革，也正是强调精细化的体现。而将一般公共预算支出按功能分类细化到目级，有促进上述目的实现的重要意义。不过，如果从现实角度来看，这里可能还需要进一步考虑地方改革成本等诸多因素，以及是否有其他的可行路径（第五章会有相关论述）。2014年修订的《预算法》，虽在理念与规则上实现了巨大更新与跨越，但与之相匹配的实施细则却直到2020年才得以出台，可见改革成本与难度之大。总之，精细化只是短期内难以实现，是未来改革的一个重要方向，具有必要性。

  另一方面，即便采纳该观点，《预算法》所规定的重大事项说明制度也由于其模糊性而难以起到监督与制约作用。《预算法》第十四、四十八、五十四条虽然明确了就预算的重要事项应当向人大、社会进行说明，部门预算亦如此，①但对重要事项、说明的尺度缺乏定义。实践中，这一制度也确实没有发挥作用。具体而言，对于预算编制中重要事项的范围，上述条款以"列举+兜底"形式予以规定。从列举情形来看，本级政府预算涉及转移支付、举借债务情况，部门预算涉及机关运作经费，此外还包括预算草案在批准前所安排突发事件处理等支出，但没有涉及突发事件事前阶段支出的内容。至于兜底条款，从实践来看，不论是中央还是地方，笔者尚未查询到有涉及事前阶段支出的专项说明。不过，即便假设实践中存在对突发事件事前阶段支出的说明，但也由于现行法律没有对说明的标准进行明确，而难以发挥作用。实践中的说明，更多还是将预算表格中的本年度预算数与上年度执行数等内容摘录出来进行对比，没有深入对数字背后的意义进行具体展开，② 人大代表只能根据上一年度执行数来具体判断

---

① 《预算法》第十四条："经……批准的预算、预算调整、决算、预算执行情况的报告及报表，应当在批准后二十日内由本级政府财政部门向社会公开，并对本级政府财政转移支付安排、执行的情况以及举借债务的情况等重要事项作出说明。经本级政府财政部门批复的部门预算、决算及报表，应当在批复后二十日内由各部门向社会公开，并对部门预算、决算中机关运行经费的安排、使用情况等重要事项作出说明。"第四十八条："全国人民代表大会和地方各级人民代表大会对预算草案及其报告、预算执行情况的报告重点审查下列内容：……（八）与预算有关重要事项的说明是否清晰。"

② 例如，《关于2020年中央本级支出预算的说明》。

<<< 第三章　我国突发事件财政应对机制的历史考察与问题分析

预算数的合理性，其监督有流于形式之嫌。即便2014年修订的《预算法》第二十二条新增了人大专门委员会对预算草案初步方案进行审查的规定来强化人大监督，但在上述制度设计不足的现状下也难以纠偏。

（4）事前阶段的监督与制约机制设计不足。

一是内部绩效管理机制难以监督事前阶段支出的不足。《关于全面实施预算绩效管理的意见》指出，要优先保障绩效好的项目，改进绩效一般的项目，削减低效与无效项目并用于亟须支持的领域。因而，可以看到的是，绩效管理的目的在于提高资金使用效益，整改低效项目资金用于其他领域。但问题在于，事前阶段的支出，并非低效无效项目背后反映的资金投入过多，而是资金投入不足。因而从机制设计的目的来看，难以解决事前阶段支出不足的问题。

二是绩效报告公开制度难以发挥作用。根据上述意见，重大政策与项目、部门和单位预算整体绩效的绩效报告需公开。但遗憾的是，上述意见何谓"重大"的问题同样没有进行明确，而难以发挥作用。在重大政策与项目方面，笔者尚未检索到专门关于事前阶段支出项目的绩效报告，实践中不同地区对重大的理解亦不相同，如部分地区将卫生城市复审理解为重大。① 在公开的内容与尺度方面，虽然上述意见强调审计部门与财政部门要加强对绩效管理的监督，公开的绩效报告也应当包含相关评价，但遗憾的是公开的内容中仅有单位自评而没有审计等部门的评价，且内容表述过于原则性，② 绩效报告公开容易流于形式。应当说明的是，虽然2009年财政部颁布的《财政支出绩效评价管理暂行

---

① 例如，济南市卫生健康委员会关于2019年度国家卫生城市复审经费项目绩效自评情况说明［EB/OL］. 济南市卫生健康委员会网，2020-01-03.
② 例如，苏仙区卫生健康局2018年度绩效评估自评报告［EB/OL］. 苏仙区政府网，2019-08-20.

办法》（2011 年修订）与 2020 年正式版本的《项目支出绩效评价管理办法》①已就评价结果与公开标准等内容进行了充分规定，但实践中地方政府往往仅公示最终"结论"而没有依照规定公开绩效评价报告的完整内容。②

三是审计报告难以发挥作用。由于相关事项缺乏明确的支出标准，审计部门自身又难以对相关支出合理性进行审查（且事前阶段支出内容也无单独审计报告或在审计报告中有单独说明），使得事前阶段的直接控制与间接控制均难以发挥作用。所谓直接控制，也即对于预算草案初审、审议以及决算草案审议时，各级人大的监督；所谓间接控制，也即相关文件向社会公布时，社会的监督。

第二，准备金制度功能部分重叠。

突发事件应对中，由于预备费制度在与其他准备金制度衔接问题上处于尴尬地位，这也在一定程度上导致了预备费提取比例较低、灾害年度不够用情形的产生。具体而言：

一是由于预备费并非专门用于突发事件应对，因而虽然预备费列支比例为一般预算支出的 1%—3%，但实际上用于突发事件应对的支出可能小于 1%。

二是突发事件具有或然性，对于发生率较高的自然灾害事件，《自然灾害救

---

① 2020 年 2 月，财政部在其 2009 年的颁布《财政支出绩效评价管理暂行办法》（2011 年修订）基础上，颁布了正式的《项目支出绩效评价管理办法》。正式版本既有对前者的调整完善，也有不变的内容。变化主要在于，绩效评价结果从"按照政府信息公开有关规定在一定范围内公开"转变为"分别编入政府决算和本部门决算，报送本级人民代表大会常务委员会，并依法予以公开"。也即，绩效评价结果的公开要求从局部公开转变为向全社会公开。不变的地方在于，两者对绩效评价结果的定义与要求保持了一致。就绩效评价结果的定义而言，"单位自评结果主要通过项目支出绩效自评表的形式反映……财政和部门评价结果主要以绩效评价报告的形式体现"。其中，单位自评是对绩效目标完成的自评，部门自评是支出单位按照评价办法对项目所为的评价，至于财政绩效评价，则是财政部门以抽查方式，按照评价办法对其所抽查项目进行的评价。此外，该办法在附件给出参考的评价指标等内容后，还授权省级财政部门制定具体的评价办法。

② 2021 年 8 月，浙江省财政厅发布《浙江省 2020 年度预算绩效管理工作开展情况》。其中"绩效自评报告公开，要求全省各地各级部门决算中公开至少两个项目的绩效自评结果"的相关表述，表明绩效自评目前并没有实现全面公开。同时，"省本级 2020 年将自评总体情况和抽评具体结果以及 7 个重点绩效评价报告在厅外网向社会公开"的相关表述，表明浙江省财政厅仅公开了最终结论而没有公开绩效评价报告，存在公开不足的违规问题。

助条例》已要求各级财政参照上一年度支出进行专门列支,这部分列支并非基于预备费科目;而对于其他概率等较小的事件,过多预备费可能造成资金使用效率低下,以及其他事项资金安排上的不足,尤其是基层政府财政困难的普遍情况下。更为重要的是,用于年度预算平衡的"预算稳定调节基金"(普遍设立)也兼有预备费的功能。

以上事实,一定程度上解释了实践中各级政府预备费提取的比例较低,且实行1年期流量式管理(仅限于当年度而不累积至以后年度)而非基金式管理的现象;也足以证明部分学者提出的,通过顶格提取预备费并实行诸如3年期滚动基金式管理方式的回答,并没有把握住问题的本质,难以真正解决预备费制度问题。①

2. 事中与事后阶段

第一,财政收支措施方面,政府的自由裁量权过大,难以有效控制风险。

在受灾主体救助方面。就财政支出而言,《自然灾害救助条例》等文件明确了受灾群众救助的项目,包括应急救助、过渡期救助、抚慰金、恢复重建补助等;各《财政应急保障预案》还明确对于受灾行业企业给予补助、流动资金贷款贴息。在财政收入措施方面,除《个人所得税法》明确规定抚恤金、救济金免个人所得税外,个人所得税的其他减免,以及其他税费的减免,即便是法条载明在纳税人确有困难的或突发事件应对情形下,其表述也是有权机关"可以"决定免征或减征税收。② 至于更进一步的受灾主体资格要求、程度与时限等基本要素,并没有进一步明确,而完全交由政府自由裁量。从实践来看,笔者目前尚未检索到,政府就税费优惠、支出标准等基本要素的确定,征求公众意见的情形。在自由裁量权过大(人大放权),社会参与性不足情况下,决策利益失

---

① 此外,我国当前实践中的财政巨灾指数保险(广东省为典型),也具有这一功能。
② 例如《契税法》《中华人民共和国企业所得税法》《房产税暂行条例》《城镇土地使用税暂行条例》《中华人民共和国车船税法》《资源税法》《中华人民共和国城市维护建设税法》。

衡的风险难以有效控制。①

在鼓励社会参与方面，同样如此。就财政支出而言，由于《突发事件应对法》《国家突发公共事件总体应急预案》已明确鼓励社会参与救灾的用意，因而各级政府可以选择进行相应补助，自行选择对志愿者、参与突发事件应对的企业（如疫情防控企业）进行补助。不过，也正是因为规则的不明确，在实践中也引发了一些争议。例如，新冠肺炎疫情期间各地对志愿者给予补助不一的现象，引发较大争议。而后，民政部与国家卫生健康委员会表示将争取各地党委和政府重视支持，为参与防控的城乡工作者、社区志愿者发放补助。② 在财政收入措施方面，仅有增值税与所得税从权利角度进行规定，如外国政府、国际组织提供的物资无偿援助免征增值税，纳税人提供的资金捐赠在不超过30%应纳税所得额范围部分，可以从应纳税所得额中扣除。至于其他税种减免，以及超过上述情形的税费减免，则同样赋予有权机关自行决定。

正如本书导论所言，现代福利国家发展出了一套在社会中分配与再分配利益的制度，但却无法分配政治系统规则制定本身所带来的社会焦虑。虽然这些财政措施在总体上并没有造成国家与纳税人、纳税人之间的利益失衡，但仅强调结果上的正当，而忽视过程中的规范性，既不是法治化的体现，也与当下财政领域规范化与法治化的改革意旨相悖，而亟须予以完善。

第二，财政制约与监督机制方面设计不足。

---

① 以支出标准设定为例。《国家自然灾害救助应急预案》（2006年制定，2011年修订，2016年修订），明确社会救助应当遵循公开、公平、公正以及及时的原则，具体标准由中央（后续中央明确其补助对象为地方政府后，相关规定也删去了中央这部分内容）与省级政府或设区的市级政府根据经济发展和物价水平确定。不过，这一规定只是强调救助标准与经济发展、物价相关联，但至于关联到何种程度，则全权交由政府自由裁量。从实践来看，笔者目前尚未检索到相关标准征求公众意见的文件。而这一现状，在实践中进一步表现为政府标准变动的随意性。例如，2007年国务院常务会议，决定将中央房屋倒塌补助标准从2000年左右的600元/间提高至1500元/间。但2008年汶川地震期间，中央补助却提高到2.5万元。或许中央补助标准提高是对前述标准的修正，但这背后却反映的是：程序保障不足、社会参与不足情形下，相关决策合理性难以保障的困境。

② 参见《关于深入学习贯彻习近平总书记重要指示精神 进一步做好城乡社区疫情防控工作的通知》（民发〔2020〕13号）。

第三章 我国突发事件财政应对机制的历史考察与问题分析

（1）决策做出时的程序保障机制缺失。如前所述，无论是在政府间关系方面，还是政府与社会关系，相关决策的做出都缺乏制度层面保障，而利益相关者参与性难以保障、制度内的博弈机制缺失、救济途径的缺失，均可能导致个别利益不平衡情形的出现，增加社会的不和谐因素。例如，新冠肺炎疫情中，鼓励社会参与救灾的措施未考虑物业公司；汶川地震时，海南省等部分地区未被赋予支援义务，进而对其他被赋予支援义务的地区产生不公；等等。

（2）政府专项工作报告制度定位不清。如前所述，政府工作报告制度与专项工作报告制度分别对应于上一级政府的监督以及本级人大的监督。就专项工作报告而言，其具体内容根据目前的立法释义，均表现行政工作上的安排，如应对的情况、经验、不足与完善措施、恢复与重建等。①

从本质上而言，突发事件的紧迫性使得常态下的人大监督难以发挥作用，因而，有必要临时性赋予行政机关更多权力以及时应对突发事件。同时，将监督机制后移并予以适当强化，满足人大监督的需要。因此，专项工作报告应当是为了满足人大事后监督的需要，这一需要的核心在于法律层面的内容，而非仅仅关注于行政领域的事项。尊重人大的监督权也是法治国家的基本要求，否则有人大权力旁落、"专政"向"专制"转变的风险。在法治被不断强调的当下，专项工作报告制度定位上的偏差，亟须改正。

上述制度定位上的偏差，在实践中进一步得到了体现。从汶川地震、玉树地震专项工作报告内容来看，其间没有法律层面行政机关所采取措施的合法性、现行法律存在的问题以及后续改进建议等内容。② 至于公共卫生事件方面，由于新冠肺炎疫情尚未完全结束，笔者尚未检索到各地政府有相应的报告，故对其财政法治方面一时无法作出评价。

（3）跟踪审计规则不明确。2008年汶川地震发生后，虽然中央要求在重大

---

① 汪永清. 中华人民共和国突发事件应对法解读 [M]. 北京：中国法制出版社，2007：35-36.
② 国务院关于四川汶川特大地震抗震救灾及灾后恢复重建工作情况的报告——2008年6月24日在第十一届全国人民代表大会常务委员会第三次会议上 [R/OL]. 中国人大网，2008-12-24；玉树地震抗震救灾和灾后重建工作情况的报告 [R/OL]. 青海省人大网，2010-08-10.

突发事件中试行全过程跟踪审计,而且这一审计模式在汶川地震以及此后的自然灾害事件中得到了贯彻,但截至目前,该模式却依旧没有公开具体的规则,限制了跟踪审计功能的发挥。具体而言,在客观审计标准方面,虽然历次自然灾害以及公共卫生事件中均明确了审计重点,也形成了一定的经验,但目前仍没有明确的审计标准出台,规范性不足;在主观评价体系方面,常态下的评价体系的目的是查处违法违规事项而不能以结果上效益来弥补合法性的欠缺,也即促使行政机关严格按照法律规定及相关程序办事。但在非常状态下,严格依法办事可能难以及时控制事态发展,而不严格依法办事又难以满足合法性要求,两者之间的冲突需要协调。例如,在新冠肺炎疫情初期,一些地方政府为获取防疫物资,不乏直接带队到厂家蹲守采购,虽有程序上的缺陷,但在控制事态发展中发挥了重大作用。① 不过,遗憾的是,目前仍没有明确的评价指标。

(4)专项工作报告制度、跟踪审计结果、决算重要事项说明制度"公开"的标准缺失。决算重要事项说明制度,与通过审批的预算重要事项说明制度基本一致,此处不再赘述。在专项工作报告制度方面,且不论定位不清的问题,即便是行政工作上的安排,如上文所述的应对的情况、经验、不足与完善措施、恢复与重建等事项,都是立法释义里面比较笼统的举例,并没有进一步细化的内容。在跟踪审计结果方面,内容的尺度同样有待进一步明确,具体也已在前文阐述,此处也不再赘述。

3. 小结

综上所述,权力制约的财政制度模式在我国尚未形成。在事前阶段表现为:能力建设方面,存在的预算收支划分不完善、能力建设项目与标准不明确、预算重要事项说明制度不完善(公开的标准不明确)等问题,使得人大监督、绩效管理与评价报告、事后审计报告难以纠偏。资金准备方面,各类准备金制度功能部分重叠。

在事中、事后阶段表现为:除个人生活补助外,法律法规未对财政收支措施、适用范围、程度进行一般性规定。即便项目有法律依据,相关标准、适用

---

① 金汉册. 新冠肺炎疫情经费物资跟踪审计探析 [J]. 会计之友, 2020 (17): 138-139.

范围亦是全权交由政府自行决定，政府自由裁量空间过大，公众缺乏参与以及救济途径。在监督方面，政府专项工作报告制度、决算重大事项说明制度中的公开或说明的标准不明确，而交由政府自由裁量。此外，还表现为政府专项工作报告制度定位不清，仅关注行政内容而没有涉及法治问题，以及全过程跟踪审计规则尚不明确的问题。

（二）地方自主的制度模式尚未形成

在突发事件领域，中央自改革开放起，便逐渐探索建立中央与地方之间工作分级管理、经费分级负担的体制，在规范化的框架中探索最大化中央与地方积极性的方案。但从目前的实践来看，相关方案存在过度集权与过度放权两方面问题，难以规范化央地关系，也无助于提高双方尤其是地方应对的积极性。

1. 过度集权

在政府间关系方面，过度集权表现为中央政府与省级政府片面决定相应的财权、事权与支出责任，使得财权过度集中，事权与支出责任设计过于简单。具体而言：

第一，财政收益权过度集中。在基层政府财力不足的现状下，救灾经费分级负担的体制只是不切实际的愿景。

（1）税收方面。从当前税收领域的财政收益权划分来看，在营改增之后，增值税成为主体税种，并与地方实行对半划分；所得税税种实行中央与地方6：4的分成比例；省以下由省级自行决定。整体来看，省级以下尤其是基层政府财力不足的情况较为普遍，对上级政府、中央政府依赖程度大。虽然中央在近些年来有意将房地产税作为地方主体税种，但房地产税自2011年改革试点探索至今仍没有取得突破性进展。

（2）其他收入方面。由于税源的不足，地方开始寻求其他路径获得足够的财政资源，如通过发行国债以及出让土地的方式。不过无论是发债还是以土地出让金为主要来源的收入，两者都无法成为常态化的举措。大规模的国债发行所带来的还本付息之压力，土地财政背后所伴随的房地产市场泡沫以及土地资源稀缺性的问题，使得上述政策无法成为常态化的举措。从实践来看，根据2019年国家统计局数据，东北与西部12个省市的地方政府债务余额超过一般财政收入的 3 倍，还有 12 省份约在 2 倍至 3 倍范围内，7 省市在 2 倍以下。① 至于土地财政方面，根据财政部公布的数据，2021 年 1 月至 4 月期间，全国土地出让金收入占地方一般公共预算收入的 52%（即土地财政依赖度）；同时，相关研究显示，在 30 个典型城市中，2019 年近九成城市土地财政依赖度超过 50%，其中四成更是超过 100%。② 基于上述现状，以及在土地资源有限、"房住不炒"被中央持续强调的当下，两大举措举步维艰。

在税源不足、债务规模巨大、土地财政疲态初显的当下，事项与标准模糊的事前阶段支出，也相对容易成为地方政府的突破口，或许这也是为何中央在医疗卫生体制领域改革中，将部分事权与支出责任上调至中央，并强调省级政府亦应当如此的原因所在。上述现状，也使得救灾经费分级负担的财政管理体制难以真正实现。例如，地方政府可能通过采取压缩能力建设支出、减少法定范围内预备费与自然灾害救灾经费列支的方式，使得中央在事实上承担更多的支出责任。

第二，事权与支出责任设计过于简单。过于简单的事权与支出责任设计无助于效率的提升并兼顾公平。当下事权与支出责任的划分涉及两类模式，一是采取固定比例的方式进行，二是根据具体情况进行分担，两类模式均存在设计不足的问题。

在自然灾害领域，此前根据 2011 年《自然灾害生活救助资金管理暂行办法》规定，央地支出责任划分采取固定比例的方式，这在形式上有助于分级负担体制的建立，但固定比例忽视了地方财力现状与具体需求，在效率上难谓帕累托最优，并且在比例设定上可能产生公平性问题，如对计划单列市宁波市与浙江省适用同样的 50% 比例。后续 2020 年的规定则直接转变为具体情况具体分析的模式，虽正视了地方财力与需求上的差异性，在公平与效率问题上都进行了改善，但问题在于：突发事件应对作为政府负责提供的公共物品，地方政府

---

① 以上分别为：青海、贵州、宁夏、云南、吉林、黑龙江、甘肃、内蒙古、广西、湖南、辽宁和新疆等 12 省市；陕西、海南、重庆、四川、安徽、湖北、河北、福建、江西、天津、山东和河南等 12 省市；北京、上海、广东、浙江、江苏、山西、西藏等 7 省市。
② 重磅！土地出让收入 2022 年起全面划转税务部门征收 12 城土地财政依赖度超 100%[EB/OL]. 新浪网，2020-06-04.

无论事前列支多少经费，上级政府与国务院都承担经费保障义务；仅简单以要素法根据具体情况进行分配，不但没有解决效率与公平问题反而可能使得问题扩大化，无助于规避风险。例如，地方政府在财力不充足时，将本应用于突发事件防治的经费用于促进经济发展的这类风险，可能在该模式下被放大。总之，现行事权与支出责任的设计，过于简单，难谓激励相容，而有待进一步完善。公共卫生领域目前采取的是固定比例模式，也同样存在上述问题，具体不再赘述。

第三，对口支援规则确定与财政直达资金分配方面，过于专断。

在自然灾害事件中，中央过度集权还表现在对口支援机制上。例如，在汶川地震中，国务院办公厅发布的《汶川地震灾后恢复重建对口支援方案》明确各支援地区的投入不低于本地区上年财政收入的1%并连续支援三年，似乎是在公平的基础上通过设立最低的标准，进一步兼顾地方人大预算审批权（或地方财政自主）与公平。但遗憾的是，上述方案在支援地区选择上仅有21个省市，而不包括海南省等地。同时，国务院对这一规定并没有予以任何说明。

在公共卫生事件中，新冠肺炎期间，中央发行1万亿元特别国债与新增1万亿元赤字用于支持地方公共卫生等基础设施建设和抗疫相关支出、解决地方财力困难、对冲疫情造成的减收增支影响、稳定并提振市场信心。[①] 资金的具体分配按照"中央切块、省级细化、备案同意、快速直达"的方式进行，在中央切块方面，财政部按照要素法进行分配，[②] 但具体分配方案以及要素法为何却没有任何文件予以公开说明，分配方案的制定缺乏程序保障，难以保障合理性。

2. 过度放权

过度放权具体表现为事权的下沉没有匹配相应的规制机制，大部分事项由地方政府制定相应标准，历史的经验表明：在地方财力不足、法治意识和自治能力尚不成熟时，如果没有相应"立法监管"措施，难以规避风险。一般而言，

---

① 《关于2019年中央和地方预算执行情况与2020年中央和地方预算草案的报告》。
② 《财政部关于引发〈中央财政实行特殊转移支付机制资金监督管理办法〉的通知》（财预〔2020〕56号）。

对于一项事权，内在包含"事权实施"与"立法监管"（设定一定标准）两方面内容。① 通常情况下，两者重合也即由同一层级政府实施并设定标准；但在一些事权中两者产生了分离，事权实施归属于地方政府，中央制定相应标准予以监管。

从理论与实践来看，"事权实施"与"立法监管"的分离，并非常态化举措，具有过渡性特征。从实践来看，以教育、科技领域为例，《中华人民共和国教育法》（1995年制定，2009年、2015年修订）与《中华人民共和国科学技术促进法》（2000年制定，2007年修订）明确规定各级财政对相关领域的投入增长幅度应当高于"财政经常性收入"②的增长，但2018年修订的《中华人民共和国教育法》已将"财政经常性收入"表述改为"……人民政府……保证国家举办的高等教育的经费逐步增长"，充分尊重地方的财政自主权。同时，对"财政经常性收入"进行定义的文件也于2016年废止，可以预见的是《中华人民共和国科学技术促进法》也将在未来予以修订。

从理论来看，在公共财政体制改革不断推进过程中，地方政府从中央政府的执行与辅助机关，转变为地方事务主导机关的过程并非一蹴而就，需要匹配一定机制来控制风险，也即：在事权下沉的同时，匹配以临时性"立法监管"措施，通过设定一定的支出标准，促使地方政府角色的转变。这有助于防止地方政府尤其是基层政府在财力紧张情形下，将本应用于公共物品的部分财政资源用于促进经济发展。同时，立法监管，本质上是对地方财政自主权的一种限制，由此涉及地方财政自主与中央集权之间的关系。由前所述，在多级财政情形下，所谓的集权是在分权基础上的集权。由于过度集权会导致地方政府依赖心理，影响经济和社会发展效率的提升；而过度分权也容易诱发恶性竞争与加

---

① 魏建国. 中央与地方关系法治化研究：财政维度[M]. 北京：北京大学出版社，2015：9.

② 根据《财政部关于统一界定地方财政经常性收入口径的意见》（财预〔2004〕20号），财政经常性收入包括：在一般预算收入基础上，剔除城建税、罚没收入、行政性收费、专项收入等一次性收入，再加上增值税及消费税返还、所得税基数返还、出口退税基数返还和一般性转移支付收入。需要指出的是，该文于2016年被财政部令第83号文废止。

剧地区差距，经济发展的公平与秩序问题难以保障。① 因而，寻求两者之间的平衡是一国纵向分配配置的关键。

但进一步的具体限度为何？鲜有学者进一步研究，各国的立法实践也呈现出不同的样态。对此，我们认为，法律的本质在于可预期，法治也绝非提供一种固定的模式，各国的模式也取决于其各自历史的抉择。但不论抉择为何，不论是从集权向部分分权，还是从分权向部分集权的转变，这一过程并非一蹴而就。就集权向部分分权转变的情形而言，在地方法治意识不健全、能力不足背景下，不匹配临时性的措施如"立法监管"的放权将可能导致不必要的教训。历史的经验即表明了这一点，"一放就乱，一收就死"的困境在新中国的历史中始终存在。例如，在改革开放前，财政收支划分的频繁变动、在分权与集权中不断徘徊的重要原因即在于过度放权，一放就乱；改革开放后，央地实行分灶吃饭，但由于制度层面的设计不足，难以监督并控制地方与中央之间的博弈，使得中央开始设立国地税两套征收体系；在突发事件应对领域，最为典型的是公共卫生领域进行市场体制改革时，中央下放权力却没有匹配相应的机制，致使地方投入不足，几乎使得基层防疫体系尤其是乡村防疫体系瓦解。② 这在经费方面表现为，乡级卫生院所提供的服务经费由政府全额补偿转变为了对员工工资的部分补偿，而村级医生提供疾病预防的费用由集体和乡政府承担到没有专门经费支持；在卫生费用分配方面，表现为财政资源向高层次医院集中，从1980 年的 38% 上升至 1987 年的 48%，乡卫生院则从 23% 降至 18%。③ 就以上突发事件领域的经验与教训，其实可以归结为地方财力不足。

造成地方政府财力不足原因是多方面的。我国目前设立五级政府，地方层级过多；同时，分税制改革后财权整体上移，加之，2006 年农业税正式取消，以及地方主体税种缺失，使得基层政府普遍财力不足。在基层政府普遍财力不

---

① 熊伟. 财政法基本问题 [M]. 北京：北京大学出版社，2012：101.
② 世界银行中蒙局环境、人力资源和城市发展业务处. 中国：卫生模式转变中的长远问题与对策 [M]. 李燕生，等译. 北京：中国财政经济出版社，1994：4，123-124.
③ 世界银行中蒙局环境、人力资源和城市发展业务处. 中国：卫生模式转变中的长远问题与对策 [M]. 李燕生，等译. 北京：中国财政经济出版社，1994：117.

141

足的现状下,对于救灾经费分级负担的体制而言,"立法监管"应当成为过渡性的重要举措,以控制风险。但从现行规定来看,政府事前阶段支出事项与标准过于原则化,而人大监督、社会监督又难以发挥作用,存在较大风险。

此外,值得注意的是,"省直管县"改革对于减少政府层级,缓解基层政府财政压力具有重要作用。但目前存在改革不到位的问题。所谓的"省直管县"改革,具体包括财政与行政两方面的改革,从目前各地的现状来看,财政上的省直管县与行政上的"半吊子"省直管县,造成了与突发事件分级管理体制之间的不匹配。①

众所周知,"省直管县"改革首先在财政领域铺开。2009年,财政部发文,正式在全国范围内推进省直管县财政管理体制改革,要求力争在2012年之前,推进除少数民族地区外大部分省份的改革;2011年"十二五"纲要指出要稳步推进省直管县财政管理体制改革,有条件的地方探索省直接管理县市(行政领域)。从目前的情况来看,各省的改革方案虽不尽相同,但总体上而言,行政领域的改革并不充分,并具体表现在分级管理体制上。以浙江省为例,在2016年浙江省奉化市(县级市)撤市设区并入宁波市以前,较大(Ⅲ级)级别的突发事件由宁波市政府负责而非浙江省政府负责,②但这并不公平。首先,在财政收入方面,彼时宁波市财政与奉化市财政并没有联系,此时由宁波市政府启动预备费似乎有不公平之嫌。其次,可能使得资金上的行政监督流于形式。就自然灾害应对而言,2004年民政部印发的《灾害应急救助工作规程》等文件规定:对于实行省直管县的地区,县级市的相关情况可以直接上报至省级民政部门,并报地级民政部门备案;省级向县级下达资金时,通报地级民政部门。③从文义解释角度来看,县级市直接上报地级部门而不向省级部门报告,意味着相关活动由省级还是地级部门监督的选择权在县级部门。而财政上与行政上的不匹配,既可能增加信息传递的成本,也会产生信息不对称的风险,造成不必

---

① 这一不匹配,其实还存在宪法行政区划条款的制约。
② 奉化市突发公共事件应急预案操作手册[EB/OL].浙江政务服务网,2014-05-26.
③ 参见《关于印发〈春荒、冬令灾民生活救助工作规程〉〈灾害应急救助工作规程〉〈灾区民房恢复重建管理工作规程〉的通知》(民函〔2004〕282号)。

要的麻烦。遗憾的是，该文在 2006 年以及后续的修订中删去了上述内容。① 在省直管县在持续推进的当下，笔者并未找到相关文件对该问题予以明确。

3. 小结

综上所述，地方自主的财政制度模式在我国尚未形成，过度集权与过度放权两大问题并存。在过度集权方面，表现为财权过度集中导致地方尤其是基层财力不足、事权与支出责任确定的单方面性、事权与支出责任设计过于简单，无助于地方治理能力的提升与积极性的提升。在过度放权方面，表现为在地方未有足够的治理能力前，事权的下沉未匹配必要的"立法监管"，有"一放就乱"的风险。

---

① 2006 年该文改为《民政部应对自然灾害工作规程》，2008 年改为《民政部自然灾害救助应急工作规程》，2011 年改为《救灾应急工作规程》，并于 2012、2013、2015、2016、2017 年多次修订。2018 年机构改革后的相关文件未知。具体参见《民政工作文件选编（2004）》至《民政工作文件选编（2018）》。

第四章

域外国家突发事件财政应对机制的考察

第一节 域外考察

根据学者的考察,常态下的财政制度模式有以下两类:一是以美国与加拿大为代表的非对称型财政制度模式;二是以日本与德国为代表的对称型财政制度模式。本书选取两类模式中各自更有代表性的美国模式和日本模式展开研究。选取日本的原因在于,频繁的突发事件尤其是自然灾害,使得日本的应对措施趋向常态化、规范化;同时,基于历史文化背景等方面的相似性,日本较之于德国而言更具借鉴性。至于美国,除了突发事件频发的共性外,美国尤其是在联邦与州、地方的关系上注重规范化处理,在两类财政制度模式渐趋融合的背景下,[①] 美国模式同样具有较强的借鉴性。

一、应对体制与规范体系

鉴于国家结构与政治体制对突发事件应对体制与法律的建制具有重要影响,因而,对于两者的考察有助于帮助我们更好理解突发事件应对的规范体系。

---

① 日本等国家在央地关系上逐渐强调发挥地方自主,而美国等国家亦开始强调发挥联邦的作用,两种制度呈现出融合的趋势。

<<< 第四章　域外国家突发事件财政应对机制的考察

（一）美国

第一，国家结构与政治体制。美国是世界上第一个建立现代联邦制的国家，也是第一个总统制国家。国家结构上的联邦制表现为：联邦的权力源自各州的让渡，并通过《美利坚合众国宪法》第一条第八款予以明确。不过，对于州与州以下的县、市、群等政府（以下简称为地方政府）的关系是否同样为联邦制，《美利坚合众国宪法》并没有回答。从实践来看，"狄龙规则"观点相对主流并为联邦最高法院所采纳。按照"狄龙规则"的观点，地方政府是州立法机关的创造物，地方的权力源自州的授予。① 当然，从宪法层面来看，美国的宪法仅存在于联邦与州的层面的现实也证明了这一点。因而，美国的国家结构在联邦与州之间表现为"联邦制"，在州与地方之间则表现为"单一制"。

政治体制上的总统制，表现为"议行分离"，议会与总统各自分享不完整的立法权，相互制约与平衡。具体到立法实践，表现为总统与议会的提案或议案都可经由法定程序上升为法律（law）。②

第二，应对体制。2005年卡特里娜飓风所造成的巨大损害，迫使联邦进行改革，重视社会主体、州与地方政府在救灾中的作用。而后通过《后卡特里娜应急管理改革法案》等一系列改革措施予以明确。在联邦内部，国土安全部（DHS）下的应急管理署（FEMA）是负责自然灾害应对与公共卫生事件应对的主要部门。就联邦与州、地方政府事权划分规则而言，具体如下：

（1）事前阶段。州与地方的防灾减灾工作并非联邦的事权，联邦也并没有予以过多关注。但2005年卡特里娜飓风所造成的巨大损害，促使联邦将部分事权与支出责任上移，明确对州与地方政府开展的防灾、减灾活动予以援助，具体下文将予以展开。

（2）事中与事后阶段。州政府承担协调与保障地方政府的职责，联邦政府在

---

① 魏建国. 中央与地方关系法治化研究：财政维度 [M]. 北京：北京大学出版社，2015：41-42. See Nice D C. The Intergovernmental Settings of State - Local Relations [M]. Westview Press, 1998：27-28.
② 美国的"法律"（law）一词是抽象意义上的用法，包括各类法案（Act）以及由法案等汇编而成的法典（Code）。

必要时予以补助。例如,《路易斯安那州紧急行动计划》（Emergency Operations Plan）规定最初的行动由地方政府实施,当地方资源短缺时,启用与义务团体、私人部门和邻近区县的互助协议。当地方和州政府需要更多资源时,一般通过此前由国会批准的州与州之间订立的互助协议和应急管理互助合同,向邻近行政区和其他州请求支持,包括互相使用各自的资源,如海岸警卫队。在地方、州以及互助协议的资源被严重破坏,或证明不敷使用时,州长可以请求联邦政府的帮助。路易斯安那州应急工作计划进一步明确,"州的援助是对地方行动的补充,而当证明地方和州政府对处理灾害确实无能为力时,联邦政府才可以提供援助。只有州政府和受影响地区政府的资源已被严重破坏,总统才可能依据斯坦福法案通过联邦政府宣布重大灾害或紧急事件"①。

在联邦层面,《斯坦福法案》明确联邦在事中与事后阶段的援助为重大灾害（Major Disaster）以及紧急事件（emergency）两类情形,但对何者为"重大",该法案与其他相关法案均没有予以清晰的定义,因而饱受诟病。此外,"灾害"一词的定义也不甚明晰。虽然该法案罗列了自然灾害与事故灾难等情形,但总统有权自行决定。鉴于重大灾害援助是经各州申请而提供的援助,而各州应急预案又普遍将公共卫生事件纳入灾害范畴,因而灾害应当包括公共卫生事件。当然,美国突发事件应对的负责机构——联邦应急管理署（FEMA）,其在官网将新冠肺炎疫情援助项目纳入灾害援助条目之下的做法,也印证了上述观点。

第三,规范体系。美国突发事件应对法律经历了从措施性法律②到一般性法律、从事后应对到侧重于事前预防、从单一法律到多元化规范形式的转变。同时,作为行政基础的财政一直是立法的核心。

（1）从措施性法律到一般性法律,从事后应对到侧重于事前预防。美国突

---

① TOWNSEND F F. The federal response to Hurricane Katrina: Lessons learned [R/OL]. Washington, DC: The White House, 2006: 17.
② "措施性法律"相对于一般性法律而言,通常因突发事件而产生。这一组概念最早可追溯至19世纪。根据当时的法律观,法律应当具有抽象的一般性,并由行政机关与立法机关在具体事务中予以落实。反之,立法者直接针对某项具体事务通过法律所进行的具体规定,称为"措施性法律"。需要指出的是,两者的核心区别在于所规定的具体事务与法律后果是否明确,"措施性法律"的规范对象仍具有广泛性,并非针对特定个体。参见陈新民. 法治国家原则之检验 [M]. 台北:元照出版社,2007:165-167.

<<< 第四章 域外国家突发事件财政应对机制的考察

发事件应对的法律，最早可追溯至1803年的国会法案，该法案旨在为新罕布什尔镇的大火这一特定的具体事件提供财政援助；在此后近一个半世纪里，针对具体事件的措施性法律成为美国应对突发事件应对的重要方式；① 1950年，美国国会颁布《灾害救助法》（废止），将对公共设施与建筑物的恢复项目进行援助的内容，上升为一般性规定；1970年修订的《灾害救助法》，新增对个人救助项目；1974年该法再次修订，改变了既往事后应对的模式，增加了联邦在事前减缓与准备阶段职责的相关内容；1979年，联邦应急管理署（FEMA）成立，将分散在各个部门中的应急管理工作统一起来，实现了管理上的统一，并为1988年颁布的《斯坦福法案》所明确。

（2）从单一法律规范到多元的规范体系。一般而言，法律不能基于某一具体事务而创设，要求具有抽象的一般性，并在正常情形下由行政机关或司法机关予以落实。但突发事件所造成的非常状态，使得上述目的难以实现。为此，1992年，联邦政府基于《斯坦福法案》制定《联邦响应计划》（Federal Response Plan），对于当时体制下的联邦应急管理署职责、相关部门协调、程序等内容进行了明确。2001年"9·11"事件后，美国成立国土安全部，将联邦应急管理署纳入其中。2004年，联邦政府颁布《国家响应计划》（National Response Plan），将《联邦响应计划》以及涉及国土安全的相关计划予以统一。2008年，联邦政府对上述计划进行修订，并颁布《国家响应框架》（National Response Framework）。

从现实维度来看，突发事件应对领域形成了以"法律—预案"为核心的二元规范体系。

（1）法律。法律由《斯坦福法案》以及其他一系列单行法②构成，各类单行法侧重于明确各项事权，《斯坦福法案》则相对宏观地"以项目为纲"，侧重于财政角度，对各项目的支出责任进行了初步明确。例如，通过划定上限或下限的方式，对联邦的一般支出责任以及例外性的支出责任进行初步明确，以及

---

① 孟涛. 中国非常法律研究［M］. 北京：清华大学出版社，2012：68.
② 例如，《地震灾难缓疏法》（Earthquake Hazards Reduction Act）、《国家大坝安全规划法》（National Dam Safety Program Act）等。此外，1968年《洪水保险法》较为特殊，在联邦层面构建起了财政支持的巨灾保险体系，具体将在后文予以着重展开。

147

对合格费用范围、判断指标进行了初步明确，等等；不过，该法案并不包含税费优惠内容，相关内容需参考《国内收入法典》（Internal Revenue Code）的特殊规定。相应地，州层面也基本与联邦层面保持一致。例如，《加利福尼亚州灾难援助法案》构成了加利福尼亚州灾害应对制度基石，从财政角度对相关事项予以明确。

（2）应急预案。美国的预案类似于我国总体预案与专项预案的结合版（但并没有部门预案），侧重于从行政角度进一步强调事中与事后阶段各机构间的协调一致。需要指出的是，美国的应急预案并没有像我国与日本一般，进行细化。联邦层面的应急预案即指代《国家响应框架》，州层面也一般同样指代单一预案，例如，《加利福尼亚州应急计划》（California State Emergency Plan）。

从实践来看，在重大灾害或紧急事件下，国会一般会通过制定法案对相关内容进行明确。一是在《斯坦福法案》的框架下，通过法案对于各援助项目予以细化；二是通过法案形式对法律进行修改。例如，《新冠病毒援助、救济和经济保障法案》（CARES法案）通过对《国内收入法典》进行修改，明确各项税费优惠措施；通过修改《公共卫生服务法》，明确将某些类型医疗物资储备纳入国家战略储备中；[①] 等等。可以看到的是，美国《国内收入法典》以及其他法律的规定非常具象化，即便是临时性的税费优惠措施，也直接明确在该法典中。

（二）日本

第一，国家结构与政治体制。日本是单一制国家，也是议会制国家。日本国内设有中央、都道府县、市町村三级行政区划。都道府县相当于我国省级区划，市町村相当于我国县乡基层区划，这两级政府通常被称为地方政府。不过，日本在中央与地方政府的关系上，重视两级政府的地方自主权，因而两级地方政府也通常被称为地方公共团体。议会制表现为"议行合一"，国会享有完整立法权，其他机关立法源自国会的授予。

---

① 根据CARES法案第三千一百零二条，《公共卫生服务法》（42 U. S. C. §247d－6b (a)（1））第319 f-2 (a)（1）节在"其他供应品"之后加入"包括个人防护设备、辅助医疗用品以及管理药品、疫苗和其他生物产品、医疗器械和库存诊断测试所需的其他适用用品"。

<<< 第四章　域外国家突发事件财政应对机制的考察

第二，突发事件应对体制。在政府内部管理上，日本突发事件应对机构并没有像美国一般统一至单一机构，而是在各级防灾会议前提下，实行"分类管理"。公共卫生事件，由内阁府与厚生劳动省共同负责，前者负责指挥、监督危机事务，而后者负责国民健康防护、危机研判与对策制定（地方层面由地方卫生主管部门、保健所、卫生研究所协同应对）；① 自然灾害事件，则由内阁府与国土交通省共同负责。

在"属地管理为主"方面，无论灾害级别如何，按照《灾害救助法》要求，救助的实施主体均为都道府县；但具体工作可委任市町村进行，由都道府县负责后方支援、综合调整，中央承担保障责任。这与美国由州负责，具体州内如何安排则由州自行决定的模式，并没有实质区别。

此外，日本的灾害分为一般灾害、指定局部严重灾害和指定严重灾害三级，但日本并不存在"分级负责"的应对体制，分级只是为了确定中央财政援助的程度。例如，中央政府在听取中央防灾会议意见的基础上，根据《应对严重灾害的特别财政援助等相关法律》，以及中央防灾会议制定的《严重灾害指定基准》与《局地严重灾害指定基准》，将该灾害指定为"严重灾害"，并同时指定应对该严重灾害应该采取的措施。被指定为严重灾害时，将采取特别财政资助措施，如提高国库对地方公共团体进行的灾害恢复事业等的补助，以及颁布保证中小企业者的特例等。②

在社会参与方面，2011 年日本地震海啸与核泄漏等事件，迫使政府反思并逐步开始改革。③ 2016 年，内阁府发布防灾白皮书，强调要形成官民合作的应对体制。④ 不过，事实上，2006 年中央防灾会议所通过的《国民减灾运动基本方针》以及《推进减灾国民运动的具体措施》，就已经提出了这一内容，这两份文件具体内容详见后文阐述。

第三，规范体系。从历史维度来看，日本突发事件应对的法律也经历了从

---

① 卞显乐. 日本健康危机管理体制解析［J］. 日本研究，2020（03）：56.
② 内閣府. 激甚災害からの復旧・復興対策［EB/OL］. 日本内阁府防灾情报网，未知.
③ 内閣府. 平成 27 年版防災白書［EB/OL］. 日本内阁府防灾情报网，2015-01-01.
④ 内閣府. 平成 28 年版防災白書［EB/OL］. 日本内阁府防灾情报网，2016-01-01.

事后应对到侧重于事前预防、从单一法律到多元化规范体系的转变。1880年《自然灾害备荒储蓄法》是日本首部突发事件应对的法律；1947年通过的《灾害救助法》，首次明确事后灾害救助体制、救助标准与种类、国库负担比例等内容；1961年颁布的《灾害对策基本法》将突发事件应对从事后应对，转向注重事前预防，该法明确了防灾组织、计划、预防、应急与灾后重建的相关标准。[1] 而后该法经过50多次修订，成为日本突发事件应对的基石。

从现实维度来看，日本同样形成了"法律—预案"的二元规范体系。

就法律而言，日本的灾害对策法律是以全面涵盖灾害预防、灾后应急期应对以及灾害恢复重建各阶段的《灾害对策基本法》为中心，在各阶段根据灾害类型通过各自的个别法来应对的结构。《灾害救助法》是在灾后应急救助的主要法律，此外各类恢复与重建的单行法为灾后复兴提供了法律依据（表4-1）。

表4-1　日本突发事件应对法律梳理

类型	法律名称
基本法	《灾害对策基本法》
预防	《大规模地震特别措施法》《海啸对策促进法》《加强地震防灾措施地区的地震对策紧急发展专项财政措施法》《防震对策特别措施法》《关于促进南海地震防灾措施的特别措施法》《首都地震对策特别措施法》《关于促进日本海沟和岛岛海沟周围海沟型地震的防震措施的特殊措施法》《关于促进建筑物抗震修复的法律》《促进市区密集地区防灾区维护的法》《海啸防灾地区发展法》《活火山特别措施法》《河川法》《砂防法》《防止因陡坡倒塌而造成灾害的法律》《关于在泥沙灾害预警区等推广泥沙灾害预防措施的法律》《核灾害对策特别措施法》《地震保险法》《农业保险法》《森林保险法》
应急	《灾害救助法》《消防法》《警察法》《自卫队法》《水防法》

---

[1] 王德迅. 日本危机管理体制的演进及其特点 [J]. 国际经济评论，2007 (02)：4.

续表

类型	法律名称
恢复与复兴	1. 一般救济援助措施：《严重灾害特别财政援助法》 2. 对受灾者的救济援助措施：《小企业信用保险法》《自然灾害造成的损害融资暂行法》《关于灾害慰问金的支付等的法律》《雇佣保险法》《灾民生命重建支援法》《日本金融公司法》 3. 灾害废弃物的处置：《废物处置和公共清洁法》 4. 灾后恢复项目：《农业林业和渔业设施灾难恢复项目费用国库补编关于援助临时措施的法律》《公共土木工程设施灾难恢复项目的费用由国库承担法律公立学校设施的灾后恢复费国库负担法》《灾害都市重建特别措施法》《灾后房屋重建的特别优惠单独措施法》； 5. 灾害税制度：《减免灾民税收有关恩典等的法律》； 6. 其他：《维护特定紧急灾害受难者的权益法》《与团体防灾搬迁促进事业相关国家特殊财务措施的法律》《大规模灾害地区的土地租赁住房特别措施法》。

就预案而言，日本将预案分为防灾基本计划、防灾业务计划、地域防灾业务计划三类（表4-2）。需要强调的是，"防灾计划"虽然表面上以"防灾"为限定，但该计划并非仅包括事前阶段工作安排，而是为了凸显事前预防的重要性。就具体内容而言，防灾基本计划除各阶段基本对策外，还就自然灾害与事故灾害事件对策内容予以具体展开。[①]

与美国《国家响应框架》（NRF）相似，日本防灾基本计划从行政角度，明确了哪些部门应当做哪些事。而防灾业务计划，则是从部门角度所展开的工作安排，明确了部门具体该怎么做。以《财务省业务计划》为例，其要求财务省按照现行法律规定对受影响者进行国税减征、免征、缓征，对于关税则按照海关法采取相关措施。此外，地域防灾计划，是都道府县、市町村的防灾计划，同样侧重于行政角度。可见，日本的预案与美国一致，都是侧重从行政角度予以展开。

[①] 防灾基本计划对于公共卫生事件并未予以足够重视，未单独成篇，而是在业务计划方面由厚生劳动省具体展开。具体参见内閣府.防災計画［EB/OL］.日本内阁府防灾情报网，未知.

表4-2 日本应急预案的大致情况

	制定/实施主体	统筹协调主体
防灾基本计划	中央防灾会议；阁僚	内阁总理大臣
防灾业务计划	指定行政机关；中央省厅	
	指定公共机关；独立行政法人日银；日赤；NHK；NTT 等	
地域防灾计划	都道府县防灾会议	县知事
	市町村防灾会议	市町村长

资料来源：根据《灾害对策基本法》整理。

从实践来看，在严重灾害或局部严重灾害情况下，日本除运用现行规范体系外，还重视通过及时修改法律来规范化突发事件的应对。例如，新冠肺炎疫情期间，日本通过修改《严重灾害特别财政援助法》（此前该法的适用范围主要针对自然灾害与事故灾害），将新冠肺炎疫情纳入其中。至于一般灾害事件，鲜有法律颁布或修改的情况出现。

二、事前阶段的财政应对机制

（一）能力建设与资金准备

1. 美国

由前所述，对于政府事前阶段的财政控制，主要途径为预算机制。从控制的形式上来看，美国通过拨款法案，以预算授权方式明确了相关支出的额度，这一额度主要是按照项目而逐笔指定。[1] 任何超过拨款法案授权额度的行为，都应根据《1985年预算平衡和紧急赤字控制法案》（BBEDCA）规定，通过补充拨款法案的方式为之。[2] 从控制的内容上来看，美国主要通过"基金—项目—

---

[1] The term "account" means an item for which appropriations are made in any appropriation Act. See BBEDCA § 250, 2 U. S. C. § 900（2021）.

[2] OMB. Appendix, Budget of the United States Government, Fiscal Year 2021 [R/OL]. 2020: 548.

152

标准（法案）"的方式，也即通过在财政部设立的特别基金①或账户，由拨款法案进一步在《斯坦福法案》中各类支出项目与相应限制基础上，明确各支出项目的额度，对"支出"②进行控制。

（1）联邦能力建设与资金准备

第一，能力建设。具体包括以下两方面：①运行与支持。该项支出限于FEMA防灾、减灾与响应能力建设以及支持各州、地方政府间的协调方面。根据2021年的拨款法案，运行费用的预算授权约为11.02亿美元，且官方招待等费用不得超过2250美元。②购买、建设与提升。该项支出限于FEMA职责履行的重要投资，包括信息技术、通信、设施和基础设施方面。2021年的预算授权合计为1.33亿美元。

第二，资金准备。FEMA基于《斯坦福法案》在财政部设置的救灾基金（Disaster Relief Fund DRF）是事中与事后阶段救灾资金的主要来源；资金开支须在每年国会通过的预算授权额度范围内进行。不过，从2012年开始，《1985年预算平衡和紧急赤字控制法案》（BBEDCA）包含一个可用于救灾支出调整的上限额度，当总统宣布重大灾害或者紧急状态时，当年度支出限额可在一定额度内进行调整，而无须依赖补充拨款。③ 根据2021年修订的BBEDCA，这一额度将受到下列数额之和的限制：①过去10年内（不包括最高与最低年份）所提供救灾资金的平均值；②2011年之后所有拨款的净值（减去同期撤销的预算授权部分）或2011年之前10年的拨款净值中的较低者——这一数值中的5%；③2018年开始累计的未使用的结转的救灾资金总额。④

（2）对州与地方能力建设的支持

2005年卡特里娜飓风事件，凸显了州与地方事前阶段准备的不足。国会在后续发布的《卡特里娜事件报告》中指出，要将部分事权与支出责任予以上调，

---

① 美国预算采取基金制，包含一般基金（相当于一般公共预算）与特别基金两类。
② 这里的支出，除了财政支出外，还包括税费减免。美国将税费减免作为一项税式支出，在预算中明确当年度的支出总额，以控制税费优惠与增加财政稳定性。具体见后文阐述。
③ 同上。
④ BBEDCA § 251, 2 U. S. C. § 901 (2021).

明确联邦对州与地方事前的防灾减灾工作予以支持，并进行了相应的改革与立法完善。根据《斯坦福法案》，事前阶段的援助，从内容上来看，主要包括应急预案制定与能力建设、灾前减灾措施援助、灾害预警、培训教育等方面；从资金援助还是非资金援助角度来看，前两者属于资金援助。此外，上述所有支出源自救灾基金。援助项目，具体情况如下：

第一，应急预案制定与能力建设援助项目。该事项本应是各自事权而由各自承担支出责任，不过联邦对于各个州与地方政府制定应急预案以及提升灾害预防与准备能力给予相应的补助，补助金额不超过25万美元；同时，对后续预案与能力更新、维持与提升方面的花费，联邦提供不超过50%的补助，且每年不超过5万美元。① 就应急预案要求而言，联邦要求计划全面且详细，至少包括对个人、商业、地方政府的援助条款，任命与训练适当职员条款，制定必要的法规和程序以及进行演练的条款。

在实践中，该项援助予以进一步细分。以2021年为例，这些项目包括一般性的项目支出，例如"应急管理绩效赠款"项目。对于该项目，联邦将提供超过3.55亿美元，帮助州和地方政府维持和提升应急管理能力，以及针对特定地区的项目，例如"城市安全倡议"（Urban Area Security Initiative）项目。联邦将提供6.15亿美元，专项用于31个占全国85%风险的高风险、高密度地区，强化地区应急准备能力。②

第二，事前减灾援助（PDM）项目。在事前减灾方面，联邦通过设立竞争性项目来协助州与地方政府实施减灾措施。联邦政府每年援助的资金总额不低于57.5万美元或1%减灾基金总额，但不超过基金总额的15%。资助对象为州与地方政府项目，其中地方政府的项目须由州政府向联邦推荐，且州政府每年推荐的数量不少于5个。就州与地方政府具体项目而言，联邦补助比例原则上

---

① Stafford Act § 201, 42 U. S. C. § 5131（2021）.
② SeeDHS. DHS Announces Funding Opportunity for ＄1.87 Billion in Preparedness Grants [EB/OL]. https://www.dhs.gov/news/2021/02/25/dhs-announces-funding-opportunity-187-billion-preparedness-grants，2021-02-25.

不超过相应花费的 75%，但对于小型贫困地区（Small Poverty Community）可达到 90%。① 在资金使用上，州与地方政府可将 7% 补助金额用于制订减灾计划。② 此外，《斯坦福法案》还要求联邦政府就减灾事项，在联邦机构、红十字会、州和地方政府间构建起跨部门工作队，促进减灾事业的协调推进。③

需要说明的是，PDM 项目并非事中阶段的减灾援助赠款计划（HMGP），后者需要在总统宣布灾害之后方可申请。此外，PDM 项目目前已经被"弹性基础设施和社区建设项目"（BRIC）所取代，并于 2020 年 9 月 30 日开放申请，2021 年的预算也未对此项进行安排。根据 2020 年资助计划，这一援助将达到 5 亿美元，其中 3360 万美元分配给各州，2000 万美元预留给部落，4.464 亿美元用于各地区竞争，具体见表 4-3。

表 4-3　BRIC 项目内容

项目	具体内容
州分配	1. 申请限额：各州最多可申请 60 万美元； 2. 用途：能力建设（主要是减灾项目管理能力）与减灾项目。其中，减灾计划和项目开展支出不得超过 30 万美元，同时 10% 资金可用于减灾项目与能力建设相关的宣传与公众教育。
部落分配	1. 申请限额：各州最多可申请 60 万美元； 2. 用途：能力建设（主要是减灾项目管理能力）与减灾项目。其中，减灾计划和项目开展支出不得超过 30 万美元，同时 10% 资金可用于减灾项目与能力建设相关的宣传与公众教育。
竞争项目（子申请）	1. 申请限额：申请方可提出多个子申请（相对于州分配、部落分配的申请），每个子申请最高 5000 万美元； 2. 用途：10% 资金可用于减灾项目与能力建设相关的宣传与公众教育。

---

① 评选的标准为：能够减少风险的程度；减少未来损害的承诺程度；使用联邦援助支持正在进行的非联邦援助减灾措施的承诺程度；援助的使用在多大程度上有助于州制定减灾目标和优先事项；资助贫困社区的程度；促进和执行最新版本的规范、标准的程度；优先的成本收益高的减缓活动所产生的结果与意义的可确定性程度。See Stafford Act §203, 42 U.S.C. §5133 (2021).

② Stafford Act §322, 42 U.S.C. §5165 (2021).

③ Stafford Act §204, 42 U.S.C. §5134 (2021).

续表

项目	具体内容
管理成本	除了上述三项申请外，申请方还可申请将预算的 10% 作为管理费用，用于申请方管理奖励和奖励下级开展的活动；申请将能力建设与减灾项目预算的 5%，用于覆盖子申请的管理成本。

See FEMA. *FY 2020 HMA NOFO* [EB/OL]. https：//www.fema.gov/sites/default/files/2020-08/fema_fy20-bric-notice-of-funding-opportunity_federal-register_August-2020.pdf，2020-08-01.

第三，灾害预警援助。在灾害预警方面，联邦承担着向州和地方发布预警的职责，并提供技术援助确保州与地方政府、当地居民能够及时收到预警。①

第四，教育、培训和演习计划。联邦应急管理局向应急人员提供专业培训，并支持演习的制定、执行和评估，以测试国家对所有危险的准备情况。具体包括：①国家演习计划。通过设计、实施与评估演习，强化灾害应对能力。②国内备灾中心培训。该中心为州、地方政府应急管理工作人员提供相应的培训。③应急管理研究所培训。该所向联邦、州与地方官员，以及志愿者、社会组织工作人员提供培训，加强应急管理能力。④美国消防管理局。该局为社区提供应急能力培训、改善关键基础设施的保护等，提高社区的消防意识。②

（3）州层面的资金准备

从立法来看，各州的准备金制度设计不尽相同，州内各类准备金之间在功能定位上也并非泾渭分明，而需要从历史的维度予以展开。从历史的维度来看，州层面最早的准备金制度是 19 世纪后半叶发展起来的意外事故基金（Contingency Fund），该基金的目的是确保政府在无序财政控制与频繁的转移支付下，及时应对突发事件。③ 不过，或是出于外部压力的考量，财政官员更愿

---

① Stafford Act § 202, 42 U.S.C. § 5132（2021）.
② OMB. Appendix, Budget of the United States Government, Fiscal Year 2021 [R/OL]. 2020：545.
③ 徐涛，侯一麟. 预算稳定基金：应对经济衰退的工具 [J]. 国际经济评论，2009（02）：50.

意通过一般基金结余，也即通过编制时的"高支低收"的财政伎俩，来应对突发事件。

到了20世纪30年代，不管出于有意还是无意，纽约州在经济大萧条后，①首次设立雨天基金（Rainy-Day Fund）。而后，到了40年代，纽约州在雨天基金基础上首次设立预算稳定基金，强化了对基金的控制。② 1977年，密歇根州通过77号公共法案制定了更为完善的预算稳定基金（Budget Stabilization Fund, BSF）规则，通过"公式法"明确了资金转入与转出具体金额，并示范性地促进了其他州相关规定的出台。③ 需要说明的是，由于各州对预算稳定基金的称呼不尽相同（一般也称为雨天基金），加之规则的具体内容是本研究的关注重点，因而后文将用预算稳定基金来指代美国各州所有类似制度。④

到了2000年，各州基本都设立了预算稳定基金，其余额约占州一般基金支出的3.22%。从各州建立的预算稳定基金来看，具体规则不尽一致，并主要表现在募集方式（Despoit）、使用规则（Withdrawal）与基金上限方面。同时，经学者考证，在募集与使用方面规则严格的州，通常基金余额较多，平衡预算收支能力较强。⑤ 以最为典型的密歇根州为例，具体规则如下：

第一，在募集方面，密歇根州存在两种方式。一是公式法。公式是根据上述77号法案所构建的，以个人收入年增长率为基础，当某一财政年度个人收入

---

① 美国的大萧条时期（the great depression）指的是1929—1933年美国的经济危机。
② 早期雨天基金的使用并没有严格的程序要求，即便是纽约市的日常支出也可以动用雨天基金。See UNITED STATES. Federal and State Roles in Economic Stabilization: Hearings before a Subcommittee of the Committee on Government Operations [M]. House of Representatives, Ninety-Eighth Congress, Second Session, November 29, and December 12, 1984. U. S. G. P. O., 1985.
③ 预算稳定基金是简称，该基金在密歇根州的全称为逆周期预算和经济稳定基金（The Counter-Cyclical Budget and Economic Stabilization Fund）. See MICHIGAN DEPARTMENT of TREASURY. Budget Stabilization Fund 2014 Report. https://www.michigan.gov/documents/treasury/Budget_ Stabilization_ Fund_ 0814_ 466278_ 7. pdf, 2014-06-01；徐涛，侯一麟. 预算稳定基金：应对经济衰退的工具 [J]. 国际经济评论，2009（02）：51.
④ GONZALEZ C Y, LEVINSON A. State Rainy Day Funds and the State Budget Crisis of 2002-? [R]. Working Papers, 2003：1.
⑤ GONZALEZ C Y, PAQUEO V B. Social sector expenditures and rainy-day funds [R]. Policy Research Working Paper Series, 2003：1-2.

年增长超过2%时，超过比例乘以一般基金收入的数额将转入预算稳定基金；当个人收入年增长为负时，低于比例乘以一般基金收入的数额可以从预算稳定基金转出到一般基金，① 当然无论是转入还是转出都需要履行必要的程序。

二是调入一般基金余额。根据《密歇根州宪法》，如果州的收入超过任一财政年度规定的限额，在经过2/3以上议员表决通过后，可最高将1%的收入转入州预算稳定基金。② 此外，也有个别州从特定收入中提取预算稳定基金，如阿拉斯加州与路易斯安那州将部分矿物收入作为预算稳定基金的资金来源。③

第二，在基金余额上限方面，根据2016年169号法案规定，预算稳定基金最高不得超过年度一般基金的20%与近5年一般公共预算平均值的20%中的较低者，超过部分用于下年度的一般基金预算。④ 从其他州的情况来看，根据上述学者研究，美国50个州中有18个州未设定余额上限。

第三，在使用规则方面，该州从失业率角度划定了资金用途与限额。例如，当失业率超过12%时，可将预算稳定基金的5%用于开展相应活动。当然，在突发事件中，对于资金用途与限额可经州立法机关通过2/3以上多数决的方式予以临时性调整。⑤ 从其他州的情况来看，目前仅有个别州如密西西比州交由政府部门相机抉择使用，大部分州都要求按照立法机关规定的进行。⑥

2. 日本

日本的防灾减灾活动由各级防灾会议制定。2006年中央防灾会议所通过的

---

① MICHIGAN DEPARTMENT of TREASURY. Budget Stabilization Fund 2014 Report [EB/OL]. MICHIGAN, 2014-06-01.
② 美国部分州，如密歇根州，对超过限额1%的收入将根据该财政年度结束后密歇根州所得税和单一营业税（或其后续税）年度申报表中报告的负债，按比例予以退还。具体参见《密歇根州宪法》第四章第二十九条。
③ GONZALEZ C Y, PAQUEO V B. Social sector expenditures and rainy-day funds [R]. Policy Research Working Paper Series, 2003：14.
④ 具体参见密歇根州2016-PA-0169号法案 (http://www.legislature.mi.gov/(S(usbmmfz54jbk50cixidr1xxx))/documents/2015-2016/publicact/pdf/2016-PA-0169.pdf).
⑤ MICHIGAN DEPARTMENT of TREASURY. Budget Stabilization Fund 2014 Report [R/OL]. 2014-06-01.
⑥ 郁可祥，刘爽，王统林. 美国各州预算稳定基金的启示与借鉴 [J]. 地方财政研究，2007（09）：63.

《国民减灾运动基本方针》以及《推进减灾国民运动的具体措施》，明确了日本防灾减灾事业的基本方针，是目前日本综合推进防灾减灾措施的主要依据，①具体见表4-4。

表 4-4 日本防灾减灾事业的基本方针的具体内容

基本方针	相关内容
建立国民运动的全国性框架	扩大与相关团体的合作，举办相关活动等
信息库：完善国民运动信息库	为相关个人、团体开展减灾活动提供有效的信息。信息库具体包括：国民、各企业、团体等提供的致力于防灾时所需的信息、防灾城市建设等技术诀窍的数据库、乡土防灾史、洪水和泥石流等危险地图，以及相关且有效的主页链接等
标志：制定相关标志	制定并广泛应用相关防灾活动赞助、空间安全性的标志
企业：促进与防灾关联的企业活动	通过防灾相关支出融资的优惠利率等财政奖励的活用、防灾相关的展览会和样品展览的活用、防灾措施出色的城市安全性的周知、消防团协助事业所的表示和对防灾活动的表彰等，促进与防灾相关的企业活动
可视化：加强宣传与教育	为对儿童、大人、家庭、地区等各个对象提供灾害形象能力的优质内容创造环境；在各地商业设施、社会教育设施或商业街道频繁举办普及活动；开发防灾教材等
课题：加强重点问题的解决	设置重点课题，以解决国民减灾运动推进时的相关问题
实践：加强国民减灾知识的积累与运用	加强国民减灾知识的积累与运用

就上述基本方针的具体实施而言，并没有相关文件对政府的支出标准予以

---

① 即便是2021年的预算，相关支出亦以此为据。具体参见政策统括官（防灾担当）「令和3年度歳出概算要求額明細表」による、第6页；中央防災会議「災害被害を軽減する国民運動の推進に関する基本方針（案）」による；中央防災会議「災害被害を軽減する国民運動の具体化に向けた取組について」による。

159

明确。不过，相关部门在预算中通过精细化的规划，对此进行了规范。以综合推进防灾事业的内阁府防灾担当的预算为例，该预算在第三级科目——"防灾知识普及必要经费"下，设有"实践性防灾行动推进事业经费"与"防灾功臣表彰"项目，并在各项目下再深入细分两级，乃至于到了纪念品（盾）、纪念品（银杯）的精细程度。① 另外，再以负责文化科学领域方面的文部科学省的预算为例，文部科学省在其部门预算中设置了第三级科目——"加强推进文教设施的防灾对策"，该支出目的在于加强学校设施的抗震化等防灾功能、培养应急危险度判定技术人员、制定防灾相关计划和手册等，谋求强化推进文部科学省综合防灾对策的同时，推进向相关人员普及和启发所需要的经费。而后，在下方首先汇总了各款的支出，其次列出了各款及项、目的具体安排。② 如此，既提高了透明度，方便了议员、民众的理解，也便于后续执行与监督。

除上述能力建设支出外，日本资金准备方面的准备金制度，主要包括中央预备费、地方储备基金以及地方灾害救助基金。

（1）中央预备费。根据《财政法》第三十五条，预备费由财务大臣管理，各省各厅长认为有必要使用预备费时，必须制作载明理由、金额及累计基础的调查书，并将其发送给财务大臣；而后，由财务大臣决定。中央预备费在预算编制时并没有明确的列支标准，但从近两年来看，每年预备费都固定在5000亿日元。值得注意的是，新冠肺炎疫情期间，日本通过2020年第一次补正预算新增了"新型冠状病毒感染症对策预备费"科目，并列支1.5万亿日元专项用于疫情应对，在2021年预算中也列支了5万亿日元。③

（2）地方储备基金（地方预备费）。根据《地方自治法》第二百一十七条、《地方财政法》第四条第四款规定，地方应当设置储备基金，储备基金可用于应对灾难的相关支出，但地方储备基金同样并没有明确的列支标准。

（3）地方灾害救助基金。根据《灾害救助法》第二十二-二十八条规定，

---

① 参见政策统括官（防灾担当）「令和3年度歳出概算要求額明細表」による，第6页。
② 参见文部科学省所「令和3年度歳出概算要求額明細表」による，第457-458页。
③ 参见「平成31年度一般会計予算」による、「令和2年度一般会計予算補正予算」による、「令和2年度一般会計予算補正予算（第1号）」による、「令和3年度一般会計予算」による。

各都道府县都有预存基金的义务，用于事中的灾害救助。其最低限额一般为过去三年间普通税收平均值的千分之五（最低限额为 500 万日元）。对于预存基金超过最低限额的都道府县，超过部分可补助辖区内市町村，用于其灾害救助资金的储备。

2. 财政支持的巨灾保险体系

（1）美国

第一，联邦层面的巨灾保险体系。美国的巨灾保险体系指的是由 1968 年《国家洪水保险法》所建立起来的洪水保险项目（National Flood Insurance Program，NFIP）。该项目由联邦保险局（FIA，后被并入 FEMA）负责管理，保险由联邦与私营保险业组建联营体进行销售，或直接由私营保险机构代销。与中国"救灾合作保险"一样，洪水保险计划同样经历了从拒绝到接受，从自愿到"半强制"的转变。但不同的是，美国的洪水险并非仅关注事后损失分担，而旨在促进州与地方政府合理有序的土地开发和房屋建造，侧重于事前风险控制。具体而言：

从历史维度来看，早期联邦政府对于洪水与损害处理的方式主要包括联邦灾后援助与建筑结构项目（Construction of Structural Projects），[1] 并没有包括洪水险。由于洪水险不具有理论上的可营利性，[2] 因而在 20 世纪 20 年被首次提出时，这一方案就被保险业拒斥在外，也没有引起联邦层面的重视。但第二次世界大战后，随着中西部开发与人口的不断城市化，[3] 以及城市化所带来的洪泛区无序开发的现实困境，使得美国每年因洪水与泥石流造成的损失大幅增加，

---

[1] 1928 年和 1936 年的防洪法案规定，政府机构的防洪职责为建筑防洪构筑物来抵挡自然灾害。其中，仅 1936 年就有 250 个防洪减灾项目得到授权。See FEMA. Managing Floodplain Development Through The National Flood Insurance Program [EB/OL]. https：//www.fema. gov/pdf/floodplain/is_ 9_ complete. pdf.

[2] 根据传统风险理论，风险水平往往决定保险需求。因而，洪水保险的需求常见于洪水发生频率大的地区，但这些地区又往往被淹的几率过高，若想盈利，保险公司需要匹配较高的保费费率。但如此，便会大大削弱洪水保险的需求。

[3] 刘建芳. 美国城市化进程中人口流动的特点及影响 [J]. 新疆师范大学学报（哲学社会科学版），2004（03）：126.

加重了联邦救灾压力。① 同时，在事后，把从所有纳税人中获得的税费资金用于救助洪涝灾害区高概率受灾的小部分人，既无效益也不公平。这迫使联邦寻求新的解决方案。而根据国会调查，联邦贷款等各种形式的财政援助是土地利用以及工业、商业与住宅建筑位置选定与建造的决定性因素。② 因而，在调查报告基础上，1968年《国家洪水保险法》正式出台，国家洪水保险项目与项目管理者联邦保险管理局也相继设立，通过将洪水保险的加入作为获得联邦贷款与援助的前提，来实现相应的目的。而后该法案经多次修订，也最终构建起来了美国的巨灾保险体系。

从现实维度来看，洪水保险是对因洪水、风暴、泥石流、海啸、水位升高等造成的建筑及其内部财物（contents）毁损风险所进行的风险分担项目。联邦保险管理局通过在财政部设立国家洪水保险基金（National Flood Insurance Fund），将保费收入存入保险基金，以覆盖相关行政成本、费用与索赔。根据该法案，洪水保险项目有四重目的：一是将私有财产的洪水损失成本从全体纳税人转移到财产所有者；二是为受灾居民和财产所有者提供经济援助；三是引导开发者远离洪涝区；四是要求新建筑与翻修的旧建筑应当符合最新的规范和标准，尽量减少或防止水灾造成的损害。

在运行规则构建上，该法注重促进联邦与被保险人与社区（州、地方政府）的充分互动。需要指出的是，目前学界相关研究多基于"被保险人—联邦"二元结构展开，而忽视了社区在整个保险体系中的重要性，因而笔者在下文予以着重展开。具体而言，洪水保险具有如下特征：

①加入的"半强制性"。洪水保险计划以社区③自愿加入为前提，而社区的加入又构成了个人投保洪水险的前提。虽然联邦层面并未强制要求各个社区参与，但不参与的社区其居民无法获得洪水保险。倘若相关社区被划定在洪涝风

---

① 42 USCS § 4002（a）（1）（2021）.
② 42 USCS § 4002（a）（2）（2021）.
③ 社区（community）在美国通常并非指代民间团体，而是享有制定和执行发展条例的政府机构，其可以包括城市、城镇、乡村、街道以及印第安部落。See FEMA. Managing Floodplain Development Through The National Flood Insurance Program [EB/OL]. https：//www. fema. gov/pdf/floodplain/is_ 9_ complete. pdf.

险区范围内，社区应当申请参加国家洪水保险计划或提供材料证明并非风险区，否则联邦将不再提供开发补助或贷款，不提供灾难援助以修复洪水造成的损坏，不提供联邦抵押保险或贷款担保。上述规定也使得洪水险具有了"半强制性"。同时，该法要求保险、贷款机构通知为财产或可保建筑寻求保险、贷款的居民，该地区存在洪水危险且该财产不符合联邦救灾资格。在加入的条件方面，该法要求州和地方首先采取充分的土地使用和控制措施，认真履行洪泛区管理的职责。①

②费率方面的激励性。洪水保险的保费费率，将基于公认的精算原则以及财产所有人与租赁者对财产进行的防洪措施程度来计算，并包含执行计划的行政费用以及相关评估时的花费。对于采取充分减灾措施的被保险人，将获得保险费率上的优惠。同时，该法还规定管理人可通过降低保费费率，以鼓励准保人购买保险，扩大覆盖面。② 例如，在洪水保险费率图制作或划定为洪泛区以前的老房子（pre-firm），就享受相应的优惠，也即所谓的"祖父"条款。

事实上，在2012年之前，洪水保险的费率都比较低。例如，1978年每份保单的费用为57美元（费率0.16%），2012年每份保单费用虽提高至595美元，但费率仅为0.26%，而一般商业财产的保险费率普遍处于1%以上。③ 不过，由于1973年《洪水防御法案》改革所带来的保险覆盖面大幅提升，使得洪水保险自1978年就已经能够基本实现收支平衡，④ 费率过低的问题也并没有引起足够重视。但2005年卡特里娜飓风以来的一系列飓风与洪涝灾害，也将费率过低的问题暴露无遗，迫使美国国会于2012年进行改革，并于2014年对改革内容进行相应调整。

当然，费率过低并不仅仅是因为提高覆盖面所采取的优惠的问题，也有费率确定的基础——全国"洪水保险费率图"未及时更新的因素。因而联邦在2013—2017年期间每年拨款4亿美元（费率图更新费用从联邦负担50%提升至

---

① 42 USCS § 4022（2021）.
② 42 USCS § 4014（2021）.
③ 姜付仁，王建平，廖四辉. 美国洪水保险制度运行效果及启示［J］. 中国防汛抗旱，2014，24（04）：74.
④ FEMA. Managing Floodplain Development Through The National Flood Insurance Program ［EB/OL］. https：//www. fema. gov/pdf/floodplain/is_ 9_ complete. pdf.

100%），用于更新保险费率地图，以实现风险与保费费率之间的匹配。① 此外，在费率改革方面，联邦进行了三方面尝试：一是缩小保险范围。明确非主要住宅、严重重复损失建筑物（Severe Repetitive Loss Structure）、已遭损失财产的合计赔付金额，等于或超过该财产的市场价值时，不得计算费率，也即该财产不纳入保险范围。② 二是加征保险附加费。对于新签发和续订的保单，加收年度附加费——非住宅财产与非个人主要住所的住宅加收250美元，对于住宅加收25美元。③ 三是赔付限额上的区别对待。2012年改革取消了对老房子的优惠，但洪泛区85%建筑物均是老房子，导致推行遭遇困难。2014年改革调整后，老房子的优惠继续保持，④ 但对实际应付保费费率低于估计保费费率的情形，在赔付限额上予以区别对待。例如，在单一住宅建筑情形下，建筑物赔付限额分别为3.5万美元与10万美元；在商业用途建筑情形下，建筑物赔付限额分别为10万美元与50万美元，内部财物赔付限额同样分别为10万美元与50万美元，具体见表4-5。⑤

表4-5 赔付限额上区别对待的具体规定

	应付保费费率小于估计保费费率情形下的赔付限额（美元）	应付保费费率等于估计保费费率情形下的赔付限额（美元）
单一住宅建筑	3.5万；1万（内部财物）	10万；1万
多单元住宅建筑	10万；1万/单元（内部财物）	10万；1万/单元。但专为1-4户家庭的住宅建筑设计的保险，则为25万；1万/单元
商业用途建筑	10万；10万/企业（内部财物）	50万；50万/企业
教堂建筑	10万；10万/企业（内部财物）	50万；50万/企业

资料来源：42 USCS § 4013、4014（2021）.

---

① 42 USCS § 4101b（2021）.
② 42 USCS § 4014（2021）.
③ 42 USCS § 4105a（2021）.
④ 姜付仁，王建平，廖四辉. 美国洪水保险制度运行效果及启示［J］. 中国防汛抗旱，2014，24（04）：77.
⑤ 42 USCS § 4013、4014（2021）.

③防洪减灾援助项目上的激励性。如果说前两项侧重于激励被保险人,并通过被保险人行为倒逼社区加入洪水保险项目,那么防洪减灾援助是从正面激励社区的措施。根据《国家洪水保险法案》,联邦保险管理局在财政部设立另一基金——国家防洪基金(National Flood Mitigation Fund),用于鼓励减灾活动。根据该法案第4104c条,该项援助每年总计不超过9000万美元,其中对于严重重复受损建筑的减灾活动不得超过4000万美元,对于一般性的减灾活动不超过4000万美元,对于个人的不超过1000万美元。① 需要指出的是,严重重复受损建筑物指的是被保险建筑索赔超过四次,每次赔偿额超过5000美元,累计超过2万美元,或者索赔两次,累计超过被保险建筑市价;② 一般重复受损建筑物指的是被保险建筑索赔已达两次,每次维修成本平均超过被保险建筑市价的25%。③

具体的援助项目如下:一是制订与更新符合联邦要求的减灾计划。对于州减灾计划,联邦的援助不超过5万美元;对于社区减灾计划,联邦援助不超过2.5万美元。二是开展减灾计划内符合联邦要求的减灾活动。这些减灾活动一般是通过收购或搬迁重复受损建筑来减少的可能损失。具体补助范围包括:针对严重重复受损建筑物的减灾活动,若技术上可行且符合成本效益原则,联邦补助100%;针对一般重复受损建筑物的减灾活动,联邦补助不超过90%;针对其他减灾活动,联邦补助不超过75%。④

④赔付与风险负担。在赔付方面涉及免赔额与储备基金两方面。一是2012年改革后,洪水保险设定了免赔额,对于洪水费率图制成或洪泛区划定以前的老房子,保额低于10万美元时,免赔额为1000美元,在实际损失大于10万美

---

① 42 USCS § 4104 (d) (2021).
② 42 USCS § 4102c (h) (2) (2021).
③ 42 USCS § 4121 (a) (7) (2021).
④ 具体包括:第一,拆除经有关机关证明会因洪水或侵蚀而立即坍塌或下沉,坐落于湖边或其他水边沿岸土地上的任何建筑;第二,对位于特定洪水风险区域内的建筑进行升高、搬迁、拆除或采取防洪措施;第三,在符合合理的土地使用与管理前提下,由州或社区收购前述建筑,采取相应措施后供公众使用;第四,对公共设施进行升高、搬迁、拆除或采取防洪措施;第五,州对社区和个人开展符合要求的减灾活动提供技术援助;第六,其他。See 42 USCS § 4104c (c) (3) (2021).

元时，免赔额为2000美元；对于新房子，则分别为1000美元与1250美元。二是设立储备基金，自2012年洪水保险改革后，联邦设立储备基金（National Flood Reserve Fund）。储备基金的来源为保单附加费的征收。在风险负担方面，相关赔付都由国家洪水保险基金支付，当然管理人可将洪水保险基金的部分金额用于投资与再保险，由此会形成多级赔付结构。

以上内容主要是功能与技术层面的介绍。在洪水保险的保障层面，也即财政支持的程度方面，联邦虽有相关预算授权，但对洪水保险的相关债务并不负责。不过，在洪水保险项目资不抵债时，FEMA署长可向联邦申请借款，用于支付保险索赔。

第二，州层面巨灾保险体系——以加利福尼亚州地震保险为例。

如果说对于整个美国而言，因各种原因造成的洪水构成了美国灾害的主要类型，并促成了洪水保险这一财政支持的巨灾保险体系的形成，那么作为地震概率最高的加利福尼亚州（以下简称为加州），[1] 地震保险构成了加州的巨灾保险体系。

从历史维度来看，1994年加州北岭6.7级地震促成了巨灾保险业改革，费率与风险不匹配是其中的重要因素。根据1996年通过的AB16等法案，加州组建了加州地震局（CEA），为加州提供地震保险。值得注意的是，CEA既不属于政府部门，也不属于商业保险机构，是政府主导下具有公共部门色彩的公司化组织，即"私有公办"。"私有公办"是指加州地震局是通过市场筹资组建，按照公司化运作方式，即由保险公司本着自愿的原则，根据其市场份额参股加州地震局。从现状来看，截至2020年，参与CEA的保险公司达25家，投保的保单已超过100万个，年保费达8.45亿美元，偿付能力达到190亿美元。[2]

在其运用机制设计方面，涉及以下内容：

---

[1] 加州的断层多达15700处，有500以上断层处于活跃状态，大部分加利福尼亚州人生活在活动断层的30英里以内，30年内发生1次或以上6.7级或以上地震的可能性在99%以上。See CEA. California Earthquake Risk Map & Faults By County［EB/OL］. https：//www.earthquakeauthority.com/California-Earthquake-Risk/Faults-By-County.

[2] 具体可参见加州地震局官网（https：//www.earthquakeauthority.com/About-CEA）的相关内容。

①在投保规则方面，加州地震保险采取的"强制供给+自愿投保"的模式，保险机构有法定义务向居民进行推销，但并不强制居民购买，也没有洪水保险般"半强制性"措施。不过，为了激励保险公司，法律规定保险销售可以获得保费10%的销售佣金和3.65%的营业费用。

需要指出的是，虽然居民投保属于自愿，加州也无削减补助的规定，但地震后加州并非总是提供援助。即便是在补助的情形下，加州虽有着3.4万美元补助上限，不过从实践来看，实际每户家庭平均获得补助的数额远低于该标准。在不符合援助情形时，倘若业主没有独立的地震保险，意味着只能自己支付修复费用（可向政府贷款最高不超过20万美元，但必须偿还）。①

②在保费费率与保单定制上，CEA使用美国地质勘探局（USGS）的加州地震危险地图来识别风险，并将加州划分成了19个费率区，费率水平为0.11%—0.525%。② 此外，在保单定制上，CEA充分给予居民选择权，区分了业主、移动房屋业主、公共公寓单位业主和承租人四类。每类保单都有不同的保险范围选项，免赔额可选择5%—25%。当然，免赔额选择越低，意味着费率越高。③

在费率优惠方面，对于抗震改造后的房屋，CEA将给予10%—25%的"危险降低折扣"。具体而言，针对加固有台阶的老房子（Raised Foundation）④，若老房子是1940—1979年建造的，将获得20%保费优惠；若为1940年以前建造的，将获得25%保费优惠；对于其他加固措施，则分别提供10%与15%保费优惠。⑤ 需要指出的是，倘若相关住宅所处位置已被有关机构划定为高风险地区，

---

① 具体参见加州地震局. 业主地震保险［EB/OL］. 加州地震局，2020-12-31.
② 林婷婷，叶先宝. 美国加州地震保险模式［J］. 中国金融，2019（11）：92.
③ 加州地震局. 做好准备［EB/OL］. 加州地震局，2020-12-31.
④ 按照加州应急管理局（OES）的解释，Raised Foundation指的是"Older houses with steps up to the first floor can shift off their foundations from shaking. They would be strengthened by bolting or bracing and bolting the house to its foundation"情形。See OES. Strengthen Your House ［EB/OL］. https：//www. californiaresidentialmitigationprogram. com/Strengthen-Your-House.
⑤ CEA. How to Qualify for an Earthquake Insurance Premium Discount ［EB/OL］. https：//www. earthquakeauthority. com/California-Earthquake-Insurance-Policies/Earthquake-Insurance-Policy-Premium-Discounts.

则居民无须投保地震险也可以享受3000美元的抗震改造援助。① 除了州层面的相关措施,各地方政府同样通过财政援助等手段,鼓励住宅抗震改造。②

③在保费管理方面,CEA同样通过巨灾保险基金实现对巨灾保险的单独管理。从保费中筹集的大部分资金都被再投资到为投保人投保的业务中。根据法律,CEA保费收入中只有6%可以用于运营支出,部分可用于投资等。根据CEA官网介绍,2019年筹集的保费,其中1%用于融资花费,2%用于支付保费税,3%用于支付参与保险公司的费用,8%用于CEA运行以及其他费用,10%用于代理人佣金,30%用于CEA资本,46%用于再保险。

④在赔付与损失分担方面。免赔额已经在上文阐述,此处不再赘述。就损失分担机制而言,CEA有五层次支付体系,利用再保险市场分保、开发保险衍生品市场、证券化巨灾保险产品或利用国际再保险市场如瑞士再保险、慕尼黑再保险进行转分保。一旦资金链中断或降至某一低点时,政府出面,可由代理人国库局为其销售盈余公债,举债融资筹措资金而非动用财政。③

此外,与联邦一致的是,CEA同样设立了减灾基金——抗震减灾基金。抗震减灾基金用于开展加州住宅减灾项目(CRMP),也即援助居民对于1980年以前建造的住宅进行抗震改造。该项目将向保单持有人提供3000美元的援助,以帮助其支付大部分的地震改造费用。根据湾区政府协会(ABAG)估计,典型住

---

① CEA. Brace and Bolt Grants [EB/OL]. https://www.earthquakeauthority.com/Prepare-Your-House-Earthquake-Risk/Brace-and-Bolt-Grants.

② 在伯克利等城市,允许财产所有者借钱支付地震改造,并通过对他们的财产税账单进行特别评估,在一段时间内分摊升级成本。旧金山湾区的低收入和固定收入居民可能有资格通过美国住房和城市发展部的集体赠款计划获得专门用于家庭抗震加固的赠款(grants)。在奥克兰市,重建的低收入房主有资格获得工程费用50%的补助(最高5000美元),其余50%的费用可获得低息贷款。在伯克利或埃尔塞里托,在购买一年内翻新房子,这些城市会提供转让退税。此外,伯克利和埃尔塞里托市还提供一定比例的转让退税,前提是完成住宅物业的自愿抗震改造。对于加州当地政府的相关援助项目,具体可通过加州财政部办公室网站(https://www.treasurer.ca.gov/cpcfa/calcap/seismic/owners/resources.asp)进行查阅。

③ 第一层由自有资本、保费收入和投资收益负责;第二层由一般再保险和风险证券化产品负责;第三层由紧急贷款安排负责;第四层由特别再保险负责;第五层由会员保险公司进行分摊。参见林婷婷,叶先宝. 美国加州地震保险模式[J]. 中国金融,2019(11):92.

宅的改造成本约为4500美元,① 这一措施也将起到较大的激励作用。

在保障层面,加州财政并不对CEA的债务负责,CEA也不被允许申请破产保护。并且,与私人保险公司不同的是,CEA也不能被国家保险员接管。一旦保险损失超过了CEA赔付能力,那么遭受地震损失的投保人可以获得按比例分摊的承保损失部分。或者,CEA管理委员会可经批准分期付款。②

总的而言,CEA是目前世界最大的地震保险供应者之一,在2017年就达到了100万保单,被认为是一种成功的政府与市场的合作模式。管理层将这一成功归结为以下几方面原因:一是更多的保险选择与免赔额选项,满足了居民多样化的需求;二是更实惠的费率,鼓励了居民投保;三是自然灾害的教训,州长应急服务办公室主任兼CEA管理委员会主席马克就为此指出:"不管你住在哪里,只要知道自己已经采取措施做好准备并从灾难中恢复过来,就能获得内心的平静,这一点可以说很多。我们从加州以前的灾难中吸取了很多教训,最重要的教训之一是确保你有一个家庭灾难计划和足够的保险来实现完全的恢复。"③

(2)日本地震保险

日本巨灾保险主要是由1966年《地震保险法》及相应施行规则、施行令等所构建起来的。同年,由非寿险保险公司组成的地震再保险株式会社(JER,私营机构)成立,对私营保险机构或由财政大臣制定的火灾互助事业法人和被保险人订立的地震保险进行再保险。再保险的标的为家庭住宅与家具地震保险合同——该地震保险属于政策性保险,政府为保险机构承担有限的担保责任。在损失分担方面,JER通过再保险全额承担原损失保险公司承担的地震保险合同

---

① OES. Other Financial Assistance Options for a Seismic Retrofit [EB/OL]. https://www.californiaresidentialmitigationprogram. com/How – to – Pay – for – a – Seismic – Retrofit/Other – Financial–Assistance–Options.
② CEA. Q: Is CEA part of the state budget? [EB/OL]. https://www.earthquakeauthority.com/About–CEA/Frequently–Asked–Questions.
③ CEA. California Earthquake Authority surpasses 1 million policies [EB/OL]. https://www.earthquakeauthority. com/Press–Room/Press–Releases/2017/California–Earthquake–Authority–surpasses–1–mi–1.

的保险责任，并通过超额损失额再保险方式向政府再保险其承担的部分。① 最终，"政府—保险机构—JER"共同构建起来了一道"安全网"，对地震风险进行了分担（见图4-1）。②

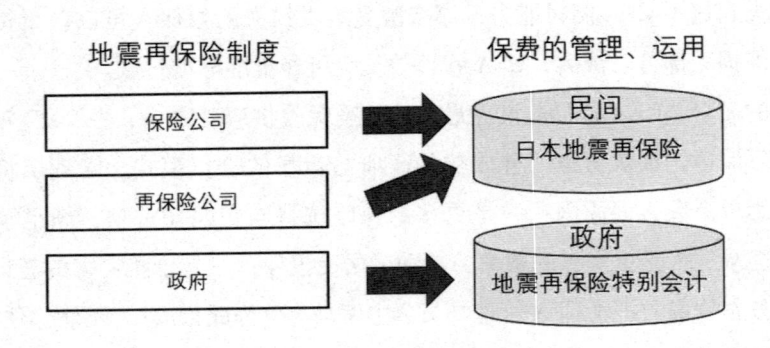

图 4-1　日本地震再保险制度图例

与美国洪水保险、加州地震保险不同的是，按照《地震保险法》第二条，日本地震保险无法单独购买，其原则上自动附带在以居住用建筑物和家具为对象的火灾保险（住宅火灾保险、住宅综合保险等）中。同时，附带地震保险的购买采取"明示退出"（opt-out）模式，若选择不购买，则需要签字确认；③ 这有助于扩大保险的覆盖面。

与美国洪水保险相似的是，日本地震保险同样注重通过费率优惠激励保险人加强房屋的防灾与减灾能力。例如，1年期、1000万日元保险金额，位于东京的钢筋混凝土结构建筑物，保费为2.75万日元（约1654元人民币）。若其符合耐震等级3的要求，则可享受50%折扣。

---

① 参见日本地震再保险株式会社「地震再保険のしくみ」、https://www.nihonjishin.co.jp/insurance/。
② 参见日本地震再保险株式会社「2020日本地震再保険の現状」、目次页、https://www.nihonjishin.co.jp/disclosure/2020/disclosure.pdf。
③ 参见日本地震再保险株式会社「地震再保険のしくみ」、https://www.nihonjishin.co.jp/insurance/。

<<< 第四章 域外国家突发事件财政应对机制的考察

表 4-6 附带地震险介绍

	附带地震保险
保险标的	房屋与家具。
保险金额	房屋 5000 万日元；家具 1000 万日元。
保费费率	根据年限、地区、材料（钢筋混凝土结构/土木结构）不同有所区别。 保险费率：纯保险费率 +附加保险费率。 注：纯保险费率是基于地震调查研究推进总部"地震活动预测地图"所确定的保险金额；附加保险费率由保险机构费用（营业费、损害调查费）与保险代理手续费构成。
折扣率	1. 根据《促进住宅质量保障等相关法律》，符合特定标准的折扣率如下： （1）50%。免震、耐震等级 3 的建筑物及内部财物。 （2）30%。耐震等级 2。 （3）10%。耐震等级 1。 2. 符合建筑基准法现行抗震标准的，享受 10% 的折扣。
赔付限额	赔付金额以毁损时的价值为准。 全损：保险金额的 100%。 大半损：保险金额的 60%。 小半损：保险金额的 30%。 部分损失：保险金额的 5%。

资料来源：根据「地震保险法」、「地震保险法施行规则」、「地震保险法施行令」、「损害保险料率算出团体に関する法律」等资料整理。

就保险资金的管理运用而言，保费将全部向 JER 进行再保险，由 JER 而非保险机构进行管理与运用。截至 2020 年 12 月 31 日，JER 总资产已从 1966 年设立时的 10 亿日元扩充至 5107 亿日元。①

就损失的分担机制而言，政府承担有限担保责任。目前，日本一次地震赔付的金额上限为 12 万亿日元，并通过三层损失分担机制予以分散。①当赔付金额未超过 1259 亿日元时，保险机构（含 JER）单独承担保险责任；②超过 1259

---

① 参见日本地震再保険株式会社「2020 日本地震再保険の现状」、目次页、https：//www.nihonjishin.co.jp/disclosure/2020/disclosure.pdf。

171

亿日元但少于2661亿日元部分，保险机构（含JER）与政府各自负担50%；③超过2661亿部分，政府将分担99.8%。以12万亿日元赔付金额为例，保险机构（含JER）与政府分别承担2249亿日元与11.7751万亿日元。①

三、事中与事后阶段的财政应对机制

（一）财政支出措施

1. 美国

在美国，一般性的《斯坦福法案》对受灾主体援助项目及相应标准进行了明确。临时性的法案，如CARES法案，则起着补充援助项目、明确与修改援助标准的作用。根据这些法案，这一阶段的财政支出措施包括以下内容。

（1）对个人与家庭的援助

①住房援助，具体包括临时居住援助、修理援助、替换援助、建造永久性住房援助四类。临时居住援助又包括直接性的住房提供援助与资金援助；后者援助范围包括基于公平市场价的住宿费用以及相关的物资转移费用等。此外，对于修理、替换与建造永久性住房，只有资金援助的形式。就援助的上限而言，个人或家庭获得的援助金额最高不超过2.5万美元，但根据公开市场价租赁的临时性住房援助除外。②其他援助，包括医药、食品、育幼、个人财产的运输以及其他费用援助。个人与家庭获得的其他援助，原则上不超过2.5万美元，但对于残疾人士修理、替换辅助功能相关财产的费用不受该金额限制。对于援助上限，《斯坦福法案》指出还将按照劳工部发布的城镇消费者的消费价格指数（Consumer Price Index）进行年度调整。

需要指出的是，上述援助属于直接财政援助。至于间接财政援助，临时性CARES法案进行了规定。例如，该法案第三千二百零二条等条款，要求保险公司、医疗保险和医疗补助计划向诊断测试提供者补偿诊断费用，也即无论个人是否享有医疗保险均可以免费检测。不过，这项政策在各地的执行情况不一，

---

① 根据《地震保险法》第三条，政府支付的总额不超过每年国会决定的金额。上述金额为2021年金额，2019年为11.7万亿日元整。

且检测费用并不包含拜访医生以及其他服务费用，这也是网络报道的检测费用不免费现象的原因所在。①

（2）对于职工的失业援助

需要指出的是，各州法律均对失业援助进行了一般性规定，但《斯坦福法案》对于联邦层面的失业援助具体包含何种类，在自然灾害事件中一直没有得到进一步的明确。不过，在公共卫生事件中，CARES法案予以了充分的展开。根据CARES法案第二千一百零二、二千一百零四、二千一百零七条规定，联邦层面的失业援助主要包括三方面内容：①对于不能获得常规失业救济的个人，包括个体工商户（Self-employed）、零工、自由职业者，都将给予600美元/周的失业补偿福利，最长不超过39周；②对于能够获得常规失业救济的个人，将不受等待周限制而可以直接获得失业救济；③对于能够获得常规失业救济但已经用尽权利的个人，也将得到失业救济。

除了上述三种情形外，对于在职雇员因雇主减少雇员工作时间以替代裁员措施（薪水保障计划，PPP）所导致的收入减少，联邦将根据CARES法案第二千一百零八条，给予雇员相应部分的短期薪酬补偿，雇员所获得的最高补偿不超过根据州法律向其支付一周总失业补偿（包括家属津贴）的26倍；但季节性、临时性雇员并不适用该项规定。②

（3）其他援助

《斯坦福法案》下的财政援助主要针对受灾个人，而不涉及企业。当然，这也是因为《斯坦福法案》的执行机关为联邦应急管理署，而非小型企业局。需要指出的是，美国专门设立有小型企业局（Small Business Administration，SBA），在灾难宣布后，可以低息、长期灾难贷款等形式向各种规模的企业、私营非营利组织以及房主和租房者提供灾难援助，以弥补保险或其他恢复措施未涵盖的损失。

---

① 乔珊珊. 美国调查：美新冠病毒检测成本不均等，有人无法享受免费政策［EB/OL］. 海外网-美国频道，2020-07-16.
② 需要满足《美国国内收入法典》第三千三百零六条v款的规定，也即：雇主自愿加入州的"短期薪酬计划"；雇主以减少雇员工作时间代替裁员；雇员的工作时间减少10%以上60%以下；此类雇员在领取福利时，应当满足工作可用性和寻找工作测试的要求，也即至少每周工作一次。

在新冠肺炎疫情期间，临时性的 CARES 法案对此予以了展开。根据 CARES 法案，对企业与个人的其他援助包括：

第一，针对一般受灾企业的援助，主要包括以下三方面内容。①

①经济损失灾难贷款（EIDL）。对于因灾受损的小型企业、私人非营利组织，SBA 将根据经济损失与财务需求情况，提供最高不超过 200 万美元的贷款用于申请人的运营与日常开支，利率将不超过 4%，贷款期限不超过 30 年。对于受灾小型企业、私人非营利组织，提供最高不超过 50 万美元的贷款用于运营与日常开支，利率分别为固定的 3.75% 与 2.75%，贷款期限 30 年。② 此外，上述援助的贷款金额超过 2.5 万美元时，企业需要将等值财产进行抵押。③ 针对雇员在 500 至 1 万名之间的中型企业（包括非营利机构），财政部给予借贷资助。但企业需在 2020 年 9 月 30 日之前维持 90% 的雇员。在贷款从最初六个月，无须支付本息。

②EIDL 紧急赠款。对于申请 EIDL 贷款的受灾企业，将获得不超过 1 万美元的预付款，用于支付工资以及企业运行；受灾企业的申请将豁免任何超过 20 万美元贷款相关的个人担保规则以及要求申请人在前一年内开展业务条款的限制；并且，对于该 1 万美元预付款，即便后续被拒绝贷款，受灾企业也无须偿还。联邦总计提供 100 亿美元执行该项目。

③财产毁损贷款援助（Physical Damage Loans）。对于企业财产损失，企业或私人非营利组织可以获得不超过 200 万美元的贷款，用于维修或更换不动产、机器设备等物品，但不得用于升级或扩大业务。贷款利率根据企业能否获得其他贷款而区分为 8% 与 4%，贷款期限不超过 30 年，贷款超过 2.5 万美元需要提供抵押财产。④

---

① 第（1）项与第（3）项属于常规的救助，而非 CARES 法案另行规定的救助。
② SBA. COVID-19 Economic Injury Disaster Loan ［EB/OL］. https：//www.sba.gov/funding-programs/loans/covid-19-relief-options/covid-19-economic-injury-disaster-loan，未知。
③ SBA. Economic Injury Disaster Loans ［EB/OL］. https：//www.sba.gov/funding-programs/disaster-assistance/economic-injury-disaster-loans，未知。
④ 符合条件的个人也可以获得该项贷款。See SBA. Physical Damage Loans ［EB/OL］. https：//www.sba.gov/funding-programs/disaster-assistance/physical-damage-loans，未知。

第二，针对疫情特别保障企业的援助，主要包括以下三方面内容。

①邮政服务业。根据CARES法案第六千零一条，邮政服务业可向财政部申请贷款用于维持经营。该类贷款联邦总计将至多11亿美元。

②航空业。根据CARES法案第四千零三条，联邦对航空旅客运输业提供不超过250亿美元的贷款或贷款担保，向航空货物运输业提供不超过40亿美元。此外，该法案明确，对于邮政服务业与航空业援助的前提是，其维持交通部部长认为的必要邮政服务与定期航空运输服务。

③对医疗保健提供商予以重点支持。根据CARES法案第三千二百一十一至三千二百一十三条，这些措施包括以下三方面。一是对健康中心拨款13.2亿美元用于2020年度的奖励；二是重启对远程医疗网络建设和远程医疗资源中心的补助项目，在2021—2025年期间，联邦每年将提供2900万美元补助；三是重启农村医疗服务外展、农村医疗网络发展以及小型医疗服务提供商质量改进补助计划，在2021—2025年期间，联邦每年将提供7950万美元补助。

第三，向金融系统提供稳定性以及稳定汇率方面的支出。根据CARES法案第四千零三条规定，联邦将提供不超过4540亿美元用于向金融系统提供稳定性，用于向联邦储备系统理事会建立的计划或设施提供贷款和贷款担保以及其他投资。具体而言，联邦将通过以下方式向符合条件的企业、州或市提供贷款：①直接从发行人处购买债务或其他利益；②在二级市场或其他地方购买债务或其他权益；或者③发放贷款，包括以抵押物担保的贷款或其他垫款。此外，根据CARES法案第四千零二十七条，联邦将拥有5000亿美元额度，通过设立在财政部的稳定基金来稳定汇率。到2026年1月1日，上述资金余额将转入国库普通基金，用于赤字削减。

第四，鼓励社会参与的支出，主要包括以下三方面内容。

（1）薪资保障计划（PPP）及债务豁免。根据CARES法案第一千一百零二条，对于500人以下小型企业、独资企业、个体工商户，因加入薪资保障计划，以减少雇员工作时间替代裁员措施的，可申请最高约平均月工资成本2.5倍的贷款（与1000万美元孰低者），但薪酬超过10万美元的雇员不包括在内。若在贷款支出后的8周内，其员工薪资水平保持不变、贷款款项用于支付薪资及其他合格开支,且至少60%收益用于支付工资成本,该申请人可免于偿还该八周内的应还贷款与利息。这类豁免可申请两次,条件与第一次一致。如果裁员或减薪超过25%,获得贷款免除额将减少。当然,申请人必须证明经营受到疫情的影响,且必须在2月15日之前就已运营。

(2) 创业发展计划。根据CARES法案第一千一百零三条,联邦将向合格的商业发展中心或女性商业中心提供援助,让其代替政府来培训、教育与提供病毒及其对商业的影响与业务开展的建议。

(3) 促进老年医学学术人员或其他老年医学学术健康建业人员等个人的职业发展。根据CARES法案第三千四百零三条,联邦将设立老年学术职业奖(geriatric career awards)。2021年,联邦的这一支出将不低于7.5万美元,同时,这一奖项的设置将不超过5年。

2. 日本

与美国不同的是,日本虽然同样强调地方自治,但在突发事件应对中却对支出项目、对象、标准等设定了明确的一般基准,而非设置个人或家庭的最高限额后由州与地方政府具体确定。在具体救助方面,相关程序、方法和期限由都道府县知事根据法律规定的一般基准直接决定适用。在一般基准难以实施时,县知事通过与内阁总理大臣协商,才可以制定并适用特别基准。此外,日本的财政支出措施也并没有像美国一般,没有向纳税人直接提供赠款。援助项目具体如下:

(1) 对受灾个人的生活援助,主要包括财政补助与借贷援助两方面。前者包括直接性的生活补助、住房补助等内容,以及间接性的应急住房、医疗助产、避难所设置、救援与尸体搜索、尸体处理、埋葬、障碍物除去与学习用品提供等项目。① 后者则主要针对特定受灾群体,给予其低息借贷,具体见表4-7。

---

① 参见内阁府. 災害救助法の救助項目及び救助の程度、方法及び期間 [EB/OL]. 日本内阁府防灾情报网, 未知。

表 4-7 对受灾个人的援助项目

直接补助项目	条件、程度与期限（若有）
灾害抚慰金	户主死亡的，500 万日元；其他成员死亡的，250 万日元
伤残抚恤金	生计维持者伤残的，250 万日元；其他成员伤残的，125 万日元
生活补助：食物	限于无法现场做饭的人；每人 1160 日元；7 天
生活补助：水	实际用水费用；7 天
生活补助：必需品	限于生活必需品无法使用的家庭；根据受灾程度、家庭人口数量、季节的不同而有所差异。例如，夏季房屋全毁的三口之家可获得 3.58 万日元补助，在冬季则获得 5.62 万日元。
倒损房屋补助	补助由基础补助与额外补助构成。对于全坏、解体、长期避难、大规模半坏情形，分别给予 100 万、100 万、100 万、50 万日元的基础补助；对于建造或购入住房、维修、租赁的分别给予 200 万、100 万、50 万日元的额外补助。此外，对于单人家庭补助总额降至 3/4；对于租赁后又建造或购入、维修住房的，额外补助不超过 200 万与 100 万日元。
借贷援助项目	条件、额度、利率、期限
灾害援助资金借贷	限于个人受伤或财产损害情形，且收入低于《灾害抚慰金法》规定的限额；贷款不超过 350 万日元，年利率为 3%，10 年期限，3 年内无须偿还本金。
生活福祉资金借贷	符合条件的低收入家庭；残疾人所属家庭；贷款不超过 150 万日元，年利率 1.5%（有连带保证人时无利息），7 年期限，6 个月内无须偿还本金。
母子父子寡妇福祉资金	对事业开始资金、事业持续资金、住宅资金的返还，享受不超过 2 年期限无须偿还本金等优惠措施
工伤、养老金担保贷款	金额的一倍以内、各支付期偿还额的 15 倍、250 万日元以内三者中的最低者，为可贷款额度

资料来源：内阁府．灾害救助法の救助项目及び救助の程度、方法及び期间［EB/OL］．日本内阁府防灾情报网，未知．

（2）雇佣的维持与确保。对因灾害而失去工作岗位、生活所需资金匮乏的受灾者，指定机关进行再就业等支援。

第一，求职者补助，包括求职者补助、特例措施、工伤补偿与公务灾害补偿三方面内容，具体见表 4-8。

表 4-8　求职者福利等相关援助概要

类型	措施	要件	法律依据	实施主体
雇佣保险求职者补助	在一定期间内支付基本津贴、技能学习津贴、寄宿津贴、伤病津贴	劳动者处于失业状态	《雇佣保险法》	公共职业安定所
雇佣保险求职者给付的特例措施	在一定期间内支付雇佣保险的基本津贴	因灾害导致劳动者无法工作,无法领取工资的情况（视为失业状态）	《关于就业保险失业福利的特别措施》	公共职业安定所
工伤补偿、公务灾害补偿	从不领取工资的第4天开始,每1天补助基础额的60%	劳动者因工作受伤或者疾病疗养不能工作而无法领取工资的	《劳动者灾害补偿保险法、地方公务员灾害补偿法》	公共职业安定所

第二,职业培训、就业咨询介绍。都道府县,通过管辖灾区的公共职业安定所,为因灾害而失业的受灾者进行职业培训和雇佣咨询介绍,具体见表4-9。

表 4-9　职业训练等各种援助概要

类型	措施	法律依据	实施主体
岗位适应性训练	对象:受县知事委托实施职场适应训练的经营者;支付内容:24000日元(1人/月)等。	《雇佣对策法》	公共职业安定所
职业咨询介绍	—	《职业稳定法》	公共职业安定所
公共职业培训	对离职人员、在职人员和大学毕业生,为实现再就业实施必要的培训。	《职业能力开发促进法》	公共职业能力开发设施
求职者支援训练	对于不能享受雇佣保险的求职者,在确保接受培训机会的同时,在一定情况下,还会在培训期间发放补助金,以此来帮助他们尽早就业。对训练实施机构,支付一定奖金。	《关于通过实施职业培训等帮助特定求职者就业的法律》	获得认证的民间教育培训机构
职业形成促进补助金	对实施职业培训等的雇主等,资助培训经费和培训中的工资。经费资助为课程费用的2/3～1/3,租金资助,为每人每小时800日元或400日元。	《雇佣保险法》	各运营商

续表

类型	措施	法律依据	实施主体
认证职业培训制度	相关主体，符合厚生劳动省令规定的关于学科、训练期间、设备等标准，在接受认定的职业训练时，将获得训练经费的一部分补助。	《职业能力开发促进法》	各运营商

第三，其他离职人员援助，主要包括未支付工资的垫付、因失业而生计困难的家庭贷款等内容，具体见表4-10。

表4-10 其他离职人员援助

类型	制度概要	实施主体
未支付工资的垫付制度	对因企业倒闭而未获得工资就退休的劳动者，其未支付工资中的一部分由独立行政法人劳动者健康福利机构代替雇主垫付的制度	劳动基准监督署、独立行政法人劳动者健康福利机构
生活福利资金的离职者支援资金贷款制度	对因失业而生计困难的家庭，通过向其贷款，直到再就业为止，来支持家庭的自立。	市町村社会福利协议会

（3）鼓励社会参与方面，主要包括雇佣调整补助金的活用，以及志愿者组织补助。

第一，雇佣调整补助金的活用——向雇主提供。根据2020年6月12日通过的令和二年第五十四号法律，厚生劳动省在新冠肺炎疫情期间通过实施暂时的雇佣调整，在雇主维持员工雇佣情况下，资助雇主停业补贴、工资等一部分资金。① 在2021年5月21日，上述内容发生了部分变更，同时，对于雇佣保险被保险人以外的人，将通过"紧急雇佣稳定补助金"形式发放休业津贴。每位员工资助额=（平均工资金额×休假津贴等的支付率）×资助比例，同时最高不得超过1.5万日元或1.35万日元/人·天。②（表4-11）

---

① 参见「新型コロナウイルス感染症等の影響に対応するための雇用保険法の臨時特例等に関する法律」。
② 参见厚生労働省.雇用調整助成金（新型コロナウイルス感染症の影響に伴う特例）[EB/OL].日本厚生劳动省网，未知.

表4-11 新冠肺炎疫情下的雇用调整金规则

	判定期间的第一天	至四月末的资助比例	五六月资助比例	分类
中小企业	全国一般措施	4/5(10/10)上限1.5万日元	4/5(9/10)上限1.35万日元	I₁,从2020年1月24日期判定
	全国特别措施(近三月平均销售额同期减少30%以上)	—	4/5(10/10)上限1.5万日元	II₁,从2021年1月8日开始到判定期同最后一天未确定解雇情况
	地区特例 紧急事态区域	—	4/5(10/10)上限1.5万日元	
	地区特例 防止蔓延区域	—	4/5(10/10)上限1.5万日元	
大企业	全国一般措施	2/3(3/4)上限1.5万日元	2/3(3/4)上限1.5万日元	I₂,从2020年1月24日期判定
	全国特别措施(近三月平均销售额同期减少30%以上)	4/5(10/10)上限1.5万日元	4/5(10/10)上限1.5万日元	II₂,从2021年1月8日开始到判定期同最后一天未确定解雇情况
	地区特例 紧急事态区域	4/5(10/10)上限1.5万日元	4/5(10/10)上限1.5万日元	
	地区特例 防止蔓延区域	—	4/5(10/10)上限1.5万日元	

注:括号内的比例,是雇主未存在解雇情形时,厚生劳动省省的资助比例。紧急事态区域、防止蔓延区域均指的是接受特定都道府县知事的请求协助缩短营业时间等的雇主所在区域。

第二，停业支援金——向雇员提供。对于符合要求的雇员，未领取停业工资（停业津贴）的，厚生劳动省将对其发放停业支援金，① 具体见表4-12。

表4-12 停业支援金规则

支援对象	受雇于中小企业的雇员	2020.04.01—2021.06.30期间，雇主因疫情停业，不领取其停业工资（停业津贴）的雇员
	受雇于大企业的雇员	2020.04.01—2021.06.30期间，雇主因疫情停业，不领取其停业工资（停业津贴）的工作日不明确的雇员等
计算方法	\multicolumn{2}{l	}{停止工作前的工资日额×80%×［（各月停止工作期间的天数）－（"工作等的天数"和"因劳动者的原因而休息的天数"的合计）］ 1. 对于受雇于大企业的员工，企业在期间内停业，适用60%比例而非80%。 2. "停业前工资日额×80%"的上限额度： ①2020.04.01—2021.04.30为1.1万日元； ②2021.05.01—2021.06.30为9900日元。 另，对因县知事要求协助缩短营业时间的企业，9900日元的限额将提升至1.1万日元。}

第三，志愿者组织补助。为协调志愿者的灾害救助工作，确保救助活动顺利开展，并提高救助效率，国库对志愿者中心进行的救助和志愿者活动的协调事务进行补助。具体包括：职员加班津贴（包括休息日工作、住宿日值班），临时职员和外聘职员的雇佣费或工资，以及派遣到灾害志愿者中心职员的旅费。②

（二）财政收入措施（税费减免）

1. 美国

美国对于税费优惠的控制，除通过法案形式进行明确外，还将其作为税式

---

① 参见厚生劳働省. 新型コロナウイルス感染症対応休業支援金・給付金［EB/OL］. h日本厚生劳动省网，未知.
② 参见内阁府. 災害ボランティアセンターに係る費用について［EB/OL］. 日本内阁府防灾情报网，未知.

支出，通过预算明确每年的税式支出限额，以提高财政稳定性。① 从税费优惠具体规定来看，《美国国内收入法典》主要从权利角度明确了相关主体所享有的各类税费优惠，并对具体条件、程序进行了明确的规定。对于突发事件下的税收优惠，美国国会在 2005 年卡特里娜、丽塔飓风等事件中，制定了《卡特里娜灾后应急减税法》（Katrina Emergency Tax Relief Act of 2005）、《2005 年特别区域法案》（The Gulf Opportunity Zone Act of 2005）等法案，对优惠幅度及税式支出限额进行了调整。

总体而言，由于税制结构等制度设计上的差异，美国的税费优惠比较注重所得税抵扣，与我国有较大差异。不过，就功能发挥而言，相关措施同样可以从止血、造血与输血角度进行考察。

第一，自然灾害事件应对。在止血功能发挥上，美国通过临时性提高个人提前支取退休计划资金而无须缴纳罚金税的限额、中止对个人损失抵扣最低限制规定的适用、扩大低收入群体住宅税收抵扣的整体限额、缓征企业雇佣税（类似我国社会保险税）、调整企业亏损结转期限等方式，减轻纳税人负担。在造血功能的发挥上，对重灾区或因灾流离失所并失去工作的个人"新就业"予以 40% 合格工资抵扣，以及暂停征收消费税，以进一步激励受灾纳税人"生产救灾"。在输血功能发挥上，通过临时性中止慈善捐赠扣除限制规定的适用，对为重灾区或因灾流离失所的个人提供免费住宅的居民提供税收抵扣等方式，鼓励社会参与救灾，具体见表 4-13。

第二，公共卫生事件应对。税费优惠与自然灾害事件下有所差异。造成这一差异的原因既有事件性质上差异的因素的考虑，也有在财政支出上已作倾斜性处理的因素考量。例如，在新冠肺炎疫情中，联邦强化了对失业纳税人的救济范围与程度，因而没有包含自然灾害事件应对中对个人纳税人新就业税收抵免的税收优惠（表 4-14）。

---

① 除了财政稳定性之外，还有利于对税收优惠的绩效进行评估。当然，超过限额并不意味着不能抵扣，而是结转到以后年度，第二年的税式支出限额要加入前一年度的超过部分。具体例子可参见《美国国内收入法典》第四十五 D 条 f 款第 3 项。

表 4-13　自然灾害事件中的税费减免情况

	卡特里娜飓风事件 Kartrina Emergency Tax Relief Act of 2005（KETRA）	卡特里娜飓风、丽塔飓风、威尔玛飓风事件 The Gulf Opportunity Zone Act of 2005
止血	1. 个人因灾消灭的非商业性债务不视为应税收入。 2. 对受灾个人从劳动保障部退休计划中提前取出不超过 10 万美元的资金，不征 10% 罚金税；对于受灾个人从符合要求的雇主计划中借款金额不超过 10 万美元部分，不征。① 3. 对因灾流离失所的个人，允许用前一年度的收入计算儿童方面的税收抵扣。② 4. 对个人损失抵扣最低 500 美元的限制，暂时中止。 5. 暂停支付雇佣税（社会保险税）。	主要在 KETRA 基础上新增： 1. 低收入群体住宅税收抵扣。③ 增加 2005—2007 年，建造、修复或获得属于低收入群体住的抵扣年度限额。例如，佛罗里达州 2006 年抵扣限额增加 350 万美元； 2. 除 KETRA 第 4 种实际损失情形外，如果财产被拆除或置换造成损失，则无须遵守损失应超过 100 美元、纳税人经调整的总收入的 10% 与因损失而非自愿转换财产的任何收益之和的限制； 3. 企业亏损结转期限从 2 年延长为 5 年，并且对亏损额进行明确。④

① 根据《美国国内收入法典》第七十二条 p 款，受灾个人可在不被视为应税分配的情况下，能够借到的最高金额为以下数额中的最高者：（1）50000 美元减去某些未偿还贷款；（2）10000 美元和劳动者不可偿还应计福利现值的 50% 中的较高者。此处的 KETRA 增加了借款数额，具体为以下数额中的较低者：（1）100000 美元减去某些未偿还贷款；（2）10000 美元或雇员不可或缺的应计福利现值 100% 中的较高者。

② 根据《美国国内收入法典》第三十二条，以抚养 1 个孩子为例，若税法调整后的收入不超过 6330 美元，则享受 34% 税收抵扣；超过 6330 美元低于 11610 美元（家庭或配偶死亡的人联合申报情形下为 16610 美元），则抵扣削减至 15.98%；超过前述金额，则无法获得抵扣。

③ 根据《美国国内收入法典》第四十二条，允许合格住宅租赁财产的所有者申请十年抵扣，该抵扣为建造、修复或获得属于低收入群体的建筑物的成本的百分比。如果房屋位于低收入或开发难度大的地区，所有者可根据项目成本 130% 申请抵扣，当然受到州抵扣分配的限制。每个州可分配给 200 万美元或该州人口的 1.75 倍（两者均根据通货膨胀调整，2005 年分别为 212.5 万美元和 1.85 倍）这两者中的较高者的抵扣数额。

④ 灾区企业损失为以下两者中的较低者：（a）经调整的当年经营净损失（NOL）；或（b）计算灾区部分的损失、卡特里娜飓风造成的就业相关搬迁费用、临时安置雇员、灾区财产折旧和飓风相关维修费用的当年 NOL 使用的扣减。根据上述折旧设备不合格的财产损失不适用该条。

续表

	卡特里娜飓风事件 Kartrina Emergency Tax Relief Act of 2005（KETRA）	卡特里娜飓风、丽塔飓风、威尔玛飓风事件 The Gulf Opportunity Zone Act of 2005
止血	6. 员工保留抵扣。对因灾无法开展业务的雇员不超过 200 人的小型企业，继续支付雇员工资的，将提供不超过 6000/人×40%的税收抵扣。	4. 纳税人可就符合条件的建筑修复支出的 10%，或经认证历史建筑修复支出的 20%进行抵扣。① 5. 对于灾区公共事业的损失，可向前结转至灾前 5 年扣除（涉及退库问题）。②
造血	1. 对因灾流离失所并失去工作的个人，新就业可享受 40%合格工资的税收抵扣。③ 2. 暂停征收灾区消费税。 3. 对灾区符合条件的财产允许在投入使用的年度内加速折旧，包括设备、非住宅房地产、住宅租赁财产。	
输血	1. 慈善捐赠扣除限制暂停（原个人 50%，公司 10%）。 2. 为因灾流离失所的居民提供免费住房的，按照 500 美元/人（总额不超过 2000 美元）进行抵扣。 3. 对提供救灾物资运输的车辆，里程费费率（燃油税）降至 70%。 4. 对提供救灾运输服务志愿者的费用补偿，不征税。 5. 对符合条件的食物捐赠，不得超过净收入的 10%。	主要在 KETRA 基础上新增： 1. 新市场投资的税收抵扣限额提升。对于 2005—2007 年在符合条件的地区进行产权投资的抵扣年度限额，将分别提高 3 亿、3 亿、4 亿美元，用于鼓励向灾区进行投资。 2. 对于雇主为因灾流离失所的雇员提供免费住宅的，不计入雇员的应税收入（限 600 美元），同时雇主可申请相当于该金额 30%的抵扣。

① 根据《美国国内收入法典》第四十七条，修复抵扣仅适用于已经认证的历史建筑。这里根据《2005 年特别区域法案》（The Gulf Opportunity Zone Act of 2005）进行了临时性调整，鼓励受灾纳税人修复损坏建筑。根据该法案，灾区的建筑和结构在 2005 年 8 月 27 日至 2009 年 1 月 1 日期间的支出分别增加了 13%和 26%。See CRS. CRS REPORT FOR CONGRESS［R/OL］. https：//digital. library. unt. edu/ark：/67531/metadc808494/m2/1/high_ res_ d/RS22344_ 2006Feb14. pdf.

② 根据《美国国内收入法典》第一百六十五条 i 款，某些灾害损失可在灾害发生前一年扣除。这里允许公共事业的损失向前结转 5 年进行扣除。

③ 根据《美国国内收入法典》第五十一条，对于一般员工，合格工资不超过 6000 美元；对于退伍军人，则视情况不同分为 12000 美元、14000 美元、24000 美元三类情形。

表4-14 公共卫生事件中的税费减免情况

	新冠肺炎疫情CARES法案
止血	1. 企业因灾豁免的特定债务不视为应税收入。对于在疫情期间因薪水保障计划（PPP）申请的相关贷款，在疫情期间因满足未裁员、未降低薪资待遇或裁员与降低薪资待遇在一定范围，而被全部或部分豁免贷款所获得的收益，不视为应税收入。 2. 个人因雇主为其无偿支付学生贷款所获得的收益，不视为应税收入。 3. 对个人从劳动保障部退休计划中提前取出不超过10万美元的资金，不征10%罚金税。 4. 加速替代性最低公司税的退还。① 5. 暂停对非公司形式企业的营业亏损限制。②
止血	6. 延期支付雇佣税。③ 7. 员工保留抵扣。对因灾总收入低于同期50%的企业，继续支付雇员工资的，将提供不超过10000美元/人×50%的税收抵扣。其中，对于100人以下企业所有员工的工资都适用该条款，而100人以上企业仅限于因疫情停止工作的员工工资。 8. 放宽对经营性利息扣除的限制。④ 9. 暂停对净营业亏损限制规则的适用。⑤

---

① 替代性最低公司税（AMT）已于2018年废止。此前，在2018年以前支付的替代性最低公司税额会以税收抵免形式自2018年起4年内退还至公司纳税人，而这一法案允许公司纳税人以2019年或2018年纳税申报为基础，申请在该年内退还所有替代性公司税抵免额。具体内容参见CARES法案第二千三百零五条。

② 根据CARES法案第二千三百零四条，《美国国内收入法典》第四百六十一条l项第3款的超额营业亏损的禁止将推迟到2020年12月31日后实行，这项限制不再适用于2018—2020年度，意味着个体经营者和合伙企业可通过申报实际营业亏损而减少税负。

③ 根据CARES法案第二千三百零二条，至2020年12月31日，雇主应为雇员缴纳的6.2%社会保障税份额，其中的50%延迟到2021年12月31日到期，另外的50%于2022年12月31日到期。个体工商户可将自颁布之日起的自雇税递延到2020年底（50%）、2021年末（25%）和2022年末（25%）。

④ 根据美国《国内税收法典》第一百六十三条j款规定，除特定小型企业以外，净经营性利息扣除不得超过纳税人"调整后应税收入"的30%。CARES法案第二千三百零六条将这一限制上调至50%，但该上调只适用于2019和2020纳税年度。

⑤ 根据CARES法案第二千三百零三条，企业于2018年、2019年和2020年产生的净营业亏损可向前结转5年抵减以前5个年度的应纳税所得额；而现行《美国国内收入法典》下对净营业亏损的80%应税所得额限制将推迟至2020年12月31日之后再实行，这也意味着该限制将不会适用于2018、2019和2020年度。向前结转的净营业亏损将不得用于美国《国内税收法典》第九百六十五条下"境外利润回流"税费的计算。

续表

	新冠肺炎疫情 CARES 法案
造血	1. 暂停征收航空业消费税。① 2. 获赠个税抵扣额（recovery rebates credit）。个人将获得 1200 美元抵扣额（单身纳税人收入低于 7.5 万美元，未联合报税的户主纳税人 11.25 万美元），联合报税的夫妻（总收入低于 15 万美元）将获得 2400 美元抵扣额；若有未满 17 周岁的孩童则额外增加 500 美元。收入超过标准的，将按超过部分 5% 递减。
输血	1. 慈善捐赠扣除限额调整。对于选择列举扣除的个人扣除限额从 50% 调整至 100%，未选择列举扣除的个人将获得最高 300 美元扣除。对于企业，从 10% 增加到 25%。 2. 食品库存捐赠扣除上限从 15% 提高至 25%。 3. 额外折旧扣除可适用于适格改善性财产（鼓励医院等机构改善医疗设施）。② 4. 用于生产洗手液的酒精暂时免除消费税。

2. 日本

日本的税收立法权主要集中在中央；《地方税法》留给地方自由裁量的空间较小，仅在一些小税种的开征以及一定幅度范围内税率的选取上可自由选择。③ 在税收优惠方面，地方政府虽然可以根据《地方税法》的规定，采取地方税的减免与缓征，但对于这些税收优惠的标准，《关于灾害受害者地方税的减免措施》（自治府 119 号自治事务次官通告）④ 已做出明确规定。从特大灾害的应对实践来看，一般是中央直接通过立法的形式予以颁布。例如，在新冠肺炎疫情期间，日本地方税的优惠措施主要是通过中央修改相关法律进行。不过，这样

---

① CARES 法案第四千零七条为以下消费税项提供了持续至 2020 年 12 月 31 日的免税期：（a）7.5% 的旅客运输航空消费税，（b）6.25% 的货物运输航空消费税，以及（c）对煤油作为航空燃料的某些用途和运输的税费。
② CARES 法案 2307 条，将纳税人对非住宅建筑内部进行的改善纳入 100% 额外折旧扣除范围内，纳税人对相关支出可进行一次性 100% 扣除，而无须按照原先的规定将该等支出分摊至 39 年并逐年进行折旧扣除。这一修正为医院改善其医疗设施并更好地应对疫情提供了税收激励。
③ 另外，国会在每年通过预算时，会同时规定地方税收的种类以及税率的范围。参见魏建国. 中央与地方关系法治化研究：财政维度 [M]. 北京：北京大学出版社，2015：104；刘小林. 当代各国政治体制：日本 [M]. 兰州：兰州大学出版社，1998：50-51，263.
④ 注：该份文件系内阁府根据法律整理的「復旧・復興ハンドブック」第 112 页的内容，但限于笔者检索能力有限，该份文件笔者尚未找到原文，故无法进行梳理。

<<< 第四章 域外国家突发事件财政应对机制的考察

的好处在于，中央会对地方的财政收入的减少部分通过补助予以填补。此外，对于公共费用的减免，"从公平性的立场出发，一般只减免因避难等而未使用期间的基本费用以及伴随住宅清扫的自来水使用费等预计增加的部分等"。①

从实践来看，日本税费优惠措施同样因税制等具体制度设计不同而与我国、美国有所差异，但在功能发挥上同样具有一致性。以新冠肺炎疫情为例，在止血功能发挥上，日本通过国税、地税与年金保险费缓征、亏损结转返还制度适用范围扩张、固定资产税减征等措施，缓解纳税人生存压力；在造血功能发挥上，通过进一步暂停征收消费税、对于扩大产能而新取得房屋设备的固定资产税减半征收等措施，进一步激励纳税人"生产救灾"；在输血功能发挥上，通过设置门票捐赠扣除等方式，鼓励社会共同参与救灾，具体见表4-15。

4-15 公共卫生事件中的税费减免情况

	新冠肺炎疫情
止血	1. 国税缓征。对于因疫情导致收入减少的情形，可适用《国税通则法》第四十六条第1款规定，申请缓期缴纳国税。② 2. 地税与预扣税缓征。对于因疫情导致收入减少的情形，经申请可延缓征收。 3. 年金保险费延缓征收1年（同期收入减少20%以上），无滞纳金无担保要求；③ 超过1年仍有压力的，可在1年宽限期内的各月分期缴纳，滞纳金将从每年8.8%降至1%。④ 4. 消费税（类似我国增值税）申请适用简易征税制度。因新型肺炎疫情影响，需要简易征税时，经税务局局长的批准，从受到影响的征税期开始，可以适用该制度。⑤

---

① 内閣府. 復旧・復興ハンドブック（平成28年3月）[EB/OL]. 日本内阁府防灾情报网，未知.
② 「新型コロナウイルス感染症等の影響に対応するための国税関係法律の臨時特例に関する法律」第三条.
③ 参见「労働保険の保険料の徴収等に関する法律」第二十九条.
④ 参见厚生労働省. 厚生年金保険料等の納付猶予の特例について[EB/OL]. 日本厚生劳动省网，未知；厚生労働省. 新型コロナウイルス感染症の影響により厚生年金保険料等の納付が困難な事業主の皆様へ[EB/OL]. 日本厚生劳动省网，未知.
⑤ 对于当期进项税额较少的纳税人，低税率的简易征税，但可以降低企业税负。

187

续表

	新冠肺炎疫情
止血	5. 住房贷款扣除适用要求的弹性化。对于因新冠肺炎疫情原因导致住宅建设延迟、二手房改建延迟等原因导致入住延迟，在规定日期之间满足签订住宅取得合同等条件时，也可以享受与在期限内入住的情况相同的住宅贷款扣除。① 6. 补助金不征税。对纳税人根据财务省令获得的补助金、因疫情发放的儿童津贴不征税。② 7. 亏损结转返还。对资本金超过 1 亿日元但在 10 亿日元以下的企业，在特定期间内终止的业务年度产生的亏损金，可以通过亏损金的返还制度予以适用（涉及退库）。③
止血	8. 减征固定资产税。对于因灾处于恶劣经营环境④的中小企业，折旧资产和事业性用房的固定资产税和城市规划税征税标准降至二分之一或零……
造血	1. 消费税暂停征收。对于因新冠肺炎疫情影响，任意一个月收入与去年同期相比减少 50% 以上的纳税人，经申请可暂停征收消费税（申请成为免税事业者）。纳税人在征税基准期内应税销售额应当下 1000 万日元以下。⑤ 2. 扩充固定资产税特例措施。对于为提高生产效率，新取得符合要求的房屋和构筑物的固定资产税，3 年内给予征税标准降至零到二分之一的优惠。⑥ ……

---

① 国税厅. 住宅ローン減税の適用要件の弾力化について（新型コロナウイルス感染症関係）[EB/OL]. 日本国税厅网，未知；国税厅. 住宅ローン減税の適用要件の弾力化について [EB/OL]. 日本国税厅网，未知.

② 参见「新型コロナウイルス感染症等の影響に対応するための国税関係法律の臨時特例に関する法律」第四条。

③ 此前仅中小企业者（资本金金额 1 亿日元以下的法人等）可以在提交蓝色呈报书的年度内通过提交退税请求书获得亏损转期退还，现在资本金超过 1 亿日元且 10 亿日元以下的法人也可适用，但大规模法人（资本金超过 10 亿日元的法人等）的 100% 子公司以及 100% 集团内的多个大规模法人持有全部发行股票的法人除外。此外，特定期间指的是在 2020 年 2 月 1 日至 2024 年 1 月 31 日之间。参见国税厅. 欠損金の繰戻し還付制度を利用できる法人の範囲が拡大されました [EB/OL]. 日本国税厅网，未知.

④ 2020 年 2 月至 2020 年 10 月的任意销售额同期减少 30%—50% 的，征税标准降为 1/2；减少 50% 以上的为零。参见「地方税法等の一部を改正する法律」（令和 2 年法律第 26 号）。

⑤ 国税厅. 消費税の課税選択の変更に係る特例について [EB/OL]. 日本国税厅网，未知.

⑥ 「地方税法等の一部を改正する法律」（令和 2 年法律第 26 号）。

续表

	新冠肺炎疫情
输血	1. 中小企业设备投资扣除适用范围。对于中小企业为了远程办公等而进行的设备投资，可以即时扣除折旧或设备投资额7%（资本金在3000万日元以下的法人等为10%）的税额。① 2. 门票捐赠所得税额扣除。对于文化艺术活动等被中止时，不退门票可视为"捐赠"，享受税优惠。② 3. 与特别贷款有关的合同印花税的不征收。公共金融机构和民间金融机构等对因新冠肺炎疫情而受经营影响的经营者进行的与金钱特别贷款相关的消费贷款相关的合同，规定不征收印花税。③ ……

（三）财政收支平衡

1. 美国

联邦与州层面除运用各类准备金制度外，还通过发债、增加税收等方式来平衡收支。

（1）发行债券

与中国地方债不同，美国州与地方政府债券并非美国联邦债券的一部分，其分别由联邦与州的宪法及相关法律进行规范。④ 需要指出的是，经由《美国宪法》第16修正案规定，并为联邦最高法院的判例认可，联邦可对州和地方政府债券利息征收个人所得税与企业所得税，⑤ 这为联邦政府处理联邦与州关系

---

① 此前可适用中小企业设备扣除的范围为"生产性提高设备"和"收益力强化设备"，此次将"远程工作等设备"加入其中。参见国税厅. テレワーク等のための設備投資が中小企業経営強化税制の対象になりました［EB/OL］. 日本国税厅网，未知.
② 「新型コロナウイルス感染症等の影響に対応するための国税関係法律の臨時特例に関する法律」第五条.
③ 参见国税厅. 消費貸借契約書に係る印紙税の非課税措置について［EB/OL］. 日本国税厅网，未知.
④ 联邦对于债券发行的限制主要为总额限制，例如《2011年的预算控制法》。相反，各州在实体和程序方面都对州与地方举债作出明确限制，如目的、债务数额限制、表决批准要求、利率、偿还安排等事项。参见魏建国. 中央与地方关系法治化研究：财政维度［M］. 北京：北京大学出版社，2015：50.
⑤ 《美国宪法》第16修正案明确了联邦政府有权对任何来源的收入进行征税，而1988年美国联邦最高法院在 South Carolina v. Baker, 486 U. S. 1062 一案件中正式确认了联邦有权对州和地方发行的债券征收所得税。

提供了新思路。

在自然灾害事件应对中，联邦政府虽然表面上无法控制州政府地方债券的发行，但实际上通过免税债券条款适用的限制①以及允许州政府发行（所得税）税收抵扣债债券的方式，来处理联邦与地方政府的关系。

以卡特里娜、丽塔和威尔玛飓风事件为例，联邦一是发行墨西哥湾海岸恢复债券（Gulf Coast Recovery Bonds）筹措资金。② 二是通过扩大免税的按揭贷款收益债券（Mortgage Revenue Bonds）规则适用范围，来帮助受灾个人获得贷款③。三是允许部分州发行免税的特定地区债券（Gulf Opportunity Zone Bonds），在协助州更好筹措资金外，通过明确债券用途方式，对州起到了引导作用。在用途方面，联邦明确债券所筹措的资金必须用于住宅租赁项目或收购、重建、翻新非住宅项目或公共设施，或为中低收入购房者提供低息按揭贷款。当然，债券发行有数额上的限制，该阶段债券发行的最高金额上限为2500美元乘以2005年8月28日之前灾区总人口，各州实际发行的债券数额不超过灾区债券发行最高金额乘以该州人口占灾区总人口的比例。④ 四是允许相关州政府发行"税收抵扣债券"（Gulf Tax Credit Bond），对于持有债券的纳税人，其可抵扣的金额为出售日的票面利率与未偿还面值之积，但不得超过当年度纳税义务总额，纳税人可分别在3月15日、6月15日、9月15日与12月15日申请抵扣当年度抵扣额的四分之一。⑤ 在用途方面，债券所筹措的资金限于支付州和地方政府

---

① 《美国国内收入法典》第一百零三条，对部分免税情形进行了规定；该情形在突发事件应对中通过法案形式得到了临时性扩张。免税条款方面的限制，加大了州与地方债券发行的难度以及成本。See Particia A. Trujillo. Municipal Bond Financing After South Carolina v. Baker and The Tax Reform Act of 1986: Can State Sovereignty Reemerge? [J]. The Tax Lawyer. Vol. 42, No. 1 (Fall 1988), pp. 147–171.
② 此处联邦财政部发行的债券指的是储蓄债券（savings bonds and savings certificates），具体发行须遵守《美国财政法典》（Money And Finance）第三千一百零五条的规定。
③ 根据《2005年特别区域法案》1400T条，按揭贷款收益债券在为业主自用住宅提供财政援助的情况下，合格的援助金额上限从《美国国内收入法典》规定的1.5万提高到15万。
④ 《2005年特别区域法案》第1400N条。
⑤ 《2005年特别区域法案》第1400N条1款第2项。

发行符合要求的债券①本金、利息或溢价，或为州政府就地方政府上述款项的支付提供贷款；在数额限制方面，联邦批准的路易斯安那州、密西西比州、亚拉巴马州该债券发行的最高限额分别为2亿美元、1亿美元与5000万美元。②

在公共卫生事件应对中，从新冠肺炎疫情来看，联邦政府虽有发行债券筹措资金的规定，但并未有涉及州层面债券发行豁免的特别规定。

（2）增加税收

与中国不同的是，增加税收是多数国家在新冠肺炎疫情后恢复公共财政而可能的采取方式；OECD 也在其 2020 年《新冠肺炎疫情下的财税政策因应：强化信心与经济弹性》这一报告中强调，各国在经济复苏后的政策重点应转向如何增加税收收入，以恢复公共财政。③ 美国同样如此，在新冠肺炎疫情期间，美国财政部于 2021 年 4 月 7 日发布税收计划，计划采取取消对海外投资激励等措施，并预计为美国企业所得税税基带来超过 2 万亿美元利润。④ 当然，结果如何还有待进一步的关注。

需要指出的是，就税收增加的限制而言，联邦与州的做法不尽一致。联邦制下联邦的权力源自州权力的明确让渡，因而联邦层面的税收得到了普遍的关注与有效的控制，但州层面的税收限制却发展缓慢。以 1978 年加利福尼亚州通过的 13 号提案为重要转折点，各州才逐步强化对税收增加的限制。⑤ 就具体限

---

① 根据《2005 年特别区域法案》第 1400N 条 o 款第 3 项。符合要求的债券不包括用于资助私人及商业高尔夫球场、乡村俱乐部、按摩机构、热水浴缸及晒黑设施、赛马场及其他赌博设施，以及主营业务为销售酒精饮料以供场外消费的店铺的债券。

② 《2005 年特别区域法案》第 1400N 条 l 款第 4 项。

③ OECD. Tax and Fiscal Policy in Response to the Coronavirus Crisis: Strengthening Confidence and Resilience [R/OL]. http://www.oecd.org/coronavirus/policy-responses/tax-and-fiscal-policy-in-response-to-the-coronavirus-crisis-strengthening-confidence-and-resilience-60f640a8/, 2020-05-19.

④ U. S. Department of The Treasury. The Made in America Tax Plan Report [R/OL]. https://home.treasury.gov/news/featured-stories/made-in-america-tax-plan-report, 2021-04-07.

⑤ 魏建国. 中央与地方关系法治化研究：财政维度 [M]. 北京：北京大学出版社，2015：63；See STARK, KIRK J. The Right to Vote on Taxes [J]. Northwestern University Law Review, Vol. 96 (3), 2001, pp. 191–251.

制而言，以加利福尼亚州的上述 13 号提案为例，任何州税的开征必须各自经州参议院与众议院 2/3 以上的投票同意，对于地方政府征收特别税（Special Tax）须得到 2/3 以上选民的同意。

(3) 联邦援助

联邦援助包括贷款援助与财政直接援助两类。

第一，贷款援助——社区灾难贷款（Community Disaster Loan）。社区（Community）在美国通常并非指代民间团体，而是享有制定和执行发展条例权力的政府机构，其可以包括城市、城镇、乡村、街道以及印第安部落，以下同样简称为地方政府。① 根据《斯坦福法案》，倘若地方政府因重大灾害遭受重大税收与其他非税收入损失，联邦政府提供贷款用于维持地方政府基本运转。对于地方政府基本运转，联邦政府通常以政府基本开支的 50% 来判断。具体而言，当税收和非税收入损失低于年度政府运行预算（Annual Operating Budget）75% 时，联邦贷款金额不超过该预算 25%，且不超过 500 万美元；当损失超过预算 75% 时，联邦贷款的金额不超过该预算 50%，以及 500 万美元。② 这也变相要求地方政府缩减一般支出。

对于社区灾难贷款，联邦特别设置了"债务取消"情形。对于后续三个财政年度的收入都不足以满足运行要求的地方政府，该贷款以及与灾难相关的费用分担部分，都将得到豁免。③

第二，财政直接援助。《斯坦福法案》对联邦各类援助事项（事权）以及支出责任进行了相对细致的划分。在这些项目的分担比例上，75% 是联邦通常的承担比例。需要强调的是，联邦的援助项目都是针对州与地方政府而非个人，且援助原则上需要由州提出申请，并由总统具体决定。④

① 重要援助（EA）。对于遭受即时威胁的地区，联邦在医药食物等消耗品、应急救援与处置工作方面提供援助。就援助而言，联邦补助比例原则上不低于

---

① FEMA. Managing Floodplain Development Through The National Flood Insurance Program [EB/OL]. https://www.fema.gov/pdf/floodplain/is_9_complete.pdf, 1998-03-01.
② Stafford Act § 416, 42 U. S. C. § 5183 (2021).
③ Stafford Act § 417, 42 U. S. C. § 5184 (2021).
④ Stafford Act § 401, 42 U. S. C. § 5170 (2021).

75%。此外，对于州、地方政府辖区内的重大灾害，联邦政府还将对职工非本职工作成本或临时雇员的成本进行补偿，补偿范围包括基本支出、加班费与风险职责补偿。① 在新冠肺炎疫情期间，CARES 法案明确拨款 1500 亿美元向各州提供均等化援助，各州获得的金额为拨款总额与各州相对比例人口的积，但最低不少于 12.5 亿美元。

②公共设施的修理、恢复与替换（PA）。对于州、地方政府的公共设施（包括用于教育、娱乐或文化目的设施），② 以及符合条件的私人非营利设施的损坏的处理，联邦补助比例原则上不低于 75%。并且，联邦还采取了激励措施，若相关主体此前对相关设施进行了应对重大灾害准备工作、增加抵御能力的措施，则联邦补助比例不低于 85%。具体包括：制订采取风险减缓计划，在救灾应急管理和保险方面进行投资，采取最新方面的标准与规范，资助风险减缓项目或对减少风险项目提供税收优惠等。需要说明的是，对于超过 1 年的、在特定的有洪水风险区域的公共设施或私人非营利设施，因洪水损坏或毁损的，但没有投保洪水险的，联邦将扣减相应的援助金额。就具体的扣减金额而言，以设施在损坏日的价值与通过保险程序能够获得的最大赔偿金额的最小者为准。不过，倘若私人非营利设施未投保洪水险单纯是因为当地政府原因的，则不予扣减。③

③废墟清理。对于废墟清理，无论总统认为涉及公共利益与否，总统都有权自行清理或拨款给州、地方、私人非营利设施的所有者/运营者以清理废墟。联邦分担的比例不低于 75%，且应当在分担金额确定后的 60 天内进行首次支付，首次支付比例不低于分担金额的 50%。④

④联邦对个人与家庭的援助。援助具体包括住房援助以及其他援助，其他援助包括医疗、牙齿、育幼。对于住房援助，需要由州政府向联邦提出援助申

---

① Stafford Act § 403, 42 U. S. C. § 5170b (2021).
② 根据斯坦福法案的定义，州与地方政府的公共设施具体包括：①洪水控制、灌溉、开垦、污水收集与处理、自来水供应与分配、流域开发或机场设施；②非联邦援助的街道、道路或高速公路；③任何公园；④其他。
③ Stafford Act § 406, 42 U. S. C. § 5172 (2021).
④ Stafford Act § 407, 42 U. S. C. § 5173 (2021).

请，由联邦负担支出的100%，并由州政府予以管理，且管理费不超过援助金额的5%。对于其他援助不必由州政府提供申请而可由联邦直接援助，最终联邦的分担比例应当为75%（唯一的固定比例），剩余部分由州政府提供（地方政府无须分担）。[1] 需要强调的是，对于该项目，联邦的补助对象为地方政府而非个人与家庭。与之相似，州政府的其他相关补助也都是针对地方政府。[2]

⑤失业援助。由前所述，《斯坦福法案》对联邦层面失业援助规定较为笼统，在自然灾害事件中一直没有得到进一步的明确。不过，在公共卫生事件中，CARES法案予以充分展开，明确对州法律不提供失业救济的两类情形予以救济，并对所有失业救济情形下的个人给予额外失业福利补偿，对于上述超过州法律规定的常规失业救济项目将全部由联邦承担支出责任。[3]

⑥其他。除《斯坦福法案》明确的项目外，联邦还通过CARES法案采取了一系列对州的激励性补助项目。

一是短期薪酬计划补助。根据CARES法案第二千一百一十条，联邦对州实施符合要求的短期薪酬计划，以及鼓励雇主加入短期薪酬计划两类工作，予以激励性补助。补助金额最高上限为［1亿美元×（州上一年度合计应税工资/当年度应税工资）］，其中补助额的1/3可用于州实施短期薪酬计划。

二是州贸易扩展计划补助。根据CARES法案第一千一百零四条，对于州贸易扩展方面的补助，将突破原法律规定的2年限制。对于贸易质量高的州，联邦分担比例不超过65%，质量低的州将不超过75%。

三是减灾补助。根据CARES法案第五章相关内容，联邦将通过新冠肺炎减灾基金，额外安排1500亿美元用于2020年向州、地方政府提供援助。每个州获得的补助金额为该州确定的相对人口比例金额，但最低不少于12.5亿美元；资金用途限于公共卫生紧急情况的相关必要支出。

此外，斯坦福法案还明确了一系列由联邦提供的法律服务、风险咨询援助

---

[1] Stafford Act § 408, 42 U. S. C. § 5174 (2021).
[2] 例如，根据《加利福尼亚州灾难援助法案》（NDAA），州政府无权对私主体进行补助（https：//www. caloes. ca. gov/PlanningPreparednessSite/Documents/California_ State_ Emergency_ Plan_ 2017. pdf）。
[3] 参见CARES法案第二千一百零二、二千一百零四、二千一百零五、二千一百零七条。

与训练等项目,这些项目并未要求州与地方政府承担支出责任。对于这些项目的相关信息,可自行查阅联邦应急管理署 FEMA 官网及 CARES 等法案。

(4)州援助——以加利福尼亚州为例

根据《加利福尼亚州灾难援助法案》,当地方政府穷尽方式而无法获得联邦援助时,① 州政府将根据地方政府的申请,对于地方公共财产的维修或修复项目及相关行政支出或必要费用,② 通过"灾害援助基金"进行援助。

对于任何符合条件的项目,除非立法机关另有规定,州援助比例将不超过75%。此外,当州"灾害援助基金"余额可能因相关项目支出少于2500美元时,上述项目将无法获得拨款。倘若地方政府如果在财务上无法满足剩余资金匹配要求,则对于地方政府应当分担的部分,州政府可向其提供不超过10年期的低息贷款,用于完成相关项目。③ 例如,相关公共工程的恢复支出合计需要100万美元,但地方政府已因灾害而陷入运行困难,则州政府可以全额支付,本应由地方政府承担的25万美元支出视为州政府对地方政府的贷款。

2. 日本

除准备金制度外,地方主要通过各类中央补助以及地方债发行等方式来平衡预算收支,稳步推进灾后复兴。

---

① 《加利福尼亚州公共援助项目》(State Public Assistance Program)中明确了地方政府应首先寻求联邦资金,并在寻求州资金之前用尽联邦上诉权。如果由于地方政府本身的过失而未能争取联邦最大限度地参与资助项目,则不会提供任何州援助。See 19 CA ADC § 2910 (a) (4).

② 具体包括:(1)建筑物、堤坝、防洪工程、渠道、灌溉工程、街道、道路、桥梁、公路和其他因灾害受损或毁坏的公共工程;(2)地方机构人事费、设备费以及救灾活动期间使用的用品和材料费用;(3)间接行政费用以及其他必要的费用。See *California Disaster Assistance Act*. Articale 8680.4、8685.

③ 倘若地方政府为县政府(county),州政府提供援助前,首先应当扣减根据《街道和高速公路规定》第2110.5节规定,在灾难宣布日前应当分配给该县的金额。See *California Disaster Assistance Act*. Article 8686、8687.

(1) 债券发行①

与我国、美国不同的是，日本在事后复兴阶段的债券发行主体主要为地方公共团体，中央通过交付税制度对债券本息予以必要的支持。对于一般灾害，地方公共团体可以发行岁入不足债、灾害对策债等；对于指定严重灾害或局部严重灾害，可发行小灾害债、岁入不足等特例债。对于上述债，内阁府在现有法律基础上进一步明确了相关要求，尤其是对特例债的发债情形、发债要求、债券额度，交付税对本息偿还金的支持比例进行了明确。当然，地方政府可以超过规定限额发债，但超过部分将无法获得中央的地方交付税补助，具体见表4-16。②

(2) 财政直接援助

第一，救助事务费补助。根据《灾害救助法》，灾害救助的实施主体为都道府县，但具体工作也可委任市町村进行，由都道府县负责后方支援、综合调整。相应的，都道府县负支出责任，市町村无费用负担。不过，中央根据都道府县损失情况，予以不低于50%的救助事务费补助。具体而言，对于灾害损失低于都道府县普通税税收收入2%的部分，中央分担50%；对于2%—4%的部分，中央分担80%；对于超过4%的部分中央分担90%。③ 例如，当损失达到100亿日元，都道府县当年税收收入为1000亿日元时，中央补助的金额为80亿日元；当损失变为20亿日元时，中央补助10亿日元。

---

① 日本对于地方债券的控制并非如我国一般采取总额控制的方式。在2000年以前，地方债券发行需要进行审批；不过，由于债券发行的本息可计入地方"标准财政需求"因而能够获得地方交付税的支持。2000年地方政府债券发行改革，放弃审批制度，赋予地方自主权，但同时引入新的"事先磋商机制"，事先磋商与否决定了能否获得中央交付税的支持。此外，在没有得到总务省或都道府县知事同意时，无法从公共基金（财政贷款基金、财政机构）处借款。这一借款是目前地方政府债券还款最重要的低息资金来源。参见「地方财政法」第5-3-5条；魏建国. 中央与地方关系法治化研究：财政维度 [M]. 北京：北京大学出版社，2015：97-98.

② 内阁府. 復旧・復興ハンドブック（平成28年3月）[EB/OL]. 日本内阁府防灾情报网，未知.

③ 内阁府. 災害救助法の制度概要 [EB/OL]. 日本内阁府防灾情报网，未知.

第四章 域外国家突发事件财政应对机制的考察

表4-16 灾害债发行的相关信息

类型	发行情形	发行目的、限额、偿还	单次发债限额	支付税
岁入不足等债 / 岁入不足债	1.被指定为严重灾害,在对市町村救助时支付的金额超过了该市町村标准税收入的1%相当额;或 2.公共土木设施、公共学校设施及农地等设施复兴事业费收入额补助灾害复兴超过标准税收入额计算的合的团体。	1.筹措因灾害减免而产生的财政收入不足的资金; 2.核定减收额的100%; 3.4年分期偿还（1年内无须偿还本金）。	限额: ①政令指定城市1000万日元; ②人口30万以上的城市500万日元; ③人口10万以上300万日元; ④人口5万以上的150万日元; ⑤其他市町村80万日元（与灾害对策债合计适用）。	特别支付税:本息偿还部分的57%。
灾害对策债		1.筹措灾害救助预防对策费等相关的地方负担额; 2.地方负担额的100%; 3.4年分期偿还（1年无须偿还本金）。		

续表

类型	发行情形	发行目的、限额、偿还	单次发债限额	交付税
公共土木灾害债	1.公共土木设施、公共事业设施和农田农业恢复事业总额超过该团体标准税收入的团体;或 2.公共学校设施小灾害债超过1件限度的团体。	1.筹措市町村工程费在30万—60万日元(县80万—120万日元);学校工程费在10万日元以上,但设备不超过30万日元为限(县60万日元)、土地建筑物以外的工件费和土地费用不超过40万日元(县80万日元); 2.核定费用的100%; 3.10年分期偿还(2年无须偿还本金)。		普通交付税:公共设施等事业部分的本息偿还分的66.5%—95%;农地等的100%。
农地等小灾害债	1.农地、农业用设施、林道的灾害恢复事业以及该小灾害事业费合计金额超过800万日元的市町村; 2.农地农业用设施、林道小灾害债的合计金额超过单次发债限额的市町村。	1.工程费在13万—40万日元; 2.核销率:一般受灾的农地、农用设施、林道,分别为核定费用的50%、65%、65%;严重灾害的,分别为74%、80%、80%; 3.4年分期偿还(1年无须偿还本金)。	限额: ①政令指定的城市800万日元; ②人口30万以上的城市400万日元; ③人口10万以上的250万日元; ④人口5万以上的150万日元; ⑤其他市町村80万日元。	

资料来源:内阁府「復旧・復興ハンドブック」(平成28年3月),第56页。

<<< 第四章　域外国家突发事件财政应对机制的考察

需要指出的是，上述救助事务费补助并不适用于公共卫生事件。《传染病预防与患者医疗法》第五十七至六十二条，① 已做特殊规定，具体如下：（1）对于市町村接受都道府县指示进行消毒、驱鼠与昆虫、物件消毒、限制用水期间提供市町村生活用水的供水费用的相关支出，都道府县补助2/3，中央对都道府县的补助分担1/2。（2）对于都道府县按照该法自行开展的活动、指定医疗机构开展的检验、患者隔离与救治等活动、确诊传染病患者住院的诊疗费用的相关支出，中央补助1/2，对患者疗养费补助2/3。此外，中央还对两个都道府县联合开展的结核病患者医疗所负担的95%医疗费用负担3/4。② （3）中央单独负担进口检疫费。（4）对于三级政府各自设置的学校、设施所任命负责人的定期检查，以及县知事、市町村长的体检费用，由各级政府自行负担。

第二，公共设施恢复援助。中央对部分公共设施的恢复提供援助，具体见表4-17。

表4-17　救助事务费补助与公共设施恢复援助

	救助事务费补助
自然灾害与事故灾难	1. 灾害损失低于都道府县普通税税收收入2%的部分，中央分担50%。 2. 灾害损失超过都道府县普通税税收收入2%，低于4%的部分，中央分担80%。 3. 灾害损失超过都道府县普通税税收收入4%的部分，中央分担90%。 4. 市町村不承担救助事务费。
公共卫生事件	1. 市町村接受都道府县指示展开的活动，都道府县补助2/3，中央对都道府县的补助分担1/2。 2. 都道府县根据法律自行开展的活动，中央补助1/2，对患者疗养费补助2/3。 3. 中央单独负担进口检疫费。 4. 三级政府各自设置的学校、设施所任命负责人的定期检查，以及县知事、市町村长的体检费用，由各级政府自行负担。

---

① 参见「感染症の予防及び感染症の患者に対する医療に関する法律」（平成十年法律第百十四号）。
② 此外，都道府县对于非公立的学校与设施设置者指定的负责人的定期检查费用，都道府县补助2/3。该部分支出不在中央的补助范围。

续表

	救助事务费补助
厚生设施复旧	1. 防护设施、老人福祉设施等，中央补助率 1/3—1/2。 2. 公立医疗机构设施、偏僻诊所、政策医疗实施机构设施、医疗相关人员培养所设施，中央补助 1/2（严重灾害下 2/3）。 3. 保健卫生设施、精神保健等设施、老人保健设施、火葬场等，中央补助 1/3—1/2。
废弃物处理设施	—
文教设施复旧	1. 公立学校设施，补助 2/3（孤岛 4/5），在严重灾害下补助率将有所变化。 2. 公立公民馆、图书馆、体育馆等，在严重灾害下，中央补助 2/3。 3. 私立学校设施，在严重灾害下，中央补助 1/2。

资料来源：内阁府「復旧・復興ハンドブック」（平成 28 年 3 月）第 117 页。

第三，地方税减免补助。新冠肺炎疫情期间，因中央颁布地方税减免措施，造成地方税收减少的部分，中央将通过各种"减少税收补偿特别补助金"填补地方损失。①

第四，特别交付税。② 地方交付税制度与其说是税，倒不如说是中央对地方的一种转移支付，用于平衡地方财政收支。具体包括预算编制时用于地方财政收支"预计"差额平衡的普通交付税，以及在预算执行时用于"实际"或特定情形下地方财政收支平衡的特别交付税两类。在突发事件应对中，《关于特别交付税的省令》对特别交付税的计算方式进行了细致的规定，具体见表 4-18。

---

① 总务省. 新型コロナウイルス感染症の影響に伴う地方税における対応について［EB/OL］. 日本总务省网，2021-04-28.
② 整体上来看，日本地方财政收入约占全国支出的 40%，但财政支出约占全国支出的 60%，收支之间的巨大差额需要予以弥补。参见魏建国. 中央与地方关系法治化研究：财政维度［M］. 北京：北京大学出版社，2015：90.

表 4-18 特别交付税计算

	计算基础	算入率
当年灾 A 部分	中央补助灾害恢复事业费、灾害对策事业费及中央进行的灾害恢复事业费的合计额。	都道府县分 1.5%；市町村分 1%
当年灾 B 部分	受灾户数、全毁·半毁的房屋数、浸水的房屋数、农作物受灾面积、死亡·失踪人数、残疾人数。	实际情况
当年灾 C 部分	当年灾 A 部分：0.5 + 当年灾 B 部分：0.2。	—
大火灾	烧毁住宅的家庭数量。	实际情况
公共设施灾害	市町村设施火灾烧毁面积（中小学、大学、政府大楼和其他）。	实际情况
缺水对策	以下经费总额：①一般会计转入上水道事业特别会计或简易水道事业的金额×0.5；②水井挖掘工程、管道工程等所需经费中，总务大臣调查的金额×0.5；③宣传活动、供水事业等所需经费中，总务大臣调查的金额×0.8。	—
干旱、冷害、公害	农作物受灾额。	实际比例
农资利息补给	基于《天灾融资法》，对受灾农林渔业者等的利息补给、损失补偿所需的地方负担额。	80%
灾害特例债	《灾害对策基本法》第一百零二条第 1 项规定的地方债的本金偿还金。	57%
连年灾	连年灾害辅助灾害恢复事业等所需的地方负担额。	实际比例
供应企业灾害恢复	为了弥补下列事业的灾害恢复事业所涉及的地方债的本金偿还金，从一般会计转入该特别会计的金额。包括：①医院、自来水、简易自来水事业；②严重灾害受灾市町村的煤气、下水道、路面交通事业。	50%

(3) 其他。地方可从公共基金处借款融资。

公共基金包括财政贷款基金与财团法人全国市町村振兴协会的低息贷款两方面内容,是地方政府债券最稳定的长期低息资金来源。此外,还有彩票、公益性比赛等收益作为复兴财源等。①

(四) 财政监督

1. 美国

美国在财政监督方面,主要采取特别基金的方式,并注重社会监督。特别基金,是相对于一般基金的范畴,具有"专款专用"的特征。"专款"表现在可识别性上,与一般基金相隔离。"专用"则进一步表现为用途特定。同时,联邦对于预算授权采取"逐笔授权"（Account by Acount）② 的方式,以明确各项目的具体支出额度。

此处的基金包括一般性的救灾基金,以及在新冠肺炎疫情下设立的减灾基金等内容。

第一,救灾基金。除审计要求外,《斯坦福法案》在信息公开方面进行了细致规定,在成本与必要性方面取得了较好的平衡。具体而言：

(1) 对于公共援助项目,也即修理、替换、重建损坏的公共设施援助,任何超过100万美元的支出都需要在5天内于FEMA官网公布,信息应当包含申请者、联邦补助比例、拨款日期等内容。③

(2) 对于援助项目的安排或执行,FEMA署长应当在5日内将超过100万美元的任何分配或执行的任务予以公布,信息应当包含申请人信息、援助项目信息、估计的总成本、联邦承担的金额等内容。④

---

① 内阁府. 復旧・復興ハンドブック（平成28年3月）[EB/OL]. 日本内阁府防灾情报网,未知；魏建国. 中央与地方关系法治化研究：财政维度 [M]. 北京：北京大学出版社,2015：98.
② BBEDCA § 251, 2 U. S. C. § 901 (b) (2) (A) (i) (2021).
③ 具体包括地区、灾害或紧急状态宣告的编码、申请者信息、损坏类别代码、联邦分担的比例、拨款日期。See Stafford Act § 430, 42 U. S. C. § 5190 (2021).
④ 具体包括受影响的州名称、灾害宣告与基本描述、安排的机构、请求的援助、总成本估计、各自分担的比例、请求援助的日期。See Stafford Act § 430, 42 U. S. C. § 5190 (2021).

（3）救灾月度报告。每月 10 日与 15 日之前，FEMA 署长应当公布相应月度报告，涉及所采取的措施以及构成报告内容的相关资源数据，并对信息内容做出要求，如表 4-19 所示。

表 4-19 救灾月度报告内容

		救灾月度报告
一、会计年度内包含在总统预算下的右侧数据的估计金额（每月 10 日之前）		1. 从上一会计年度结转到预算年度的未支配的救灾基金余额； 2. 从预算年度结转到下一预算年度的救灾基金余额； 3. 预算年度内非灾难性事件（小于 5 亿美元损失）① 支出金额、灾难性事件的支出金额； 4. 就以前年度、当前会计年度、预算年度以及此后的每个会计年度的灾难性支出，承担的支出责任或将要支出的总金额； 5. 对州与地方政府准备与支持相关活动的金额； 6. 未包含在救灾基金中的救灾费用金额。
二、当前会计年度中相关数据的估计与实际金额（每月 15 日之前）	总结	拨款金额；拨款（转移支付）的执行情况，先前分配的资金收回的部分，以及相关承诺、资金分配与责任承担的情况。
	表格	按月划分的救灾活动表格。具体包括：月初与月末余额；灾害、紧急状态的援助与支持的资金总额；灾难性事件的支出责任；收回的先前支出的资金数额。
	单独总结	按灾难性事件划分的各总结。具体包括：资金分配、支出、灾难性事件支出。
	项目支出	下列项目的支出，单独进行说明。具体包括：公共援助、个人援助；减灾援助；管理与运行费用；其他相关的费用。

资料来源：根据 Stafford Act § 430, 42 U.S.C. § 5190（2021）整理。

（4）对于任何超过 100 万美元的合同，在每月 10 日之前予以公开，信息应当包括缔约方名称、签订日期、合同金额与范围、合同是否经过投标程序、未经过投标程序的原因、绕过竞争性投标程序的权利来源。会计年度结束后 10 天

---

① OMB. Appendix, Budget of the United States Government, Fiscal Year 2021 [R]. 2020: 548.

内，FEMA 署长应当向国会拨款委员会提交报告，对上述事项进行总结。

第二，国家洪水基金、国家洪水保险储备基金、国家防洪减灾基金。

从《国家洪水保险法》来看，包括基金之间调剂在内的支出规则已在相关条款中明确，这有助于执行以及审计机关进行监督。在审计监督以外，FEMA 署长还需要向国会以及社会提交相应报告。

（1）国家洪水保险项目活动的年度报告。FEMA 署长应当在会计年度结束后 3 个月内向美国国会提交前一年度项目运行、活动、收入与支出情况的报告。[①]

（2）2012 年改革法案颁布 1 年内，以及此后 2 年内，向美国国会提交报告，说明基金情况以及基于防洪减灾基金开展的减灾活动的情况。[②]

（3）管理人年度报告。FEMA 署长应当在每年 9 月 30 日前，完成偿付能力的评估，并在评估结束后 30 天内向社会公开。同时，这一报告同时包括前一报告中运行、活动、收入与支出情况的评估结果。[③]

（4）其他。例如，公开洪水保险项目的承包范围和标的；公开估计保费与应付保费，以及可能造成两者差异的基础等。[④]

第三，新冠肺炎疫情减灾基金、失业基金等。

新冠肺炎疫情期间，联邦根据 CARES 法案，设立新冠肺炎疫情减灾基金。基金内各项目资金的收取、支付和使用由财政部监察主任监督。除此之外，诸如失业援助类援助的资金开支，具体是通过联邦失业基金向州失业基金拨款，以确保资金专款专用等。

总的而言，美国权力制约的财政制度模式，可以归结为"基金—项目—法案（标准）"模式。通过设置各类特别基金，确保资金的可识别性。而后，在预算中对基金下的具体项目，逐项进行预算授权。同时，《斯坦福法案》中的相关援助义务以及比例的相关规定，初步明确了事前、事中与事后阶段支出标准，

[①] 具体为参议院银行、住房和城市事务委员会和众议院金融服务委员会。See NFIA § 100231 (b), 42 UCSC § 4027a (2021).

[②] 42 UCSC § 4104c、4104d (2021).

[③] 42 UCSC § 4027b (2021).

[④] 42 UCSC § 4020 (2021).

起到了很好的规范作用。此外，美国不仅强调预算的控制，还要求 FEMA 署长对各类事项进行月度报告、年度报告，同时明确了公开标准，这有利于社会监督。

2. 日本

与美国特别基金式的控制不同，日本的财政监督更偏向于常态化管理，强调预算的一般控制，明确灾后"要结合本预算、补正预算，进行数次预算的编制"。① 精细化成为日本预算最显著特征，如前文列举的预算可精确到纪念品（盾）、纪念品（银杯）情形，具体不再赘述。当然，这也得益于相关救助项目的一般基准以及相关行政费用标准得到了明确。② 在巨灾保险方面，由于中央须对地震保险承担有限担保责任，为此，日本通过编制特别预算的方式以更好实现相关支出的管理与监督。

此外，日本在东日本大地震期间还设立了复兴基金（特别基金）。复兴基金的设立，主要是地方公共团体基于《地方自治法》第二百四十一条规定，通过相关条例设立财团法人的方式进行。其目的在于，长期、稳定、机动地推进受灾地区综合重建对策的落实。当然，这一特别基金的方式，也为相关资金的监督提供了便利。③

---

① 内阁府. 復旧・復興ハンドブック（平成二十八年三月）[EB/OL]. 日本内阁府防灾情报网，未知.
② 日本对救助事务费、运输费、工资、职工雇佣费支出的标准等进行了初步明确。例如，救助事务费在明确范围基础上，明确了限额。对于 3000 万日元以下部分限额 10%；3000 万日元至 6000 万日元部分 9%；6000 万至 1 亿日元部分限额 8%；1 亿至 2 亿日元部分限额 7%；2 亿至 3 亿日元部分限额 6%；3 亿至 5 亿日元部分 5%；5 亿日元以上限额 4%。参见内阁府. 災害救助法の救助项目及び救助の程度、方法及び期间[EB/OL]. 日本内阁府防灾情报网，未知.
③ 对于东日本大地震等部分灾害中设立的复兴基金，中央还对地方公共团体的出资资金（借贷）的利息相当部分采取了交付税措施予以补助。参见内阁府. 復旧・復興ハンドブック（平成 28 年 3 月）[EB/OL]. 日本内阁府防灾情报网，未知.

第二节　模式对比与分析总结

一、模式差异

（一）差异性

日本与美国模式的差异性集中于内容方面，而非形式，并具体表现在地方财权情况、共同事权立法监管方式、监督与制约机制三方面。

第一，财权情况不同。在对称制的财政制度模式下，各级政府的财权与所承担的事权基本相匹配，收益权与立法权的划分基本适应。具体而言，美国的"财政体制是按照各级政府都有独立收入来源的原则所组织起来的"，所得税、销售税与财产税分别构成了联邦、州与地方政府的主要收入来源。而日本，财政立法权集中于中央，地方的财政收入占全国的40%，但支出占全国的60%，由此产生的大量差额，需通过中央转移支付（交付税等制度）予以弥补。①

两类模式各有其优劣势。在对称制的模式下，美国州财政自主性较强，对中央依赖程度较低，有利于在常态下培育州自治能力与突发事件应对能力，尤其是事前防灾减灾能力的培养与建设，但存在常态下中央对地方控制能力较弱的弊病。在非对称制的日本，都道府县与市町村两级地方政府或者说地方公共团体，对中央依赖性强。有学者此前就指出，"日本政府在灾后不断增加的公共支援，弱化了事前的防灾努力"②。但是从中央对地方的控制角度来讲，非对称制模式有助于强化中央对地方控制。

第二，共同事权的立法监管方式不同。此处的共同事权指的是突发事件应

---

① 转引自魏建国. 中央与地方关系法治化研究：财政维度［M］. 北京：北京大学出版社，2015：47-48、90.
② 兰帆. 日本教授谈灾后重建［EB/OL］. 新浪网，2008-08-29.

对方面的共同事权。对该事权的立法监管，美国联邦政府在应对中主要采取的是间接模式，通过财政诱导型规范来实现对州与地方政府的"监管"或者说引导，如《斯坦福法案》下各类财政援助中所设置的诸如采取最新的建筑标准等要求；日本采取的是直接模式，通过各类法律直接进行规定，例如，《灾害救助法》中要求地方每年积累一定比例的灾害救助基金。需要指出的是，此处的共同事权与日本的都道府县、市町村或美国的州、地方政府是救助实施主体之间并没有冲突，只不过是"事权下沉"与"属地管理为主"，强调下级政府具体负责相关工作的结果。

第三，监督与制约的具体机制不同。美国在突发事件应对中，主要采取"基金—项目—法案（标准）"的模式，并注重社会监督。通过设置与一般基金相隔离的各类特别基金，在预算中基于基金下的具体项目，逐项进行预算授权。同时，《斯坦福法案》中的相关援助义务以及比例的相关规定，对于各阶段的支出标准也起到了很好的规范作用。此外，美国不仅强调预算的控制，还要求 FEMA 署长对各类事项进行月度报告、年度报告，并明确了报告的公开标准，这有利于社会监督。

日本则采取了精细化的预算模式。在事前阶段，对于能力建设支出，通过预算编制精细化，甚至可以精细到纪念品（盾）、纪念品（杯），来实现预算的控制。至于事前的资金准备部分内容，现行法律已作明确规定。在事中与事后阶段，日本强调采取补充预算方式来进行控制。总之，精细化的预算，有利于实现人大的预算监督以及社会监督。

（二）原因简析

日本与美国，两者在具体制度设计上的差异，有历史文化背景、国家结构、政治体制等诸多方面的原因。[①] 而这些原因反映在法治层面，则进一步表现为两国对于权力控制与权利保障的理解程度不同，进而采取了不同的制度设计，并在各自范围内形成了迥然不同的两类财政制度模式。

事实上，法治并没有一个固定的模式，也并非旨在为各国提供统一的模式。

---

① 对该话题进行讨论的文献早已汗牛充栋，此处不再赘述。

所谓的财政领域的法治化，本质上也是在本土实践中取得国家与市场/社会间、上下级政府间的平衡，进而实现权力制约、地方自主与权利保障的目的。

（三）一个特殊的差异：美国国家洪水保险——税费抑或其他

由前所述，美国国家洪水保险与加州地震保险、日本地震保险最本质的区别在于其具有"半强制性"的特征，并表现在两方面——联邦抵押与开发贷款获得需要以其为基础，更为重要的是，对相关建筑的恢复重建补助金额的确定与国家洪水保险密切相关，未投保主体将无法获得相关援助。前文虽然已在合理性层面对于后者进行初步说明，但在法律上，我们不得不追问的是：这是否是一种相关主体获得公共服务（援助）的变相"税费"？如若不是，其强制性的正当性基础为何？如若是，那么为何实践中加州与日本的地震保险却没有这种设计？

1. 问题的源起：未投保时的"惩罚"措施与社会救济权内在逻辑的冲突

提出上述问题的原因在于：从权利角度来看，对洪泛区受灾主体的救助本质上属于社会救济权范畴，其以必要性为前提；而对于必要性的判断，则需要基于相关主体的损失与收入等因素综合考量。洪水保险的投保可能因损失的分散而造成特定主体救助必要性的下降，可能使其理论上无法获得救助或者获得救助程度降低。但现实却是：洪水保险的未投保成了救助程度削减的原因。这意味着，洪水保险的投保构成了洪泛区相关救助（房屋恢复重建补助）这一公共物品提供的重要考量因素，未投保时须受到房屋恢复重建补助削减的"惩罚"。而这使得洪水保险的投保成了一种具有税费性质的义务，与我国此前在救灾合作保险中主张的"所有农户都有遭灾的可能，都有享受救助的权利，因而也都有缴纳互济金（保费）的义务""对于有条件而不参加保险的农户，国家不再承担救助责任"的观点相类似。①

2. 正当性基础：洪水保险"税费"性质的内在逻辑

可能有学者会对洪水保险的税费性质持否定态度。因为，一般而言，一国

---

① 参见《民政部关于继续做好 1991 年救灾保险试点工作的意见》（民救函〔1991〕50号）。民政部法规办公室. 中华人民共和国民政工作文件汇编（1949—1999）中 [M]. 北京：中国法制出版社，2001：1466.

的税种设计与税制结构都以平衡国家与纳税人之间利益为主线,特别是在美国以直接税为主体的国家,量能课税原则得到充分实现。这一结论也当然适用于洪泛区。那么,既然洪泛区的税收已经实现了国家与纳税人之间的平衡,洪泛区纳税人的税款,在理论上就已经覆盖了社会救助这一公共物品的成本。那么将"保费"视作一种"税收",至少在理论上有重复征税之嫌。或许也正是基于此,即便风险更高的加州与日本,其在地震保险的设计上也并没有采取与美国联邦层面相似的做法,没有在保险制度中融入强制性因素。加州与日本的例子也为否定者提供了有力的实践证明。

不过,上述分析存在一个偏差。加州与日本的地震房屋重建补助,是该州与该国的"公共需求",这一公共物品的提供是纳税人缴纳当下税制体系下税款的必然结果,而无须在保费中附加任何强制性因素。但洪泛区的高风险使得洪水救助在一定程度上变成洪泛区内的公共需要,而难以将其视为全国范围内的公共需要,否则即会得出——将全体纳税人税款越来越多地用于洪泛区救助的区域公共物品提供是合理的——这一结论。换言之,当联邦通过技术手段,将洪泛区与其他地区区分开来时,全国的公共需求便缩减为特定区域的公共需求;此时,高风险的洪泛区损失在逻辑上便无法自然而然地平摊至所有纳税人。当然,基于基本生存权的保障义务,联邦也仅仅是强调对房屋重建补助与财物方面补助资金的部分削减。

3. 理论拓补:公平原则下的量能课税与量益课税的融合互补

事实上,否定派的观点根源在于公平原则在税收领域的表现,也即量能课税原则。而量能课税原则强调的是税负能力,其本身并不关注公共需求在理论上的差异性。故此,若认为洪水保险具有税收性质,则更进一步需要在理论上解决其与量能课税原则之间的冲突。就该问题而言,笔者认为,量能课税原则虽然体现了公平原则,但两者不能等同。量能课税原则侧重于从纳税人的角度进行公平课税,对于具体征税标准却语焉不详,而需要以量益课税的原则作为补充。

目前学界之所以将量能课税作为原则对待,而否认量益课税这一范畴,较为主流的观点认为,量益课税以实际受益为课税标准,但实际受益在技术上难以实现。① 该观点内在的逻辑在于：量益课税要承载公平的理念，若采取实际受益标准，则技术上难以实现；若以理论上的受益可能性为标准，纳税人之间则便无法进行区分，无法实现公平。所以，只有量能课税才能承载公平原则。

但问题在于，公平原则本身并非只有一种标准，此处讨论的美国洪水保险即可完美实现两者的融合。一方面，洪泛区纳税人的税款缴纳为其基本生存权的保障提供了正当性基础，所有纳税人都享有这一保障；另一方面，洪泛区的房屋重建补助的公共需求并非其他地区的需求，洪泛区的划分本身就证明这一点，因而此处需要予以量益课税的原则，从理论上的受益可能性出发，进行一定的调整，即对于未参与洪水保险的洪泛区纳税人，将削减联邦相应的补助，削减金额相当于基于保险可以获得的赔偿额。仅基于上述事实，回顾上述逻辑，将量益课税原则与量能课税原则之间孤立的观点，本身就存在认识上的不足。

总而言之，笔者认为，洪水保险的"保费"具有税费性质。其之所以可以削减未保险的洪泛区纳税人房屋重建补助的正当性，源自洪泛区的划分所导致的相关公共需求在理论上的不再一致，而需要基于量益课税原则予以修正。实践中，加州与日本地震保险之所以没有采取该种措施的原因即在于相关公共需求没有得到区分，且实际上在这两个地方基本无法实现区分，因为几乎整片区域都有较高的地震风险。

二、模式共性

（一）形式上："法律—预案"二元规范体系

美国与日本在突发事件应对的财政领域均形成了"法律—预案"的二元规范体系，并强调发挥法律与预案各自功效。其中，财政领域事项侧重于法律规制，行政工作安排则由预案予以具体展开。具体而言：

第一，法律层面。政府间事权与支出责任、财政支出都有着明确的法律依据，例如《斯坦福法案》《CARES法案》《灾害救助法》等一系列法律对于相关援助项目进行了相对明确的规定。在财政收入方面，两国除注重运用当下法律

---

① 刘剑文，熊伟. 税法基础理论 [M]. 北京：北京大学出版社，2004：128-138.

210

外，还强调通过修改法律的方式，颁布临时性税费减免措施。

更为重要的是，两国在法律内部，注重运用规范等级结构的学习、反思机制。也即，法律对于相关财政事项的基本要素都予以了明确规定，并要求行政机关在给定的范围内，对相关事项进行具体细化。当然，这部分内容没有在前文予以充分展开，为进一步介绍这部分内容，不可避免地需要涉及内容层面的事项，以下以税费减免为例进行说明。

就美国而言，以前文所述雇佣税的"员工保留抵扣（Employee Retention Credit）"为例，CARES法案明确，符合要求的雇主，享有每名雇员于该季合格工资50%金额的雇佣税抵扣额度，并对抵扣限制、超额抵扣的返还、合格雇主与合格工资定义、不适用情形、防止双重获利等内容进行了明确的规定。同时，该法案还授权财政部部长制定相关条例（Regulation），就重新获得抵扣、抵扣情形下雇佣税预付款的对账要求等技术上的事项进行规定。[1]

就日本而言，以"住房贷款扣除适用要求的弹性化"优惠措施为例，《关于国税临时特例的法律》（令和二年法律第25号）明确对新冠肺炎疫情下因住宅建设延迟、二手房改建延迟等原因导致入住延迟，在规定日期之前订立合同等情况下，也可以享受与在期限内入住情况相同的住宅贷款扣除优惠；该法第六条对住宅建设、住宅改建进行了定义；同时，该法还明确授权内阁府通过政令形式，对符合条件的住宅建设与改建的日期，以及条款适用的必要事项进行规定。内阁府颁布的施行令（令和二年政令第160号），除按照法律要求对日期进行明确外，还进一步明确相关主体应"取得财务省令规定事实的文件"。而后，财务省颁布的施行规则（令和二年财务省令第44号），对相关文件的要求进行进一步明确。

第二，预案层面。美国的《国家响应框架》（NRF）以及日本的《财务省业务计划》，并没有直接涉及财政事项的条款，间接涉及的条款如《财务省业务计划》里的规定，也仅仅是要求财务省按照现行法律规定执行。简言之，预案只是相关部门的工作计划，并不能代替法律而创设新的财政事项。

---

[1] CARES Act § 2301, 26 U. S. C. § 3111 note（2021）.

(二) 内容上：权力制约与地方自主的财政制度模式

两国财政机制的设计均强调权力制约与地方自主，并基本形成了相应的制度模式。

1. 权力制约的财政制度模式

美国与日本虽然在制度设计上存在此前所述的差异，但两者都特别注重权力制约。第一，在财政支出上，两国都强调预算控制，只不过美国是基于"基金—项目—法案（标准）"的方式，日本更注重精细化预算。第二，在财政收入上，两国都通过法律或法案的方式明确具体税费减免项目，并强调利用优惠措施，减轻纳税人负担，鼓励受灾纳税人"生产救灾"，注重通过事中各类"输血"型优惠措施鼓励社会参与。只不过美国将其作为一种税式支出处理（超过额度部分明年减免），日本对于税费减免的计算是用于弥补地方税收损失。第三，在财政支持的巨灾保险方面，两国都强调保险与财政间的独立，或采取特别基金方式，或通过编制特别预算，将其与一般基金或一般预算支出隔离。第四，在财政监督方面，两国都不仅强调社会监督，还为社会监督提供了具体路径，或明确公开标准、或通过精细化预算方式。第五，在争议解决方面，日美两国在常态下就设置了相关程序与机构，争议解决一直都处于制度化的轨道上。日本的总务省以及美国的政府间事权委员会，这些机构的存在为政府间财政关系的协调提供了很好的平台。

2. 地方自主的财政制度模式

由前所述，效率是在资源有限背景下实现相对公平过程中应运而生的价值，两者一体两面。一个激励相容的财政体制安排，有助于在政府间、政府与社会间实现相对公平。两国的财政制度模式也已初步实现了这一目的。

第一，事权与支出责任。无论是财权、事权与支出责任相匹配的对称制模式下的美国，还是财权集中于中央的非对称制模式下的日本，在事权与支出责任的划分上，多基于固定比例的模式并在该基础上根据具体情况进行调整，中央虽然承担着保障义务，但并非我们通常理解的差额补足，而是承担大部分的支出责任。在美国75%是通常的最低比例，在日本最低比例也同样超过50%。

其背后的正当性在于：财权与事权的划分反映的是集权与分权的限度。在绝大多数国家,中央获取收入的能力高于地方,也只有中央收支相抵后只有产生盈余,中央才能有能力进行宏观调控、消除贫富差距、实现地区发展平衡,以及回应地方紧急需求,等等。[①] 即便在美国以直接税为核心的税制结构中,联邦的收入以所得税为主的现实也表明,联邦层面所享有的财权、财力更多,较之于州与地方更有能力应对突发事件。更为重要的是,突发事件毕竟是一种非常态的事件,财政资源的有限性要求财政资源配置的效率性。突发事件事中阶段损失、事后阶段恢复所需的资金投入,通常也远非各类预备费(准备金)所能涵盖的数额,而过多的预备费会造成资源浪费。因此,在地方财力弱于中央,以及在福利国家债务负担不断增加的今天,为避免进一步增加地方在常态下的财政压力,中央确实有必要提高支出责任。需要指出的是,中央负主要支出责任与救灾经费分级负担的体制之间并无本质冲突,因为分级负担这一概念本身无法回答中央还是地方承担主要支出责任的问题。

在上述事中与事后方面的支出责任划分外,美国联邦还对州与地方政府事前阶段的能力建设给予大量援助。此处的正当性在于,联邦通过事前阶段的援助,提高州与地方政府的应对能力,以尽量减少突发事件可能造成的损失,大幅减轻联邦政府事中与事后阶段救灾压力,提高资金使用效率。

第二,强调立法监管。上文在差异部分已经提及了美国与日本在共同事权立法监管的具体方式上存在直接与间接的差异。当然,两国都对共同事权采取立法监管的做法,这也是一个共性。

第三,注重防止地方财政过度依赖。这在美国表现为,倘若地方政府因重大灾害遭受重大税收与其他非税收入损失,联邦政府提供贷款用于维持地方政府基本运转(基本开支的50%来判断)。对该贷款及相关费用,地方只有在后续三个财政年度的收入都不足以满足运行要求时方可申请豁免。而在日本,主要表现为地方在灾后债券的偿还方面,可向公共基金借款,但须偿还。

最后,需要指出的是,日本与美国的突发事件应对,也并非完全没有任何问题。事实上,正如前文所强调的,法治模式并非完美无瑕。当我们强调用法

---

① 熊伟.财政法基本问题[M].北京:北京大学出版社,2012:101.

治来应对，强调规范性与正当性，强调在权力控制基础上实现权利保障时，对风险的控制行为本身，也具有风险。例如，两国与我国一样，在事前都没有进行医疗物资储备；在鼓励社会参与方面，特别是志愿者方面的支出标准其实都没有明确的一般性规定；等等。

　　但这并不妨碍我们借鉴域外法治国家有益经验。事实上，按照卢曼的二阶观察法，我们对于本国法律的评价与认识，建立在观察的基础上，而观察意味着区分，如存在问题/不存在问题。当我们站在区分的标准之上进行观察时（一阶观察），我们通常难以观察到区分标准的内在问题，而需要引入新的区分（二阶观察）来予以修正。培根亦曾言："法学家为了能够真正认识本国法律，必须将自己从本国法律的枷锁中解放出来。"① 即便国外的制度可能存在部分问题，我们仍旧需要通过国外的考察来更好地认识本国法律以及拓宽完善思路。正如我们通常在强调救灾经费分级负担的时候，自然而然地会强调要赋予地方更多的财权而不至于过度依赖中央经费，但即便是在财权与事权匹配程度较高的美国，联邦依然承担大部分经费。

---

① ［德］茨威格特，克茨. 比较法总论［M］. 潘汉典，等译. 贵阳：贵州人民出版社，1992：91-92.

第五章

我国突发事件财政应对机制法治化的具体思路

第一节 视角转变

根据前文梳理可知,我国突发事件财政应对机制的法治化程度不高,行政主导现象明显。这一事实,在客观上阻碍了突发事件应对的法治化进程,甚至整体上影响了财政领域法治化的进程,因而,亟须引入法治的视角,并基于问题的症结,从形式与内容两方面寻求突破口。

一、形式上充分发挥"法律法规—应急预案"功能

财政应对机制法治化程度不足,在实践中表现为一系列行政主导、立法机关缺位现象,而这根源于我国财政领域"法律法规—应急预案"的二元规范体系存在缺陷。在法律法规方面,由于没有专门的应急法律法规,行政机关制定的规范性文件成了突发事件应对的财政规则的主要依据。在应急预案方面,表现为《财政应急保障预案》部门预案的专项预案化,有其内在矛盾与现实困境。财政部门并非财政收支的决策主体,而将其制定的《财政应急保障预案》专项预案化,以及预案未纳入现行法律体系的轨道,是财政领域行政主导、立法机关缺位现象的根源。事实上,自 2005 年财政部《财政应急保障预案》公布以

来，互联网上公布的财政部启动应急预案的最近一次为2008年汶川地震期间。①这一事实也在一定程度上佐证了上述内容。

因而，引入法治视角，首先需要在形式上解决规范体系的内在缺陷。对此，不妨借鉴域外共同经验，区分法律法规与应急预案的功能，充分实现"法律法规—应急预案"两者在突发事件应对财政关系处理上的功能定位。

第一，应急预案方面。财政领域的《财政应急保障预案》应当侧重于具体的行政事务安排，如按照法律法规的规定而为相应的财政支出、财政收入措施等。同时，鉴于财政部门并非决策机关的现实困境，应当将《财政应急保障预案》上升为专项预案，确保财政领域行政工作的顺利开展。值得注意的是，苏州市政府似乎注意到了这一问题。该市制定的财政应急保障预案（《苏州市级财政应急保障预案》）自始至终都不是财政部门的部门预案，而属专项预案。虽然该预案在内容上仅关注收支平衡内容而略有不足，②但在预案的定性上却颇有见地。

第二，法律法规方面。财政领域事项应强调法律法规的规制，注重发挥法律制度的规范等级结构功能，并依照"法律—行政法规—部门规章"路径予以完善。其中，狭义法律的规定应着眼于税收优惠基本要素，行政法规在此基础上细化要求，部门规章侧重于技术性规定。同时，在补充性优惠措施问题的处理上，可考虑授权部门规章进行规定，但同时设定异议程序以兼顾各方利益。

之所以强调该点，理由在于：正如前文所言，社会生活的复杂性与法律稳定性之间存在矛盾，法律要实现其稳定性不至于落后社会发展，则需要具备一定的反思机制。在"议行分离"的美国，主要采取决定权分散的模式，而"议行合一"的国家则采取规范等级结构的模式。

我国作为"议行合一"国家，虽同样采取了规范等级结构的模式，但这一模式却并未发挥既定的学习、反思机制作用。相反，以试行、指导意见为核心

---

① 财政部启动财政应急保障预案 及时拨付救灾资金 [EB/OL]. 中国政府网，2008-05-13.
② 事实上，这一不足源自不同主体对"财政应急保障预案"的理解不同。苏州市将保障对象理解为"财政"（狭义理解），而中央与其他地方则理解为"突发事件应对"（广义理解），也包括财政保障内容。

的试点机制，这一极具中国特色的模式，成为我国法律制度学习与反思机制功能发挥的重要土壤。而"试点"一词，在法律制度层面，意味着效力等级的自下而上，先由低位阶的规范对有关事项进行规定，而后适时上升为法律；1984年与1985年全国人大常委会对于国务院的特别授权，就是典型的例子。这也在一定程度上造成了财政领域规范性不足、政府自由裁量权过大的行政主导现象。

虽然这一机制有着特殊的时代背景，总体上而言也适应了我国国情，但考虑到财政领域对于公共财政、民主政治与法治国家的重要意义，以及当下财政领域法治化进程的不断推进、突发事件的财政应对机制已经初步形成，财政事项仍有必要实现从行政主导到税收法治的过渡。[①] 对此，倒不妨首先在制度形式层面转变思路，注重发挥规范等级结构内在的学习与反思机制功能，也即通过"法律—行政法规—部门规章"规范等级结构，依次对相应的事项进行明确。具体而言：（1）狭义法律的规定应当就财政事项基本要素进行明确，如对可采取措施的范围、主体资格、程度、期限以及支出责任等要素做出一般性规定；（2）行政法规则进一步在狭义法律给定的范围内，对主体资格要求、程度与期限等基本要素进行细化；（3）部门规章注重执行层面的技术性规定。

不过，这里还涉及未纳入上述范畴的补充性财政事项的处理问题，例如，对于一般基准的变通，以及对于政府间事权与支出责任的变通。考虑到法律与行政法规制定的复杂性，对于临时性的补充事项制定法律或行政法规可行性较低；更为重要的是，这不符合我国既往的立法习惯。因而，不妨赋予部门规章制定补充性规定的权力，并匹配相应的监督与制约机制。例如，对于补充性规定，部门规章制定主体应当对其必要性以及各类基本要素设定的合理性予以充分说明，并且可考虑设置异议程序，要求制定主体及时回应其他主体的异议并予以公开，兼顾各方利益。

二、内容上注重权力制约与地方自主

我国目前在突发事件应对财政领域的权力制约与地方自主方面仍与域外发

[①] 值得注意的是，1984年全国人大常委会的特别授权已于2009年被废止，而1985年的特别授权也将在未来税收等领域立法完成时，失去其存在意义。

达法治国家之间有较大的差距，权力制约与地方自主的制度模式尚未形成，需要在内容上引入法治视角。对此，在具体展开模式选择与制度构建内容之前，首先需要从理念层面，对相关问题予以说明。

第一，权力制约不仅强调要对地方政府进行制约，同时强调中央政府行为的规范性。由前所述，目前各阶段的财政应对机制均存在不规范之处。

在事前阶段目前表现为两方面：一是预算收支划分不完善、能力建设项目与标准不明确、预算重要事项说明制度不完善，进一步使得人大监督、绩效管理与评价报告、事后审计报告难以对能力建设支出进行纠偏；二是在资金准备方面，各类准备金制度功能部分重叠。

在事中与事后阶段表现为四方面：一是政府自由裁量权过大。除个人生活补助外，法律法规未对财政收支项目、适用范围、程度进行一般性规定。即便项目有法律依据，相关标准、适用范围亦完全交由政府自行决定，缺乏公众参与以及救济途径，实践中存在个别利益失衡情形。二是政府专项工作报告制度、决算重大事项说明制度中的公开或说明的标准不明确。三是政府专项工作报告制度定位不清，仅关注行政事项安排而忽视法治事项。四是全过程跟踪审计规则不明确。对于上述不规范性，本研究并非主张全部消除，而是在考察美国与日本的不同思路后，结合我国实际，对我国财政制度模式进行构思，并在此基础上进行具体制度的完善。

第二，地方自主，首先意味着地方有足够的财政资源，并在此基础上注重发挥中央的引导作用，尤其是在地方自主能力尚未形成时。由前所述，当前地方不自主、阻碍地方自主能力形成的原因主要表现为以下两方面：一是中央过度集权。财权集中导致地方可自主支配的财力不足、事权与支出责任确定的单方面性、事权与支出责任设计过于简单，无助于地方自主能力的培养。二是中央过度放权。这表现为事权的下沉没有匹配必要的"立法监管"，在地方自主能力未充分形成时，有较大的风险。

<<< 第五章 我国突发事件财政应对机制法治化的具体思路

第二节 路径选择

内容上的视角转变,在涉及内容变更的同时,也伴随着现有利益格局的变动,由此涉及改变的路径问题。就具体的路径选择而言,涉及主体与技术两方面内容。在主体方面,应坚持互动式的法治化路径,充分发挥中央、地方与社会积极性;在技术方面,鉴于财政领域的基础性与重要性,应采取渐进式路径,稳步推进突发事件财政应对机制法治化的进程。

一、主体上坚持互动式推进

在中国法治化的道路理解上,学界的观点从最初的两条路径,已经开始呈现出多元化的趋势。两条路径也即通常的所谓的"自上而下"或"自下而上"式推进。所谓的"上"与"下",主要是对应"政府—社会"的二元结构。自上而下式的模式,以政府尤其是中央政府的推进为核心特征,有上令下效、统一推进的优势,但存在固定化、模式化弊病,难以有效反映各地情况差异的现实。而自下而上的模式,以社会的推进为核心,有自主性与盲目性的特征。[①]

不过,上述两种路径仅仅是从政府与社会各自视角出发,各有优势也各有弊端。从光谱的角度来看,两条路径位于光谱的两端,对于两端之间的路径并没有予以必要的关注。值得注意的是,已有许多学者开始关注到中间路径,例如,有学者从政府端出发,根据现行实践,指出地方政府推进是法治化的新路径,有学者将之称为"中间变革";[②] 也有学者更进一步强调"互动型"的法治

---

① 程金华. 国家、法治与"中间变革"——一个中央与地方关系的视角 [J]. 交大法学, 2013 (04): 39-56.
② 程金华. 国家、法治与"中间变革"——一个中央与地方关系的视角 [J]. 交大法学, 2013 (04): 39-56.

化路径。① 前者的优势在于发挥地方积极性,而后者的优势在于激活政府与社会两方面积极性。事实上,在强调事权与支出责任改革、赋予地方财权以及强调社会参与、提高民主性的当下,地方积极性与社会参与也将各自得到强化。可以预见的是,在坚持政府推进基础上,法治化路径也将进一步强调中央政府、地方政府与社会之间的互动。

二、技术上坚持渐进式推进

从技术角度来看,法治化过程在前述主体选择基础上,又可进一步分为渐进式与激进式推进两类路径。对于渐进式路径可以形象地用"摸着石头过河"予以概括,选择渐进式的理由在于:改革意味着对原有体制的变动,往往会对现有利益格局产生影响。财政领域作为政治、经济与法律的交汇点,其变革具有根本性与基础性的特点,因而妥当性需要得到进一步的强调。渐进式路径,在实践中主要表现为各类试点、中央颁布原则性框架由地方具体决定等方式。② 就具体优势而言,其较之于激进式路径,有减少改革阻力、增加和谐因素、发挥地方积极性,以及增强法律的认知性与弹性的优势。

从历史维度来看,目前我国财政领域的变革,无论是在形式选择上,例如,事权与支出责任等方面先出台原则性框架而后再逐步改革与完善的方式,还是内容规定上,诸如"保增量、调增量"的规定,均是基于渐进式的路径。从现实维度来看,当下改革也同样强调渐进式推进。例如,《中共中央关于全面深化改革若干重大问题的决定》强调改革要"逐步提高直接税比重""逐步取消竞争性领域专项和地方资金配套""逐步理顺事权关系"。对此,在突发事件财政应对机制法治化进程中,我们同样应当坚持渐进式路径。

---

① 舒国滢. 在法律的边缘 [M]. 北京:中国法制出版社,2000:154-155.
② 关于试点机制的讨论,可参见季卫东. 法治秩序的构建 [M]. 北京:中国政法大学出版社,1999:145-180.

第三节　模式选择与制度构建

一、模式选择的一般问题

关于日本与美国的模式选择问题，我们其实不必拘泥于两者在国家结构上的不同而排斥一方。事实上，联邦制与单一制，就概念本身而言，强调的是权力来源的不同，至于其他的特征都与联邦制、单一制没有本质的联系。例如，通常认为联邦制国家具有事权与支出责任划分清晰的优势，但单一制的日本在突发事件应对中甚至划分得更加清晰；通常认为联邦制国家更加强调对地方事权的不干涉，但美国无论是在事前阶段，还是在事中事后阶段，都积极介入并承担了大幅支出责任；等等。总的而言，无论是财权与事权基本匹配、收益权与立法权一致的对称制下的美国，还是非对称制下的日本，都有可借鉴之处。因而，与其说进行模式选择，倒不如说是具体制度的选择。

就制度的选择而言，对于一些共性方面的内容，原则上应当予以吸收。例如，在规范形式上，财政领域的事项要注重法律法规的规制，行政事项则通过应急预案予以明确；在规范内容上，在权力制约方面应强调社会监督，在地方自主方面强调立法监管，等等。对于制度设计上的差异部分，则应慎重对待，要在本土化可能性的充分考量基础上，对当下制度进行适当改造。例如，对于日本的过于精细的预算编制，虽然具有加强人大监督方面的优势，但可能导致改革成本过高等问题，而不适宜在现阶段引入。

当然，在借鉴某一制度时，我们还应当注意的是：制度并非孤立存在，而处于整个法律系统之中，与其他类似的制度所构建起来的制度模式，是最终实现法治化应对的关键。因而，我们在借鉴的时候，应当厘清该制度及相关制度的内在逻辑与作用路径。否则，或将造成制度的移植与改造的失败。

二、模式选择与制度构建

由前所述，形式上的规范体系以及内容上的制度模式，是法治化的重要范畴，对具体制度的构建起着导向作用。形式上规范体系的完善已经在视角转变部分予以充分说明，此处主要涉及内容上制度模式的完善。在法治理念引入、渐进式路径选择、模式选择一般问题明确的基础上，就具体模式选择与其项下的制度构建而言，可参考如下思路：

（一）地方自主的财政制度模式

1. 明晰政府间事权与支出责任划分的基本问题

从逻辑上来看，厘清政府与市场的边界是政府事权划分的前提。虽然"全社会应急"的现有观点①以及《突发事件应对法》的相关条款，要求社会或市场主体承担相应义务，但这并未消解政府提供"突发事件应对"这一公共物品的责任，否则现代国家存在的意义即虚无了。因而，突发事件中，政府与市场边界问题的实质在于：如何在坚持政府负责的基础上，促进市场或社会参与。

在进一步讨论事权具体划分之前，首先需要回应此前我们没有深入探讨的问题——在政府间财政关系上，应当坚持财权与事权相匹配，还是事权与支出责任相匹配（当然，完整的表述应当是事权、财力与支出责任相匹配）。这一问题的厘清，有助于明确在突发事件应对中，财权是否是突发事件应对法治化程度不足的症结。

从理论上来看，财权与事权匹配，有助于地方减少对中央的依赖程度，但问题在于：这种收支划分原则，与法治之间是充分必要关系，还是其他关系？事实上，这既不充分，也非必要，只是一种可能性。以财权与事权基本匹配的美国为例，在卡特里娜飓风灾害中，各州在应对方面无力，而带来的惨痛教训就是最好的例子，进而否认了充分条件的成立；而对必要条件的否定则更加简单，公认的法治国家如日本甚至德国，其事权与财权之间并不匹配。事实上，

---

① 汪永清. 中华人民共和国突发事件应对法解读 [M]. 北京：中国法制出版社，2007：26.

<<< 第五章 我国突发事件财政应对机制法治化的具体思路

无论是财权、财力还是支出责任，都是实现法治化过程中的一种手段，由各类制度所构建起来的制度模式，才是架起法律制度与法治理念之间的桥梁，使得法制（Rule by Law）得以向法治（Rule of Law）转变。那么，此时在财权、财力与支出责任方面，我们应当考虑的是，如何在符合国情的情形下，选择具体的模式。

从实践来看，我国在分税制改革后，对于财权与事权相匹配的收支划分原则就已逐步转向事权与财力、支出责任方面。如果我们秉持"学术应着眼于解决本土实际问题，不能从理论主张出发剪裁现实"① 的观点，那么在理论方面，我们的研究重点也应当转向事权、财力与支出责任，这一政府间收支划分的基本原则。当然，由于财力与支出责任分别是基于下级政府与上级政府角度下的不同观察结果，并无本质区别，因而后文为表述方便，采取事权与支出责任这一表述。

2. 政府间事权与支出责任划分的具体设计思路

第一，要妥善划分政府间事权与支出责任，适度提高中央支出责任，并强调立法监管。在具体事权划分问题上，我国可考虑借鉴美国做法，在当前事权与支出责任划分基础上，进一步将事前阶段的应对视为一种央地"共同事权"，明确中央支出责任，并匹配相应"立法监管"措施。例如，要求地方政府制定具体的能力建设方案，并推进，等等。需要强调的是，提高中央在事前阶段的支出责任，并不意味着对于地方自主能力的否认，以及会产生加剧地方对中央依赖程度的后果。相反，通过激励相容的财力保障与支出责任机制，以规范化的财政援助/转移支付的形式间接要求地方政府积极履行职责，有助于倒逼地方政府（省、市、县）事前阶段应对能力的提升。此外，匹配立法监管，是因为当下地方自主能力较差，而需要将"事权实施"与"立法监管"两项内容暂时分离。这一点，即便是非常强调地方自主的美国，也同样如此，具体内容不再赘述。

需要指出的是，笔者在此强调要"明确中央支出责任"与"规范的转移支

---

① 熊伟. 财政法基本问题 [M]. 北京：北京大学出版社，2012：253.

223

付",其原因在于前述秉持财权与事权相匹配,以及将财权(财政收益权)视作解决地方自主困境的观点,无论是在理论界还是实务界都不罕见。其背后值得深思的是:随着分税制改革后,基层政府财权不足导致财力短缺,有赖于中央与上级政府的转移支付,但这种转移支付实质上并非"权利义务"下的产物,不规范性与权宜性较强,无法预期。由前所述,财权与财力的核心区别就在于财力在财权基础上还包含转移支付的内容,而权力背后实质上反映的是各方主体利益的固定化安排(既得利益)。那么,可以看到的是,在转移支付并未权利化、规范化的当下,地方政府的利益其实并没有固定,而受制于中央安排。更进一步而言,实务界与理论界之所以强调"财权"背后反映的是:基层政府对规范、稳定的政府间关系的诉求,对固定化财政利益的诉求。显然,财政收益权是基层政府最乐于看到的结果,相较于当下的转移支付而言,其背后的权益性与不规范性较弱。① 简言之,当下对财权的诉求,根源于规范性不足、权宜性较强的转移支付制度,财权配置并非问题本质。

总之,中央需要将事前阶段的事权与支出责任适度上移,通过激励相容的转移支付机制,倒逼县级、市级、省级政府应对能力的提升。同时,在事权上移时,对下级政府的转移支付应当注重规范性与稳定性,或以具体的数值明确中央政府的具体支出责任,或明确上限或下限以及相应的考量因素,并对过程以及结果予以充分说明与公开。

第二,要防止地方政府的过度依赖。在具体的制度设计上要防止中央与地方的共同支出责任,在实践中往中央全部责任方向演变,尤其是在灾后财力补助方面。这一点,在20世纪90年代救灾合作保险赔付机制——"常年定额补助、大灾超付借贷、特大灾有限救助"办法——中就被着重强调。遗憾的是,在救灾合作保险取消试点后,该办法也就随之失效了。从实践来看,地方财力不足情况下,中央简单、直接的补助例子比比皆是。在自然灾害事件中,以汶

---

① 需要指出的是,实践中有部分学者虽然强调财权是地方自主能力不足的根源性问题,但其对财权的定义与本研究的定义并不相同。例如,熊伟教授将规范化的转移支付,视作狭义财权(财政收益权)的一部分。因而,熊教授秉持的财权与事权相匹配观点,与笔者的观点并无本质冲突。

川地震为例，表现为过渡期财力补助的给予方式，中央并没有设置诸如借贷式的任何激励相容机制；即便是在压缩一般性支出方面，也不像美国一样以年度政府运行预算50%设置相应的客观标准，这无助于地方政府自主能力的培养，反而有地方政府过度依赖的风险。在公共卫生事件中，以新冠肺炎疫情为例，表现为中央发行的1万亿元特别国债虽用于地方公共卫生等基础设施建设和抗疫相关支出，并预留部分资金用于地方解决基层特殊困难，规则上未明确划分中央与分配地区之间就公共卫生等基础设施建设的支出责任，以及在解决地方特殊困难时的直接性补助模式，过于简单直接，也同样容易导致地方政府过度依赖。

（二）构建财政支持的巨灾保险

财政支持的巨灾保险中的"支持"一词，本身意味着巨灾保险与财政之间并非一体，而相对独立。因而，似乎没有单独讨论的必要。不过，由于财政的引入，使得财政资金的运用又须符合公平与效率原则。这对巨灾保险制度设计提出了更高要求的同时，也使得该制度得以横跨权力制约与地方自主两大模式，[①] 而有单独讨论之必要。

鉴于我国财政支持的巨灾保险尚处于改革"试点"阶段。故下文主要结合相关原理与探索实践对财政支持的巨灾保险进行说明。而在原理层面，相关说明主要基于"功能—技术—保障"的基本逻辑。

1. 功能层面的视域拓展

在功能认识方面，要改变以往巨灾保险仅事后损失分担功能的狭隘认识，注意发挥治理功能。这意味着，在体制方面，要注重发挥各方积极性，在巨灾保险中构建起"中央—地方—居民"三元结构；在机制方面，要注重引入市场机制，提高财政资源的使用效率。本质上而言，治理的目的在于改变原有"单一管理"下的各类弊端。从前文梳理来看，当前四类巨灾保险或多或少将治理机制引入巨灾保险的制度中，虽然在体制与机制方面进行了有益探索，但也存

[①] 该制度涉及权力制约的内容自不待言。在地方自主方面，美国国家洪水保险的模式即证明了巨灾保险体系有助于提高地方自主能力，我国未来的巨灾保险也未尝不能如此。

在诸多不足之处。对此,可从国家与市场、国家与社会及政府间三个维度来进行认识。

第一,国家与市场维度,不得损害保险市场健康发展。

市场主体的逐利性是市场机制运行之基础。在保险领域,基于风险与保险费率匹配的精算平衡原则,是保险行业得以存续并健康发展的基本逻辑。不过,由前所述,巨灾保险具有特殊性——市场主体要实现盈利就不可避免地会提高保险费率,而这也将削减潜在投保人投保的积极性,使得巨灾保险市场难以充分形成,需要适度引入政府的力量。但无论如何,政府的介入不应当扭曲精算平衡这一保险的基本逻辑,无论是此前的"救灾合作保险",还是美国国家洪水保险,都有着同样的教训。由前所述,自1968年美国《国家洪水保险法案》推出后,美国国会于1973年进一步颁布《洪水防御法案》,明确将国家洪水保险的投保作为联邦对洪泛区受灾主体进行援助的前提,以扩大保险覆盖面。① 但与此同时,联邦在保险费率上的优惠措施却一如既往地在持续,如对"洪泛区"认定之前建造的房屋,给予较大幅度的费率优惠,使得保险费率与风险之间产生错配。例如,1978年平均每份保单的费用为57美元(费率0.16%),2012年平均每份保单费用虽提高至595美元,但费率仅为0.26%,而一般商业财产保险费率普遍处于1%以上(姜付仁,2014)。这一错配的后果,在2005年卡特里娜飓风以来的一系列灾害中得到了充分体现,使得洪水计划管理人不得不向财政部借款用以支付保险赔款,也进一步迫使联邦政府在费率上进行改革。至于中国,民政部在20世纪90年代就多次强调要根据实际情况调整费率,解决"不应有的超付。……如连年超付,甚至丰年也超付"② 问题。

然而,当前的巨灾保险均有待进一步完善。具体而言:

(1)农业保险方面。虽然《农业保险条例》第十八条规定,"保险机构经营农业保险业务,实行自主经营、自负盈亏",但在费率方面,该条例主要明确

---

① 联邦应急管理署(FEMA)编制的培训手册,对国家洪水保险历史与现状进行了详细介绍。

② 参见《民政部关于继续做好1991年救灾保险试点工作的意见》(民救函[1991]50号)。民政部法规办公室. 中华人民共和国民政工作文件汇编(1949—1999)(中)[M]. 北京:中国法制出版社,2001:1466.

了费率应在充分听取省财政、农业、林业部门与农民意见基础上拟定，并报保险业监督管理机构备案或审批。至于风险的确定方面，政府并没有予以任何帮助，使得保险公司只能基于灾害相关数据的统计来确定保险费率。2019年四部委《关于加快农业保险高质量发展的指导意见》提出要实现费率改革，"真实反映农业生产风险状况"的表述也反映了这一点。简言之，政府在精算原则实现方面的"政策引导"并不充分。

（2）地震保险方面。虽然地震保险《实施方案》明确要按"地区风险高低、建筑结构不同、城乡差别"拟定差异化的费率，有精算平衡原则的影子，但从当前实践来看，地区风险的高低主要通过地震保险统一业务平台收集的灾害数据确定。不过，这一数据并非基础性的，并不能真实反映相关地区地震的风险程度，同样存在"政策引导"不充分的问题。

（3）民生类巨灾保险与财政巨灾指数保险方面。政府虽然通过采购途径，向社会进行公开招投标，但公开招投标只是保证了政府采购行为的规范性，难以保证价格的合理性。而从实践来看，两类保险中所谓的保险精算平衡原则，已然异化成为政府的收支平衡原则。以某地区民生类巨灾保险为例，2018—2020年度保险公司的保费约为4080万元/年①，合计约1.224亿元，而保险公司实际向20余万户家庭赔付1.28亿元，并且赔付的上限高达7亿元。这对于政府而言，在通过引入保险公司这一市场主体提高救助工作效率的同时，也基本达到了"收支平衡"或者说"稳赚不赔"的结果。但问题在于，政府层面的"稳赚不赔"意味着保险公司的利润丧失乃至亏损，并不利于保险市场的发展，也并非"市场主导"的体现。究其原因，两类保险在制度设计之初就已经明确"政府主导"的原则②，而这与2014年国务院《关于加快发展现代保险服务业的若干意见》中强调的"市场主导、政策引导"这一基本原则形成了鲜明反差。可见，巨灾保险"试点"现状与改革趋势、法律实践之间存在着"两张皮"现

---

① 参见宁波市公共巨灾保险项目的采购公告 [EB/OL]. 中国政府采购网，2017-12-01.
② 参见《宁波市人民政府办公厅关于开展巨灾保险试点工作的实施意见》（甬政办发 [2014] 211号）；李一鹏，杨群娜，丁继武. 广东巨灾气象指数保险服务防减救新格局 [N]. 中国气象报，2020-01-22（01）.

象，并不利于提升市场主体的积极性。

第二，国家与社会维度，在不危及国民基本生存基础上，应实现巨灾保险制度与社会保障制度的有效衔接。

这里需要讨论的是，美国洪水保险中的"半强制性"部分——风险区居民未投保时削减部分补助，能否在我国得到适用。前文已言及，美国国家洪水保险这一规定的逻辑与正当性前提在于洪泛区的识别。洪泛区的识别在技术层面实现了不同主体之间理论上可能的公共需求的区分，同时，相应援助金额的"削减"也是构建在基本生存保障基础上的。

在以上前提下，其实我们不难回答此前遗留在第三章中，关于救灾合作保险与社会保障制度之间的冲突问题——非此即彼还是有协调可能性？具体而言，"所有农户都有遭灾的可能，都有享受救助的权利，因而也都有缴纳互济金（保费）的义务"，国家对于有条件而不参加保险的农户，不再承担救助责任的观点与做法，从直观上来看，与社会保障制度确实会存在冲突。不过，正如哈特在批判奥斯丁法律命令说观点后的反思一般，其指出：奥斯丁的观点存在如此多问题却被广泛接受的事实，说明这一观点具有一定合理性；这一合理性表现为从义务这一出发点对法律进行认识的正确性。但正如斯泰宾所言，"一种复杂的事态很少能用一句话说明它的真相。……我们很容易养成一种习惯，接受一些可以免除我们思考之劳的简明的论断"，这样就产生了"罐头思维"，① 也使得奥斯丁的观点即便在当时存在模糊性也仍旧能够占据主流地位。与之相似的是，国家对于有条件而不参保的农户，不再承担救助责任的观点与做法同样具有一定合理性，也即其符合公平与效率原则。只不过囿于当时的财政资源所限，所谓的救助维持事实上基本在基本生存标准以下，若不救助则有违背社会保障义务之嫌。② 然而，这一原则本身与社会保障制度并非完全冲突，公共财政体制

---

① ［英］L. S. 斯泰宾. 有效思维［M］. 吕叔湘，李广荣，译. 北京：商务印书馆，1997：47.
② 保障国民基本生存，是政府不可推脱的责任，也是1998年国务院提出建立公共财政体制的必然结果——彼时的救济强调国家救济为辅，并要求控制救济面，在救济标准上以基本生存保障为核心（"不饿死人"）。在这一背景下，无论救灾合作保险投保与否，国民的基本生存权都必须得到保障。

改革之后，中国救灾工作方针逐步转变为"政府主导、分级管理、社会互助、生产自救"① 十六字方针。与此相应，政府对于救济款的发放不再限制比例，而是强调应救尽救，其标准也不再仅限于基本生存。② 那么，在救济标准不再局限于国民基本生存以及随着技术的发展，我们在巨灾保险制度中也可以引入类似"救灾合作保险"中的"半强制性"规则，对特定风险地区不投保受灾主体予以削减补助的惩罚。美国式的在保障相关主体基本生存前提下削减受灾主体部分补助的做法，就是最好的例证。所以，未来在巨灾保险构建中，不妨继续基于路径依赖，在强调兼顾公平与效率原则下，找到社会保障制度与巨灾保险制度的契合点。

不过，由于中国尚未基于地理数据划定风险区，亦即巨灾保险市场并未实现精算平衡原则（具体见下文阐述），使得巨灾保险目前还无法融入"半强制性"规则，后续有待进一步完善，以期在促进财政公平的同时，充分发挥国家与社会主体各自的积极性。

第三，政府间维度，应注重财政公平性，充分发挥中央与地方的积极性。

前述两方面的分析主要建立在国家与社会、国家与市场关系的基础上，而没有涉及国家内部问题，也即没有对政府间事权与支出责任进行考量。由前所述，从类型化的角度来看，政府间事权划分后的支出责任方案，在理论上包括固定比例、具体情况具体处理以及介于两者之间的方案三类。在固定比例方案下，无论巨灾保险制度开展与否，都不会导致央地或上下级政府支出责任的变化，因而不涉及地区间财政公平问题。在具体情况具体处理方案下，问题的处理则颇为复杂，因为中央或上级政府的补助以受灾地区实际资金需求为准，而诸如巨灾保险以及其他突发事件应对资金的事前列支将对受灾地区资金需求产生直接影响，涉及地区间财政公平问题的处理。第三类方案则介于前两类方案之间，同样存在第二类方案的问题，应注意避免地区间财政不公平。

---

① 蒋积伟.1978年以来中国救灾减灾工作研究［M］.北京：中国社会科学出版社，2014：135.
② 例如，2008年汶川县所在地区最低工资标准为550元/月，而汶川地震期间对受灾三孤人员补助标准为600元/月。参见《阿坝州人民政府关于调整全州最低工资标准的通知》（阿府函〔2008〕2号）。

不过，当前事权与支出责任的划分模式，难以实现地区间财政公平。前文已言及，在自然灾害领域，2012年财政部与民政部颁布的《自然灾害生活救助资金管理暂行办法》，对央地支出责任采取了固定比例的方案，并依地区划分为三档比例。在固定比例模式下，任一种保险的投保与否，都不会造成中央支出责任的增加。当然，这一支出责任的划分本身没有考虑当年度地方实际资金需求，虽然具有操作上的便利性，但在公平性上有所欠缺。或是为了改变这一状况，2021年《中央自然灾害救灾资金管理暂行办法》将上述方案直接变更为具体情况具体分析模式，由中央结合地方财力与灾害等具体情况确定补助数额。不过，这一简单转变，却加剧了财政公平实现的复杂程度。

按照《预算法》和《自然灾害救助条例》要求，各级财政在年度预算中应当安排"预备费""自然灾害救济事业费"（该科目已更名为"自然灾害救灾及恢复重建支出"，但本文仍采用更名前的表述），此外，各级财政可设置预算稳定调节基金，用于跨年度预算收支平衡。可见，上述各项预算资金的列支，与各地开展的巨灾保险制度，都将对各级财政救灾资金的实际需求产生影响。不过，由于"预备费"并非专项运用于自然灾害等突发事件、"自然灾害救济事业费"目前没有明确与客观的提取标准（《自然灾害救助条例》第四条）、预算稳定调节基金并非各级财政必须设置的科目（《预算法》第四十一条）、当前巨灾保险制度的"试点"仅在局部进行，加之地方财政尤其是基层财政财力普遍不足的现状，使得前述项目的支出容易成为地方财政突破口，转而用于经济建设。由此，这一新的支出责任模式，可能造成一个在自然灾害领域财政资源投入较少的地方，获得了中央财政的更多支持的结果；一个本意于实现财政公平的制度改革，却可能在实践中产生与之相反的结果。

要说明的是，宁波等地区的民生类巨灾保险还涉及公共卫生事件等领域。不过，中央在该领域目前采取固定比例的支出责任模式[1]，其间的财政公平问题目前并不明显。

---

[1] 参见2018年国务院办公厅《医疗卫生领域中央与地方财政事权和支出责任划分改革方案》。

2. 技术层面的要素设计

在技术层面，功能的实现离不开对保险制度基本要素进行有效的设计，例如保险加入条件、保费、损失分担、赔付等要素。

第一，保险加入方面。我国虽然可以借鉴美国国家洪水保险，要求相关居民的投保以地方政府加入为前提，但美国规定背后的原因在于：联邦无法干预州与地方政府的土地管理与使用行为，因而只能在加入条件上设置限制，倒逼州与地方政府规范化洪涝区的土地管理与使用。与之相似的是，《斯坦福法案》在联邦相关援助（无论竞争性与否）的参考因素中都特别强调采取最新建筑标准与规范。可能有观点认为，我国作为单一制的国家，并没有必要采取这种模式。不过，如果从治理的逻辑来看，美国模式依然有借鉴意义。例如，中央对地方的相关补助，可采取申请制，也即：补助以地方申请为前提，而后央地之间通过订立协议的方式，明确各自权责，促使地方积极履行职责。

从实践来看，当前农业保险与上述模式基本保持一致，也即：地方每年向中央提交申请，中央审核后据实结算。不过，值得注意的是，中央并未将申请的具体信息予以公开，而是对最终数值进行公布，财政资源分配的透明度存在一定欠缺，人大与社会公众难以了解这些数值背后所代表的实际意义，后续应当改进。当然，这其实属于权力制约财政制度模式下的监督标准问题，具体见后文阐述。

此外，对于由地方财政补贴的地震保险，以及地方财政出资的民生类巨灾保险、财政巨灾指数保险，同样可采取上述模式，通过申请制，促使地方积极履行相应职责。

第二，保费费率方面。如果我们坚持保险基本原理，那么巨灾保险需要秉持精算原则，保费费率需与风险相匹配，以促进巨灾保险业健康发展。例如，以县为单位，明确保费基准费率（可通过再保险机制降低费率，但这并不意味着风险无须精算）。对于采取符合特定一定标准的或采取减灾措施的保险标的，应予以费率优惠。在实现精算原则的路径上，建议由中央出资制定风险费率基准图，并设置规范与清晰的各类支持措施。一方面是因为风险费率基准图制作与更新成本较高（如前述美国在 2013—2017 每年拨款 4 亿美元用于更新洪水保

231

险费率图）适合中央来负担，另一方面是有助于避免不同地区间相关风险识别标准上的不一致。这一方案虽然在短期内成本较高，但从公平角度出发，笔者认为这是未来实现财政公平必须回应的问题。

从实践来看，地震保险在这方面通过统一的业务平台，在理赔业务办理的同时，实现了灾害数据的收集。不过，通过理赔获取的灾害数据并非基础性的，并不能直观反映风险程度，进而达到精算原则的要求。从未来趋势来看，无论是此前"救灾合作保险"，还是十八届三中全会《决定》，都强调合作保险、社保基金要实现精算平衡原则。为此，我们也可以期待，未来完善的财政支持的巨灾保险制度，能够实现精算原则的基本要求。

第三，赔付方面。首先，在保险标的上设置赔付上限与损失最低要求这一点并无问题。其次，在赔付资金保障方面，通过提取风险准备金，或设立巨灾保险基金，并实行专户管理是国内外的共识。但值得注意的是，提取的风险准备金具体由保险机构还是政府进行管理，国内外有不同的规定。例如，美国联邦洪水保险的风险准备金存放于财政部的单独账户中，并由联邦负责管理，我国则由保险机构自行管理，地震保险就是其中的典型。从性质来看，作为具有部分公共物品性质的巨灾保险下的风险准备金，其目的在于保障突发事件应对这一公共物品的有效提供。因而，风险准备金的提取并非仅属于有关主体内部事务而具有一定外部性，须接受各方监督。至于管理上，到底采取保险公司管理还是政府管理的模式，则取决于实际需要。当然，在治理逻辑、社会共治大背景下，保险公司管理的模式或许有可取之处，但须匹配足够的监督机制。从我国实践来看，农业保险与地震保险均强调保险公司每年向财政部与行业监管部门做有关准备金提取、使用与管理方面的报告，但这部分内容以及后续相关部门的反馈信息都没有向社会公开。与之相似的是，由政府负责管理的巨灾保险基金（如宁波市的案例），也没有相应地将情况予以公开，透明度不足，后续都应当予以改进。

第四，保费管理与损失分担机制方面。保费与保险公司的分离，并对保费等资产进行妥善运营，是普遍共识。保费管理也主要是对于特定比例的保费进行的隔离、保值与增值行为。从实践来看，在保费管理方面，我国采取了专户管理的模式。在农业保险方面，保险公司须按照财政部制定的《农业保险大灾风险准备金计提比例表》计提；在地震保险方面，根据《城乡居民住宅地震巨灾保险专项准备金管理办法》，保险公司计提比例暂为15%；在民生类巨灾保险方面，宁波市要求相关保费在扣除成本与约定利润后，全部转入巨灾保险基金，等等。

在损失分担方面，民生类巨灾保险与财政巨灾指数保险比较特殊，两者每年的保费基本固定，主要是通过放大财政的杠杆倍数，来覆盖可能的损失。地震保险，目前已经通过引入市场机制，也即保险与再保险机制，使得风险得到了一定的分散。不过，农业保险，目前尚处于改革中。值得注意的是，2020年，中国农业再保险股份有限公司已经成立，因而借鉴日本再保险制度，在引入市场机制分散风险的同时，明确政府的有限担保责任，① 是未来的一个可行的方向。

需要说明的是，"十四五"规划，虽然对巨灾保险制度的相关表述为"发展巨灾保险"而没有财政支持的限定，但这并不意味着我国将巨灾保险应当定位为纯粹的商业保险。一方面，从法律规定来看，在《突发事件应对法》第三十五条规定未修改之前，未来发展的巨灾保险仍是财政支持下的巨灾保险；另一方面，从实践来看，农业保险、地震保险采取政府推进或引导模式，而民生类巨灾保险与财政巨灾指数保险由政府主导，我国也无纯粹商业保险模式的实践。

3. 保障层面的制度落实

在保障层面，如果我们要构建的是"财政支持的巨灾保险体系"的话，那么应当至少借鉴美国与日本的共同经验，通过一定的法律架构，保持保险与财政间的独立性，同时，从积极层面明确财政支持与保障的具体规则，厘清政府的责任。具体而言：

第一，积极层面，应保障精算平衡原则得以实现。前文已对精算平衡原则

---

① 从性质上来看，农业保险属于政策险，即便未来在规则层面没有明确政府承担有限担保责任，但从当前社保基金的现状（与农业保险性质类似），以及从"以人民为中心"的发展思想与"为人民服务"的宗旨来看，政府未来仍有较大概率，对农业保险超额赔付承担兜底责任。更为重要的是，前述2019年四部委的文件已经强调要探索政府间损失分担机制。为此，倒不如在规则层面明确这部分内容。

进行了相应说明，此处主要涉及精算原则实现的成本问题，或者说"风险费率图"制作成本问题。就域外而言，以美国为例，此前"风险费率图"制作成本是由联邦承担50%，但因后续更新成本过高使得保险费率无法实现匹配。为此，联邦在2013—2017年期间每年拨款4亿美元（费率图更新费用从联邦负担50%提升至100%），用于更新"风险费率图"，以实现风险与保险费率之间的匹配。① 就中国而言，2019年四部委《关于加快农业保险高质量发展的指导意见》，也提出要加强风险区划研究，构建农业风险地图，为保险机构费率调整提供技术支持。可见，风险费率图在中国属于未来的改革方向。

考虑到分税制改革后，地方尤其是基层政府财力不足现象普遍，以及风险测算的标准统一性问题，倒不妨将此事项纳入中央事权或中央与地方共同事权，由中央承担全部或大部分责任。在以上共识前提下，基于当前巨灾保险各地开展情况不一的现状，中央可设置长期的财政补助项目，在"试点"地区"风险费率图"制作事项上，基于申请而予以相应补助。

第二，消极层面，应避免财政所起到的支持保障作用，在实践中转变为替代责任，而与公共管理职能混同。

强调该点，是基于我国当下社会保险基金所存在的困境。2010年开始，我国将社会保险基金纳入财政预算中，虽然这有助于实现监督，但一方面，社会保险基金预算要求年度预算收支平衡，这在制度层面强化了社保基金对财政的依赖性、扭曲了以精算原则为基础的保险逻辑，容易导致保险与财政混同；另一方面，在事实层面，各类"制度转型成本和政策性开支"因素成为支持（补助）的因素，而补助亦没有任何明确的标准予以规范，且所谓的补助事实上只是部门间的预算资金调剂，而非真正意义上的补助，规范性不足。② 党的十八届三中全会《决定》强调社会保险基金要实行精算平衡原则，2015年时任财政部部长的楼继伟亦表示"不能把缺口完全留给公共财政，社会保险要坚持精算

---

① 42 USCS § 4101b（2021）.

② 对于社保基金的问题，熊伟教授已经有详细的分析。具体参见熊伟. 从财政依附性反思中国社会保险[J]. 武汉大学学报（哲学社会科学版），2017，70（04）：36-42.

平衡"。① 因而对于社保基金而言，改革是一种必然趋势。对于财政支持的巨灾保险而言，我们也应当从社保基金当前困境中吸取教训，尤其是在未来农业保险损失分担机制设计上，要防止陷入与财政相混同的困境。

美国国家洪水保险，通过设立单独的国家洪水保险基金（还有用于偿付的保险储备基金等），与财政相独立。联邦在保险资金不足以偿还时，通过提供借款予以支持。而日本政府并不直接接入保险，而是通过再保险机制接入，也即通过构建三层的损失分担体系，在超过一定损失后（第二层与第三层）对损失进行分担，并明确每年政府分担的最高损失。这些方式，都为我国实现财政与巨灾保险的独立、避免财政的支持保障作用与公共职能混同，提供了经验与借鉴。

（三）权力制约的财政制度模式

自十八届三中全会以来，监督与制约机制就一直处于完善的过程。"要把权力关进制度的笼子里"，"让人民监督权力，让权力在阳光下运行"，② 正在逐步实现中；"十四五"规划亦强调要完善权力配置和运行监督机制。不过，权力监督与制约的实现并非单一制度的完善，需要通过各种有机衔接、相互协调的制度所构建起来的制度模式实现。

1. 选择"基金—项目—标准"的制度模式

（1）理由。从域外经验借鉴角度来看，我们认为：美国的相关制度，更具可采性。

在日本权力制约模式中，预算机制发挥了重要作用，尤其是在事前阶段相关支出没有标准时，相关部门通过精细化的预算编制，使得人大监督与社会监督乃至后续的审计监督得以实现其功能。虽然这种方式具有一定借鉴意义，但

---

① 吴晟炜. 中国财长：社会保险制度不能把缺口留给公共财政 [EB/OL]. 中国新闻网，2015-03-22.
② 习近平总书记在中共第十八届中央纪律检查委员会第五次全体会议上，指出"要做到严以用权，就应该坚持用权为民，心存敬畏"；在十八届中央纪委第二次全会上的讲话指出，"要加强对权力运行的制约和监督，把权力关进制度的笼子里"；在党的十九大报告中指出，"要加强对权力运行的制约和监督，让人民监督权力，让权力在阳光下运行"；等等。

过于精细化的预算所带来的成本、对预算弹性的削减，都不适合当下的中国。例如，由前所述，2014年修订的《预算法》强化了预算控制，但相应的实施细则却直到2020年才出台，从侧面说明预算改革的成本与难度之大。而当下的改革，虽有强调加强预算管理与预算刚性功能，但没有进一步的精细化预算要求（也只是精细到类、款、项、目的程度）。在原有改革尚未充分巩固与实现之前，再进一步要求预算精细化，并不符合渐进式路径的要求。同时，从民主统治的角度来看，对预算的控制是为了监督政府行为，由于财政收入具有侵益性特征已经受到税收实体法与程序法的严格限制，因而现代预算实质上是一种"支出预算"，注重对支出的控制。① 而在支出方面，在各类实体法明确规定政府相关义务（法定支出）前提下，即便相关支出突破了原先预估数值也并不存在任何问题，只要有关机关履行相应的程序。总之，无论预算支出是否精细化，也无法突破实体法所创设的政府义务，倘若预算能够突破法律的限制，那么将对法律的安定性根基产生严重的动摇。日本模式虽然有值得借鉴之处，但可能对预算机制寄予了过高期望。

其次，我国当前改革的现状与未来方向，是采取"基金—项目—标准"，并辅之以社会监督方式的直接原因。2021年国务院在《关于进一步深化预算管理制度改革的意见》中指出，要"将项目作为部门和单位预算管理的基本单元，预算支出全部以项目形式纳入预算项目库，实施项目全生命周期管理，未纳入预算项目库的项目一律不得安排预算"，以及"建立国家基础标准和地方标准相结合的基本公共服务保障标准体系"。可见，"项目—标准"模式正好契合了改革的方向。至于"基金"，引入这一范畴的目的在于规范化资金使用与管理，增加资金的可识别性。

需要特别强调的是，美国在基金问题处理上，采取与一般基金隔离的方式，例如，在财政部设立专门的救灾基金等账户，不过，特别基金的本质在于"特别目的"与"特殊用途"，也即增强财政资源的可识别性。至于将其与一般公共

---

① 2013年，党的十八届三中全会通过的《关于全面深化改革若干重大问题的决定》，在"改进预算管理制度"就指出，"审核预算的重点由平衡状态、赤字规模向支出预算和政策拓展"。

预算（一般基金）相分离，还是不分离，都并非特别基金的本质。就我国而言，自然灾害事件中，无论是汶川灾后恢复重建基金、舟曲山洪灾后恢复重建基金，还是新冠肺炎疫情期间中央专项用于地方补短板、惠民生、促销费、扩内需的财政直达资金，① 都是通过政府收支科目分类来增加资金的可识别性，因而我国也无须完全照搬美国模式，而仅须完善现有政府收支科目分类即可，具体可参见前文表3-9与表3-17的相关梳理。当然，对于未与一般基金相分离所产生的监督问题，属于另一个问题，详见下文阐述。

（2）将税费减免纳入"基金—项目—标准"的理由。

其实，在农业税尚未废止前，农业税减免，就有着"税式支出"的影子。② 例如，农业税有相应灾歉减免指标，这一指标除为了减轻农民负担外，还有计算对地方因灾歉减免收入损失补助的功能。对于"税式支出"而言，笔者认为，该制度的核心意义倒并不在于部分学者所主张的保证纳税人与国家之间的利益平衡或控制支出总额保证预算的稳定性，等等；③ 而主要在于通过预算机制来填补实体法对于政府限制的不足，对于当下中国实际有着重要价值——通过预算的事先分配，为税费减免提供制度保证，并促进税费减免目标的实现。

当然，将税费减免作为一种税式支出而纳入预算，可能产生超额的问题。该问题可通过预算调整予以解决，同时，《预算法》第六十九条可以先行支出的规定也扫清了预算调整时间上的障碍；当然，我们也可以采取美国方式，将超额部分纳入下一年度预算。总之，税式支出是我国未来税费减免制度完善的一个可行的方向。同时，从支出角度而言，税费减免也同样属于特殊目的、特殊用途的支出，因而笔者将税费减免纳入"基金—项目—标准"框架下讨论。

2. 宏观基金层面

在宏观层面，主要涉及基金体系构建与资金保障体系构建两方面内容。具

---

① 参见《关于2019年中央和地方预算执行情况与2020年中央和地方预算草案的报告》。
② 农业税减免在既往主要是通过下达灾歉减免指标的方式，这可以视作一种税式支出。参见莫之军，姚中亮."重灾多减 特重全免"我省出台农业税灾歉减免政策——访省财政厅副厅长李元江同志［J］.湖北财税，2001（21）：11-12.
③ 如果从汲取财政收入与调控的二元角度来理解税法的功能，那么税收优惠更多体现为调控功能，国家与国民之间的利益平衡并非该功能下的主要考量因素。

体而言：

第一，构建以"救灾基金"与"巨灾保险基金"为核心的双支柱体系。根据前文考察，自然灾害事件中，自然灾害救济事业费成为事中阶段应急支出、对受灾个人的各类援助支出的主要资金来源；在经济恢复方面，消费券发放、对企业补贴的资金主要源自预备费以及列支的具体支出（预算调整或第二年预算通过后）。在公共卫生事件中，事中与事后阶段应对的资金来源，无论是应急支出还是经济恢复类的支出等，主要源自预备费、预算稳定调节基金、财政直达资金。

由前所述，（特别）基金的目的在于增加资金的可识别性。而从可识别性角度来看，自然灾害事件与公共卫生事件中资金的可识别性，除预备费制度外，已基本能够保障。因而，不妨进一步构筑起宏观层面的双支柱体系，为监督提供便利。也即将自然灾害救济事业费①变为在类型上囊括其他类型突发事件、在支出方向上囊括经济恢复、在阶段上囊括事前阶段支出的"救灾基金"，与我国未来可能构建的"巨灾保险基金"共同成为宏观层面的双支柱体系。

第二，构建立体式的资金保障体系。在横向维度上，应完善预备费、预算稳定调节基金等准备金制度。并在纵向维度上，与财政转移支付制度，共同构建起立体式的资金保障体系，或者说立体式的收支平衡机制。由于财政转移支付已经在地方自主部分予以阐述，以下就准备金制度的完善进行说明。

由前所述，准备金制度存在以下互相联系的问题：一是预备费提取比例小，灾害年度不够用以及规范性不足；二是自然灾害救济事业费、预备费、预算稳定调节基金功能部分重合。

对于上述问题的解决，首先需要明确的是准备金制度的目的主要是应对事中阶段紧急支出，而非覆盖所有损失。在国内外，债券发行、刺激经济等诸多方式是突发事件恢复与重建阶段的主要资金来源。其背后的逻辑在于财政资源有限情形下，过多的准备金会导致资金效率低下，而须遵循适度原则。如果秉

---

① 需要强调的是，在政府收支分类科目中，自然灾害救济事业费的名称已变更为"自然灾害救灾及恢复重建支出"，但为保持前后概念的一致性，笔者仍采用"自然灾害救济事业费"这一称呼。

<<< 第五章 我国突发事件财政应对机制法治化的具体思路

持适度原则，那么在预备费提取比例过低、灾害年度不够用问题的解决上，部分学者所持的顶额提取、三年滚动基金式运转的解决模式，尤其是在基层政府财力不足的当下，并不适宜。① 更为重要的是，从实践来看，以重大、特大级别的突发事件为例，中央预备费还是能够覆盖事中的紧急应对支出。例如，非典期间中央财政紧急下拨 20 亿元（预备费 100 亿元）；② 新冠肺炎疫情期间中央拨付补助资金 35 亿元（预备费 500 亿元），重点用于患者的救治等；③ 汶川地震时紧急下拨救灾资金 8.6 亿元（预备费 350 亿元）；④ 舟曲特大山洪紧急下拨救灾资金 5 亿元（预备费 400 亿元）用于抢险救灾和受灾群众的紧急转移安置；等等。⑤

其次，对于中国当前准备金制度之间的功能部分重叠问题，倒也无须太过担心。美国灾害基金中的二级预算授权，其实就可以大致对应我国的自然灾害救济事业费与预备费，只不过美国的该基金仅适用于突发事件，我国预备费制度的使用并未限制在突发事件范围内。

事实上，准备金制度最大的问题在于预备费制度规范性与协调性不足两方面。

（1）预备费制度规范性不足。在三类准备金制度中，自然灾害救济事业费已经得到了《自然灾害救助条例》《中央自然灾害救灾资金管理暂行办法》的规范，预算稳定调节基金的动用属于预算调整范畴须经人大常委会批准，但就预备费而言，却没有任何规范性措施。以新冠肺炎疫情下的武汉市为例，2020年 4 月，武汉市政府向消费者发放消费券，假若武汉市的财政支出严格遵循

---

① 虽然未来房地产税开征可能会缓解地方财力不足的问题，进而使得上述方式具有一定合理性。但从实践来看（前文所述的美国各州情况），美国地方基金式的准备金制度，均表现为单一的预算稳定基金。在我国已经有预算稳定基金前提下，似乎并没有必要采取这种方式。
② 财政部公布中央财政 20 亿元非典防治基金用途［EB/OL］. 央广网，2003-04-24.
③ 省财政厅紧急下拨疫情防控补助资金 35 亿元［EB/OL］. 湖北省人民政府网，2020-02-17.
④ 党中央国务院高度重视汶川地震迅速实施救援行动［EB/OL］. 中国政府网，2008-05-13.
⑤ 中央财政紧急下拨我省综合财力补助资金 5 亿元［EB/OL］. 甘肃省人民政府网，2010-08-09.

《预算法》要求,那么可以合理推断的是:在其1月对疫情不予重视情形下,1月通过的预算并没有将消费券的这项支出纳入预算范畴,加之彼时武汉市未进行预算调整,那么消费券的资金只能源自预备费,但武汉市对此并没有任何相关说明;[①] 在该年度决算中同样没有具体的说明。如果说预备费的目的是帮助政府应对现实生活的复杂性,而设置的一种灵活性措施,那么相应的,应当在事后匹配相应监督机制,要求政府对资金具体使用情况进行说明、接受各方监督。

(2) 预备费制度协调性不足。准备金制度的问题还在于预备费与预算稳定调节基金之间的缺少协调机制。学者们普遍诟病预备费制度的另一个关键点在于其用途多元,难以有效应对突发事件。美国联邦的救灾基金本身,也存在类似的问题,其支出范围同时涵盖事前阶段支出,而非仅用于事中与事后阶段应对。为此,美国强调救灾基金中应当预留部分资金用于事中与事后阶段应对。例如,在2021年FEMA预算授权中,救灾基金中被要求预留173.52亿美元用于总统宣布的重大灾害与紧急事件应对。

回归到我国具体实践,对于其他方面支出可能影响准备金制度功能发挥问题的解决,有两种思路。一是明确预备费中应当预留多少比例用于事中与事后阶段应对;二是明确当预备费因其他原因动用时,在突发事件发生时,预算稳定调节基金自动补足,或者自动取得同比例的授权金额,对该金额无须经由预算调整程序。但后续,政府需对此予以充分说明并公开。

3. 中观项目层面

在中观层面,明确事前、事中与事后阶段各类援助项目,既便于政府执行,也有助于监督与绩效评价。需要指出的是,前述将自然灾害救济事业费改造为救灾基金的建议,可能有观点会认为,该建议将造成自然灾害救济事业费超过《自然灾害救助条例》范围,不具有妥当性。但笔者认为,这一改造旨在为后续监督提供便利,是宏观基金层面的改造,而非针对中观层面项目,并不会扩大《自然灾害救助条例》下的支出范围。

---

① 熊伟. 新冠肺炎疫情背景下政府消费券发放规则的法律检视 [J]. 武汉大学学报(哲学社会科学版),2020 (05):7.

第一，事前阶段的援助，应细分非竞争性与竞争性项目。对于非竞争性项目应当以确保一定标准的事前阶段应对能力为目的，以全面覆盖为原则；而竞争性项目，或可以面向全国，可参考美国要求每个州除自己参与外，每年应推荐不少于5个地方政府项目进行评选的方式，也可以面向特定风险地区开展特定风险减缓项目。项目的设置应当遵循公开、公正原则，通过人大预算授权方式，对每类项目支出金额进行明确授权。

第二，事中与事后阶段的援助，应在现有各类项目基础上，通过法律或至少行政法规的方式，对主体资格、程度、期限等基本要素予以明确，并授权政府在一定范围内按照一定指标行使自由裁量权。

4. 微观标准层面

在微观层面，各类项目的有效运行，离不开各类标准的明确与保障。其间具体涉及援助标准、监督标准、争议解决等一系列标准或程序的设置。

第一，明确援助标准。"基金—项目"的模式在理论上实现了资金隔离，但就基金使用而言，还涉及具体标准的确定。标准的确定，应当在自由裁量与确定性之间寻求适当平衡。具体而言，对下级政府的财政援助，中央或明确固定比例，或在设置的最低或最高比例范围内，通过一系列明确、清晰的指标参数予以认定，并对指标参数以及评审结果予以充分公开。对社会的救助，中央应在项目明确基础上，明确相应一般标准，并保证标准制定的公开、透明与社会参与。

对此，可考虑借鉴域外经验，改变当前中国单一的具体问题具体分析模式，并在原有固定比例模式基础上进行改造。以典型的美国与日本为例，两国均没有选择具体情况具体分析模式，而是在固定比例基础上进行了部分修正。当然，在修正方式上，两国存在差异。美国的比例通常为上限或下限，并设置一系列参考因素来具体确定，其中75%是一个较为常见的数字。例如，联邦对于州与地方公共设施（含私营公共设施）的修复事项，补助比例原则上不低于75%，并设置了一系列因素来进一步明确具体补助金额。此外，联邦还明确对位于洪泛区但未投保国家洪水保险的公共设施，联邦将削减部分援助金额。① 日本的比例通常为固定比例，但这一比例较为精细，并且同样设置了比例调整的参考因素。例如，在公共设施恢复方面，日本划分了厚生设施、文教设施、废弃物处理设施，并对各类别内部设施设置了不同补助比例，同时明确在指定严重灾害情况下补助率将得到提升。② 考虑到日本方案过于细化，在事权与支出责任改革的初期通常难以达致，且过于精细化的方案也与我国在改革方面的"试点"逻辑（规则由粗到细）之间存在一定冲突。因而，借鉴美国模式，在前述2012年民政部方案基础上进行相应的改造，将固定比例改为支出责任或补助的上限或下限，并设置一系列清晰的参考因素来确定补助具体比例或数额，是一个可行的选择。

第二，明确监督或公开标准。鉴于特别基金改革成本较大，笔者在基金方面并未强调相关资金要从一般公共预算中脱离出来。但相应地，在监督方面，应当注重整体性，强化监督力度。由前所述，无论是预算、决算的"重要事项说明制度"，还是"跟踪审计报告"与"政府专项工作报告"等制度，都未对公开与说明的标准进行明确。从前文梳理的实践来看，重要事项说明制度对突发事件关注度不足，跟踪审计报告等制度侧重于结果维度，公开的相关数据过于粗糙，对于过程中不规范问题的描述过于笼统。但法治恰恰强调在规范性的基础上实现权利保障，更强调过程的规范性；而公开性是规范性的重要保障。如果要实现突发事件应对法治化以及在整体上推进财政领域法治化进程，那么我们在公开性上应当转变思维，强调规范性与公开性。对此，不妨在原有制度基础上，将监督机制改造为年度报告、临时报告与总结报告三类，并完善决策的公开机制。

（1）年度报告。年度报告可通过"重要事项说明制度"予以展开，并由各级政府予以完成。以中央为例，预算阶段，应当对能力建设项目（包括巨灾保险）的授权金额与资金准备情况进行具体说明，亦即对各省实际申请的资金及

---

① Stafford Act § 406, 42 U. S. C. § 5172（2021）.
② 参见内阁府. 災害救助法の救助項目及び救助の程度、方法及び期間 [EB/OL]. 日本内阁府防灾情报网，未知.

<<< 第五章 我国突发事件财政应对机制法治化的具体思路

其背后涉及的基础性数据如投保人数、地方政府支出,以及审核后的数据进行初步说明;地方应进一步就当年度巨灾保险的支出总额及其背后涉及的基础性数据进行初步说明。就风险准备金制度而言,银监会、保监会应当对各地保险公司提交的资料与审核情况,进行充分说明,以接受社会监督。决算阶段的说明,应包含各项目的执行情况(受援助的地方完成情况)与绩效评价结果。

此外,在突发事件期间,履行统一领导职责的政府,其年度报告还应当对各级政府的临时报告内容进行汇总梳理。

(2)临时报告。临时报告指的是突发事件发生后的报告,各级政府应当就各自相关的支出向人大报告,并向社会公开。一方面应改进跟踪审计报告,并由履行统一领导职责的政府提出。跟踪审计报告应当包括救灾基金整体情况、各类项目支出具体情况、不规范情况以及超过特定金额合同的基本情况(例如超过100万元以上),等等。在公开主体上,由于自然灾害与公共卫生事件分属应急管理部、卫健委管理,且灾后恢复与重建尤其是经济恢复领域的支出归属于其他部门如商务部管理。因而,该报告可以在跟踪审计基础上以审计署为牵头单位发布。另一方面,受影响地区政府应制作并公开相应的临时报告。这是因为:中央的支出责任并非100%,需要地方匹配资金;同时,地方刺激经济方面的支出(消费券等)通常由地方自行支出,并不在中央援助范围内。因而,受影响地区政府应当就与突发事件相关支出的具体情况,以及接受中央与上级财政援助资金的具体使用情况进行公开说明。

(3)最终报告。最终报告指的是事中与事后阶段应对的总结。对此,可在政府专项工作报告基础上予以改造。需要指出的是,目前政府专项工作报告主要是对事中阶段内容以及事后阶段的规划进行报告。因而,可在其基础上,新增事后恢复与重建完成后的相关内容。同时,要明确具体的公开标准,以及报告应关注法律层面的内容而非仅对行政事项进行说明,以解决制度定位不清的问题。

(4)决策参与机制完善。前面三项主要涉及财政收支与执行信息的公开,此处主要涉及决策的公开或者说参与,包括决策公开程度完善与公开平台的建立。

243

一是决策应当在法定范围内充分公开。前文已言及，中央对于2万亿元资金的具体分配情况并未向社会予以公开，我们只能从各省、市的预算文件中了解到只言片语。而在地方，这一问题则更加凸显，多数发文主体秉持"能不公开就不公开"，即便公开相关文件，也往往将涉及财政资金具体分配的信息予以省略。然而，财政资金的具体分配的信息，其本质上仍属于决策或者说规范性文件的一部分，直接涉及市场主体或公民的权利义务。根据《政府信息公开条例》第五条"政府信息应当坚持以公开为常态，不公开为例外"的规定，这部分内容只要在不涉及国家秘密、商业秘密与公共利益的前提下，未来应当全面公开。

二是决策的公开应秉持"便利"的原则。2019年修订的《政府信息公开条例》对于第五条便民原则予以了初步展开，该条例第八条强调各级政府"应当加强政府信息资源的规范化、标准化、信息化管理，加强互联网政府信息公开平台建设，推进政府信息公开平台与政务服务平台融合，提高政府信息公开在线办理水平"。

以浙江省为例，实践中浙江省已于2020年建立了"浙江省行政规范性文件信息平台"，作为省、市、县、乡四级政府及部门规范性文件的公开平台。要指出的是，政务服务网的"政府信息公开"栏目是既往政府信息公开的主要窗口，但其一方面存在信息获取无法统一获取的不便利问题，另一方面，由于正式文件的效力并非一成不变而有废止的可能性，原政府信息公开栏目存在不能及时有效反映该内容的问题，因而，建立统一平台也有解决上述问题的意义。

就具体执行而言，浙江省政府及其部门的部分文件已经上传至该系统，但市、县、乡的数据却十分匮乏。可见，政府信息公开平台统一方面的改革还未取得实质性进展。考虑到《浙江省行政规范性文件管理办法》（2010年颁布，2018年修订）第二十九条明确了制定机关每隔两年组织进行规范性文件清理与公布规范性文件效力情况的目录，当前浙江省也具备了将相关信息整合至该平台的可能性，未来，也应当加快相关信息的转移，方便社会公众快速准确获取所需要的政府信息。

第三，明确争议解决标准。从我国的立法实践来看，无论是税收优惠还是财政补贴，法律层面限制过少，政府自由裁量权过大。在不改变现有模式下，或者说现有模式短期内难以改变的情况下，不妨通过设置一定争议解决标准（或谓学习与反思机制），也即在先行颁布一系列措施的同时，赋予相关主体异议权，相关部门应当及时回应关切，说明具体理由并予以公开。

这是因为，基于财政事项的重要性，无论是日本还是美国，相关项目以及具体内容，都是通过法律的形式予以明确，并要求行政机关在给定的裁量范围内具体细化。通过法律形式明确的逻辑在于：立法机关的立法行为，遵循的是民主集中制的决策模式，由代表各方利益的主体经由一定的程序、议事规则而做出；其结果天然地汇聚民意，各方的利益诉求在理论上都得到了充分展开而不至于使得决策建立在薄弱与狭隘的信息基础之上。同时，议事规则与决策程序的存在，也使得决策的做出具有了规范性。而我国相关决策，相关税收优惠的适用范围与幅度等内容都是建立在政府决策的基础之上，法律给予政府的自由裁量空间过大。由于政府决策基于首长负责制，而非民主集中制，相关决策较之于法律的制定，其正当性程度较弱。① 再次以新冠肺炎疫情为例，"700多万物业服务人员为住宅小区提供不间断的日常服务，牢牢守住疫情防控的第一道防线"。② 但相关税收优惠与财政补贴却并不涉及物业公司，同时有关机关也并没有说明相应理由，这对于物业公司而言并不公平。而救济权的赋予有助于构建决策的学习与反思机制，帮助政府了解民意，同时为社会矛盾的解决提供制度化的解决路径，有助于减少社会不和谐因素。

在政府间争议解决上，除在规则确定方面，要加强地方政府的参与外，还要在执行过程中明确争议解决机制。对于上下级政府间的争议，不妨完善实践中的发函或请示制度，进一步明确期限、异议处理的具体程序。例如，2008年汶川地震期间，四川省民政局就向民政部发函，请求中央在既有拨付资金基础上，专项拨付资金用于支付中央救灾储备物资到四川的运费，但被民政部以

---

① 当然，政府决策也可能是"民主"的，但此处的"民主"并不是各方利益代表下的民主，而是政府内部"民主"。这与立法中的民主有着本质上的区别。
② 国务院联防联控机制3月10日新闻发布会［EB/OL］. 中国政府网，2020-03-10.

"中央已向你省安排了相关资金"为由拒绝。此前，也多有发函或请示制度的案例。① 有鉴于此，短期内，我们不妨完善实践中的发函与请示制度，进一步明确异议处理的期限、处理的具体程序，以此作为临时性的争议解决机制。此外，对于同级政府（如对口支援）之间的争议，中央也同样需要明确具体的期限、异议处理的具体程序。

---

① 2008年汶川地震期间，四川省民政局就向民政部发函请求中央在既有拨付资金基础上，专项拨付中央救灾储备物资到四川的运费，但被民政部以"中央已向你省安排了相关资金"为由拒绝。此前，也多有发函/请示制度的案例，如《民政部办公厅关于中央级救灾储备物资运输费用有关问题的复函》（民办函〔2008〕189号）、《国务院批转内务部关于募捐寒衣救济灾民问题的请示报告（电）》（1956年9月11日）、《外经部、民政部、外交部关于接受联合国救灾署援助的请示》（1980年10月4日）、《外交部、外经部、民政部关于处理国际上对四川水灾救济问题的请示》（1981年8月27日）等。参见民政部政策法规司. 民政工作文件选编 2008年 [M]. 北京：中国社会出版社，2009：330-331；民政部法规办公室. 中华人民共和国民政工作文件汇编（1949—1999）中 [M]. 北京：中国法制出版社，2001：1332、1383、1387。

结　论

结合前文的分析与梳理，本书的结论可概括为以下五部分内容。

一、财政应对突发事件法治化具有重要意义

财政、国家与法治之间的密切关系决定了财政对于突发事件应对法治化具有重要价值。这种密切关系表现为：财政伴随国家产生而产生，在推动社会变革与常态化治理中起着核心作用，推动了现代法治国家的形成，并形成了"财政立宪"的普遍现象。

作为法治领域的新兴范畴，突发事件应对法治化，要求在法治的框架下，通过蕴含权力制约、地方自主价值的措施来处理突发事件，以实现权利保障的终极目的；财政对于上述目的的实现具有重要意义。就权力制约而言，现代国家治理中普遍存在道德性风险与技术性风险需要予以妥善控制，而对国家行为的控制离不开对于财政这一重要国家权力的控制——通过控制事前、事中与事后阶段财政资源的分配、发挥财政资源的杠杆作用以鼓励社会参与，以及财政监督机制来防范风险，进而实现权利保障。就地方自主而言，各级政府尤其是地方政府治理能力与积极性的提升，虽需要多种机制的配合，但财政体制作为各政府利益中枢而处于重要地位。财政通过构建一个激励相容的政府间关系，提升各级政府突发事件应对效率，来实现权利保障。总之，财政通过消极的权力制约与积极的地方自主，最终促进权利保障的实现。

值得注意的是，上述结论建立在财政法治，或者说建立在法治的框架下通过财政机制应对突发事件的基础之上。这一前提，对"财政立宪"历史惯性的

域外发达法治国家来说，自不待言。至于我国，虽然"财政立宪"这一表述与我国实际并不相符，但其内含的公共财政、民主政治与法治国家之间内在联系的逻辑，决定了财政法治化的必然性，也是现阶段我国重点推进财政法治化进程的根源所在。在这一进程中，突发事件这一非常状态下财政应对机制的法治化，有助于与常态下的财政法治形成"合力"进而全面推进我国财政法治化进程，对于法治中国建设具有重要意义。

二、规范体系与制度模式是法治化的重要范畴，对具体制度的构建起着导向作用

财政涉及财政收入、财政支出、财政管理等多种机制。从突发事件的全阶段应对来看，财政机制又可以分为事前阶段、事中与事后阶段的财政应对机制。而机制以制度为落脚点，其实现离不开制度的确认与保障。基于"制度—模式—法治"的基本逻辑，各类制度在形式上所构建的规范体系，以及在内容上所组成的制度模式，是沟通制度与法治理念的桥梁，检视法治程度的重要标准，也对未来具体制度的构建或者完善起着导向作用。其中，内容上的制度模式，又可基于政府与社会以及政府间关系这两类关系的差异，划分为权力制约的财政制度模式以及地方自主的财政制度模式。

三、我国突发事件的财政应对机制，目前主要存在行政主导、立法机关缺位的法治化程度不足的困境

回顾70年来财政领域的突发事件应对历史，我国经历了从政策到初步的有法可依的阶段，并在规范体系与制度模式方面形成了初步思路，但总体上而言，法治化的规范体系与制度模式尚未形成，行政主导问题凸显。

第一，形式层面，"法律法规—应急预案"的二元规范体系并未发挥应有作用。虽然我国在突发事件应对领域形成了"法律法规—应急预案"的二元规范体系，但这一体系在财政领域却存在缺陷，是我国突发事件财政应对机制法治化程度不足的根源所在。这一缺陷具体表现为：《财政应急保障预案》部门预案与专项预案双重定位存在缺陷。财政部门并非财政收支决策主体，而将其制定的部门预案专项预案化,使得"法律法规—应急预案"的体系难以在实践中发挥应有的作用。其一,在应急预案方面,既使得真正的专项预案被掩盖在部门预案之下,也使部门预案侧重点偏离,在实践中难以为突发事件应对提供具体的指导。其二,在法律法规方面,由于事中与事后阶段应急预案取代了法律法规而成为突发事件应对的依据,而应急预案又因其内在局限难以发挥作用,使得政府不得不自行制定相关决策,也即:政府不得不就适用的措施、程度、期限等基本要素,在法律法规未规定或笼统规定情形下,自行做出相应的抉择。

第二,内容层面,权力制约与地方自主的财政制度模式尚未形成。

(1)权力制约的财政制度模式尚未形成。在事前阶段表现为两方面:一是预算收支划分不完善、能力建设项目与标准不明确、预算重要事项说明制度不完善,进一步使得人大监督、绩效管理与评价报告、事后审计报告难以对能力建设支出进行纠偏;二是在资金准备方面,各类准备金制度功能部分重叠。

在事中与事后阶段表现为四方面:一是政府自由裁量权过大。除个人生活补助外,法律法规未对财政收支项目、适用范围、程度进行一般性规定。即便项目有法律依据,相关标准、适用范围亦完全交由政府自行决定,缺乏公众参与以及救济途径,实践中存在个别利益失衡情形;二是政府专项工作报告制度、决算重大事项说明制度中的公开或说明的标准不明确;三是政府专项工作报告制度定位不清,仅关注行政事项安排而忽视法治事项;四是全过程跟踪审计规则不明确;等等。

(2)地方自主的财政制度模式尚未形成。具体表现为以下两方面:一是过度集权。财权集中导致地方可自主支配的财力不足、事权与支出责任确定的单方面性、事权与支出责任设计过于简单,无助于地方自主能力的培养。二是过度放权。事权的下沉没有匹配必要的"立法监管",在地方自主能力未充分形成时,有较大的风险。

四、域外国家突发事件财政应对的规范体系与制度模式具有一定借鉴意义

域外考察的意义在于更好认识本国实践以及拓宽问题完善的思路。从美国与日本这两大典型国家的实证考察来看，两国在形式与内容方面的共性多于差异性。

第一，在形式/规范体系层面，美国与日本均采取"法律—预案"的规范体系。其中，行政事项强调由预案来明确，财政事项则交由法律"统摄"。同时，两国在法律层面注重发挥规范的等级结构功能，要求行政机关在法律限定的裁量范围内对相关事项进一步细化。

第二，在内容/财政制度模式层面，两国均注重权力制约与地方自主，并形成了法治化的制度模式。只不过在权力制约模式方面，美国强调"基金—项目—标准（法案）"的控制，而日本更加侧重于预算的一般化控制。在地方自主方面，两国都强调中央承担大部分支出责任，强调立法监管，并注重防止地方财政的过度依赖。

五、我国突发事件的财政应对机制，要实现从行政主导到法治化的过渡

第一，在视角转换上，应当引入法治的视角。在形式上，要正视应急预案双重定位的内在缺陷，反思预案本质，并借鉴域外经验，将预案回归"工作计划"的应有定位，将财政领域事项交由法律"统摄"，并注重发挥规范的等级结构功能，也即通过"法律—行政法规—部门规章"规范等级结构，依次对相应事项进行明确。其中，狭义法律的规定应着眼于财政事项的基本要素，行政法规在此基础上细化要求，部门规章侧重于技术性规定。同时，在补充性措施问题的处理上，可考虑授权部门规章进行规定，但同时设定异议程序以兼顾各方利益。在内容上，应当注重权力制约与地方自主，正视当下我国突发事件财政应对机制存在的一系列行政主导现象。

第二，在路径选择上，一方面，要坚持互动式的模式，充分实现各方互动；另一方面，要坚持渐进式推进，以减少改革阻力、减少不和谐因素。

第三，在模式选择与制度构建问题上，应在厘清国外制度模式背后逻辑基础后，基于当下中国实际，确定本国模式，进行具体制度的完善。在明确规范体系完善问题基础上，就地方自主的财政制度模式而言，应适度提高中央的事

权与支出责任,将事前的能力建设作为中央的共同事权,并设置"立法监管"措施;同时,具体机制的设计应防止地方政府的过度依赖。就权力制约的财政制度模式方面,应当基于实际,将前述问题的完善纳入"宏观基金—中观项目—微观标准"这一财政领域改革的整体框架下进行。

最后,不得不指出的是,限于知识背景、写作风格、思维习惯等方面的差异,即便笔者在前文已就相关内容进行了充分说明,并通过表格化的非常规方式来兼顾读者的阅读体验,但本研究依旧存在被质疑与误解的可能性,而需要对文章形式上乃至内容上的部分问题作出澄清。

第一,可能有观点认为,本书在体例结构上,应将第二部分与第三部分内容互换。理由在于:由于本书以"制度—模式—法治"为研究范式,而模式又具有不确定性,那么在当前行政主导问题凸显、法治化的体系与制度模式尚未形成的当下,似乎先行从域外考察出发,提炼出相应内容,而后再行国内实践研究,是较为合理的选择(《中央与地方关系法治化研究:财政维度》一书恰是这种逻辑)。对此,笔者认为,模式的不确定性强调的是模式在理论上的多样性。随着一国实践的具体展开,以及各类具体制度在现实中的不断建构与完善,由制度所组成的模式的多样性与不确定性也逐步消解,而具有了研究的可行性。因而,无须将两部分内容对换。

第二,可能有观点认为,第二部分内容与第三部分的实践考察内容较多、篇幅较大,似乎对于研究而言没有必要。对此,笔者认为,观点内部所呈现出来的清晰的逻辑结构才是写作应当着重关注的内容,至于观点是在有效说明并形成清晰逻辑结构的写作过程中所导出的自然结果。因而,篇幅并不是问题的核心。就具体的写作而言,在"制度—结构—模式"的研究范式下,本书对于规范体系、权力制约与地方自主的财政制度模式的考察,建立在各类具体的财政应对机制或制度基础之上。而该部分内容又因为制度或规范"表达"与"实践"的分离,虽有增加考察工作量与篇幅的不足,但这部分考察却是必要以及无法忽略的。更为重要的是,对于各类财政应对机制的细致考察,也有弥补现有研究的缺憾之意,是本研究既定的研究目的之一。

第三,可能有观点认为,基金在现行预算法体系中有着专门的定义,具体指代的是"政府性基金",至于本书所提出的"基金"或"宏观基金"的概念,与现行预算法体系相冲突,相关定义应当与实践定义保持一致。笔者对该观点持否定态度。从实质上来看,本书关于"基金"的定义并未破坏现行制度体系。正如前文所言,基金的本质在于划定资金池,明确资金使用的用途。而其创设通常有两方面的路径:一是如政府性基金一般设立专门的特别基金来实现;二是在不改变现有制度下,基于政府收支分类科目所具有的可识别性来实现。本书正是在第二种意义上使用的基金概念,① 而这样的处理在实质上没有破坏现有预算法体系。至于形式上的概念不一致,笔者认为,其不应当成为一个问题,问题的关键在于,本书是否对这种不一致、不一致的合理性以及可能产生的影响进行了充分说明。由于基金的设立包括两种方式,存在两类基于不同路径设立的基金,那么我们也不能仅仅因为实践中专门基于规范"政府性基金"的相关定义,而将基金限缩在政府性基金这一范畴。可见,基金概念的扩张本身具有合理性,笔者也对概念扩张导致的不一致及其可能的影响进行了说明,这也是笔者对该质疑持否定态度的原因。并且,实践中,诸多学者也有相关做法,如熊伟教授在其《财政法基本问题》一书就将上下级政府间的转移支付内容更为妥善地纳入"财权"(财政收益权)的范畴(实践中的"财权"一词,通常并不包含转移支付内容,这也是财权与财力的实践区别),进而主张"财权与事权相匹配"的政府间收支关系原则,与实践中的"事权与支出责任"产生了形式上的表述差异等。

---

① 扩张后的基金概念也更能概括当下的制度实践。2014年《中华人民共和国预算法》修订后,财政部就多次完善政府收支分类科目,使之成为识别与规范政府财政行为规范的一个重要途径。此外,汶川地震灾后恢复重建基金、新冠肺炎疫情下的财政直达资金,也并非专门设置特别基金,而是通过政府收支分类科目的方式,来识别并规范财政资金的具体用途。

主要参考文献

一、中文文献

（一）著作

[1] 财政部预算司. 中央部门预算编制指南 2021 版 [M]. 北京：中国财政经济出版社，2020.

[2] 财政部预算司. 中央部门预算编制指南 2020 版 [M]. 北京：中国财政经济出版社，2019.

[3] 财政部综合计划司. 中华人民共和国财政史料（第 1 辑）财政管理体制 1950—1980 [M]. 北京：中国财政经济出版社，1982.

[4] 陈治. 推进国家治理现代化背景下财政法治热点问题研究 [M]. 厦门：厦门大学出版社，2015.

[5] 邓子基. 马克思恩格斯财政思想研究 [M]. 北京：中国财政经济出版社，1990.

[6] 邓子基. 财政理论研究（上）[M]. 济南：山东人民出版社，1992.

[7] 冯俏彬. 应急财政：基于自然灾害的资金保障体系研究 [M]. 北京：经济科学出版社，2012.

[8] 葛克昌. 税法基本问题：财政宪法篇 [M]. 北京：北京大学出版社，2004.

[9] 公丕祥. 法制现代化的理论逻辑 [M]. 北京：中国政法大学出版

社，1999.

[10] 韩大元，莫于川. 应急法制论：突发事件应对机制的法律问题研究 [M]. 北京：法律出版社，2005.

[11] 何勤华. 西方法学史 [M]. 北京：中国政法大学出版社，1996.

[12] 侯卓. 税法的分配功能研究 [M]. 北京：法律出版社，2018.

[13] 湖北财经学院财经系财政教研室资料室. 国家预算参考资料选编 [M]. [出版地不详]，1980.

[14] 江西省民政厅救灾救济处. 救灾救济工作文件汇编 [M]. [出版地不详]，2006.

[15] 季卫东. 法治秩序的构建 [M]. 北京：中国政法大学出版社，1999.

[16] 蒋积伟. 1978年以来中国救灾减灾工作研究 [M]. 北京：中国社会科学出版社，2014.

[17] 刘剑文，熊伟. 税法基础理论 [M]. 北京：北京大学出版社，2004.

[18] 楼继伟. 中国政府间财政关系再思考 [M]. 北京：中国财政经济出版社，2013.

[19] 马怀德. 法治背景下的社会预警机制和应急管理体系研究 [M]. 北京：法律出版社，2010.

[20] 孟涛. 中国非常法律研究 [M]. 北京：清华大学出版社，2012.

[21] 民政部政策法规司. 民政工作文件选编2018年 [M]. 北京：中国社会出版社，2019.

[22] 民政部政策法规司. 民政工作文件选编2017年 [M]. 北京：中国社会出版社，2018.

[23] 民政部政策法规司. 民政工作文件选编2016年 [M]. 北京：中国社会出版社，2017.

[24] 民政部政策法规司. 民政工作文件选编2015年 [M]. 北京：中国社会出版社，2016.

[25] 民政部政策法规司. 民政工作文件选编2014年 [M]. 北京：中国社会出版社，2015.

[26] 民政部政策法规司. 民政工作文件选编 2013 年 [M]. 北京：中国社会出版社，2014.

[27] 民政部政策法规司. 民政工作文件选编 2012 年 [M]. 北京：中国社会出版社，2013.

[28] 民政部政策法规司. 民政工作文件选编 2011 年 [M]. 北京：中国社会出版社，2012.

[29] 民政部政策法规司. 民政工作文件选编 2010 年 [M]. 北京：中国社会出版社，2011.

[30] 民政部政策法规司. 民政工作文件选编 2009 年 [M]. 北京：中国社会出版社，2010.

[31] 民政部政策法规司. 民政工作文件选编 2008 年 [M]. 北京：中国社会出版社，2009.

[32] 民政部法制办公室. 民政工作文件选编 2007 年 [M]. 北京：中国民主法制出版社，2008.

[33] 民政部法制办公室. 民政工作文件选编 2006 年 [M]. 北京：中国民主法制出版社，2007.

[34] 民政部法制办公室. 民政工作文件选编 2003 年 [M]. 北京：中国民主法制出版社，2004.

[35] 民政部法制办公室. 民政工作文件选编 2002 年 [M]. 北京：中国民主法制出版社，2003.

[36] 民政部法制办公室. 民政工作文件选编 2001 年 [M]. 北京：中国民主法制出版社，2002.

[37] 民政部法规办公室. 中华人民共和国民政工作文件汇编（1949—1999）中 [M]. 北京：中国法制出版社，2001.

[38] 民政部法制办公室. 民政工作文件选编 1996 年 [M]. 北京：中国社会出版社，1997.

[39] 民政部政策研究室. 民政工作文件选编 1985 年 [M]. 北京：华夏出版社，1986.

[40] 秋风. 立宪的技艺 [M]. 北京：北京大学出版社，2005.

[41] 世界银行中蒙局环境、人力资源和城市发展业务处. 中国：卫生模式转变中的长远问题与对策 [M]. 李燕生，等译. 北京：中国财政经济出版社，1994.

[42] 孙绍骋. 中国救灾制度研究 [M]. 北京：商务印书馆，2004.

[43] 舒国滢. 在法律的边缘 [M]. 北京：中国法制出版社，2000.

[44] 王希. 原则与妥协：美国宪法的精神与实践 [M]. 北京：北京大学出版社，2000.

[45] 王霞. 税收优惠法律制度研究：以法律的规范性及正当性为视角 [M]. 北京：法律出版社，2012.

[46] 王焱. 宪政主义与现代国家 [M]. 北京：生活·读书·新知三联书店，2003.

[47] 汪永清. 中华人民共和国突发事件应对法解读 [M]. 北京：中国法制出版社，2007.

[48] 魏建国. 中央与地方关系法治化研究：财政维度 [M]. 北京：北京大学出版社，2015.

[49] 熊伟. 财政法基本问题 [M]. 北京：北京大学出版社，2012.

[50] 张守文. 财税法学 [M]. 6版. 北京：中国人民大学出版社，2018.

[51] 中共中央马克思恩格斯列宁斯大林著作编译局编译. 马克思恩格斯选集 4 [M]. 北京：人民出版社，2012.

[52] 邹平学. 宪政的经济分析 [M]. 珠海：珠海出版社，1997.

（二）译著

[1] [德] 海因里希·罗门. 自然法的观念史和哲学 [M]. 姚中秋，译. 上海：上海三联书店，2007.

[2] [英] 弗里德利希·冯·哈耶克. 法律、立法与自由（第二、三卷）[M]. 邓正来，等译. 北京：中国大百科全书出版社，2000.

[3] [德] 茨威格特，克茨. 比较法总论 [M]. 潘汉典，等译. 贵阳：贵州人民出版社，1992.

[4] [德] 卡尔·施米特. 合法性与正当性 [M]. 冯克利, 李秋零, 朱雁冰, 译. 上海: 上海人民出版社, 2015.

[5] [法] 卢梭. 社会契约论 [M]. 何兆武, 译. 北京: 商务印书馆, 1982.

[6] [法] 让-皮埃尔·戈丹. 何谓治理 [M]. 钟震宇, 译. 北京: 社会科学文献出版社, 2010.

[7] [古希腊] 亚里士多德. 政治学 [M]. 吴寿彭, 译. 北京: 商务印书馆, 2009.

[8] [美] 阿瑟·奥肯. 平等与效率: 重大的抉择 [M]. 陈涛, 译. 北京: 中国社会科学出版社, 2013.

[9] [美] 理查德·A. 波斯纳. 法理学问题 [M]. 苏力, 译. 北京: 中国政法大学出版社, 2002.

[10] [美] 比尔德. 美国宪法的经济观 [M]. 何希齐, 译. 北京: 商务印书馆, 1984.

[11] [美] 斯蒂芬·戈德史密斯, 威廉·D. 埃格斯. 网络化治理: 公共部门的新形态 [M]. 孙迎春, 译. 北京: 北京大学出版社, 2008.

[12] [美] 朱迪·弗里曼. 合作治理与新行政法 [M]. 毕洪海, 陈标冲, 译. 北京: 商务印书馆, 2010.

[13] [意] 马基雅维里. 论李维 [M]. 冯克利, 译. 上海: 上海人民出版社, 2005.

[14] [英] L. S. 斯泰宾. 有效思维 [M]. 吕叔湘, 李广荣, 译. 北京: 商务印书馆, 1997.

[15] [英] 麦考密克, [奥] 魏因贝格尔. 制度法论 [M]. 周叶谦, 译. 北京: 中国政法大学出版社, 1994.

(二) 期刊

[1] 卞显乐. 日本健康危机管理体制解析 [J]. 日本研究, 2020 (03): 53-61.

[2] 宾凯. 政治系统与法律系统对于技术风险的决策观察 [J]. 交大法学, 2020 (01): 137-151.

[3] 蔡方鹿. 儒家的治国理政思想及其特征［J］. 华南师范大学学报（社会科学版），2011（06）：9-14.

[4] 蔡茂寅. 财政作用之权力性与公共性——兼论建立财政法学之必要性［J］. 台大法学论丛，1996（04）：53-76.

[5] 程金华. 国家、法治与"中间变革"——一个中央与地方关系的视角［J］. 交大法学，2013（04）：39-56.

[6] 丁芸. 关于国家财政应对灾难性突发事件的思考［J］. 首都经济贸易大学学报，2003（04）：15-18.

[7] 冯俏彬. 新冠疫情折射下的我国应急财政管理制度［J］. 财政科学，2020（04）：14-20.

[8] 冯俏彬，侯东哲. 财政救灾的国际比较［J］. 电子科技大学学报（社会科学版），2011（06）：19-24.

[9] 高培勇. 防治"非典"与财税安排：影响及对策［J］. 税务研究，2003（06）：8-11.

[10] 回良玉. 深入学习贯彻党的十六届六中全会精神 充分发挥民政在构建和谐社会中的重要基础作用——在第十二次全国民政会议上的讲话［J］. 中国民政，2006（12）：7-14.

[11] 季卫东. 法律程序的意义——对中国法制建设的另一种思考［J］. 中国社会科学，1993（01）：83-103.

[12] 姜峰. 宪法的结构性与公共审议功能——兼对全能论宪法观的反思［J］. 中国法律评论，2020（06）：97-108.

[13] 姜付仁，王建平，廖四辉. 美国洪水保险制度运行效果及启示［J］. 中国防汛抗旱，2014（04）：73-78.

[14] 蒋积伟. 新中国救灾方针演变考析［J］. 当代中国史研究，2014（02）：44-52.

[15] 蒋悟真，詹国旗. 公共物品视角下社会救助的法律解释［J］. 比较法研究，2016（01）：169-181.

[16] 金汉册. 新冠肺炎疫情经费物资跟踪审计探析［J］. 会计之友，2020

(17)：137-140.

［17］李慧. 新冠肺炎疫情下公益性捐赠税收优惠政策探析［J］. 税务研究，2020（04）：123-126.

［18］李龙，朱孔武. 财政立宪主义论纲［J］. 法学家，2003（06）：96-105.

［19］李建人. 税收制度在抗灾重建中的功能之强化［J］. 法学，2011（06）：117-125.

［20］李明，汪晓文. 应对突发公共卫生事件的税收政策探讨［J］. 财政科学，2020（02）：17-23.

［21］刘广安. 法家法治思想的再评说［J］. 华东政法大学学报，2006（02）：138-140.

［22］林婷婷，叶先宝. 美国加州地震保险模式［J］. 中国金融，2019（11）：91-92.

［23］刘桂清. 税收调控中落实税收法定原则的正当理由和法条授权立法路径新探［J］. 税务研究，2015（03）：83-87.

［24］刘剑文. 论领域法学：一种立足新兴交叉领域的法学研究范式［J］. 政法论丛，2016（05）：3-16.

［25］刘剑文. 论财政法定原则——一种权力法治化的现代探索［J］. 法学家，2014（04）：19-32.

［26］刘剑文，王桦宇. 公共财产权的概念及其法治逻辑［J］. 中国社会科学，2014（08）：129-146.

［27］刘建芳. 美国城市化进程中人口流动的特点及影响［J］. 新疆师范大学学报（哲学社会科学版），2004（03）：124-127.

［28］刘尚希，陈少强. 构建公共财政应急反应机制［J］. 财政研究，2003（08）：15-20.

［29］刘守刚. 西方宪政发展中的税收动因探究［J］. 华东政法大学学报，2003（06）：81-87.

［30］莫纪宏. 《突发事件应对法》及其完善的相关思考［J］. 理论视野，

2009, 110 (04): 47-49.

[31] 莫之军, 姚中亮. "重灾多减 特重全免"我省出台农业税灾歉减免政策——访省财政厅副厅长李元江同志 [J]. 湖北财税, 2001 (21): 11-12.

[32] 任进. 日本地方自治制度的新发展 [J]. 新视野, 2004 (06): 79-80.

[33] 王德迅. 日本危机管理体制的演进及其特点 [J]. 国际经济评论, 2007 (02): 46-50.

[34] 王富华. 关于我国财政模式的若干思考 [J]. 甘肃理论学刊, 1988 (03): 25-29.

[35] 熊伟. 新冠肺炎疫情背景下政府消费券发放规则的法律检视 [J]. 武汉大学学报 (哲学社会科学版), 2020 (05): 5-15.

[36] 熊伟. 从财政依附性反思中国社会保险 [J]. 武汉大学学报 (哲学社会科学版), 2017, 70 (04): 36-42.

[37] 徐涛, 侯一麟. 预算稳定基金: 应对经济衰退的工具 [J]. 国际经济评论, 2009 (02): 49-53.

[38] 叶姗. 社会财富第三次分配的法律促进——基于公益性捐赠税前扣除限额的分析 [J]. 当代法学, 2012 (06): 117-126.

[39] 部可祥, 刘爽, 王统林. 美国各州预算稳定基金的启示与借鉴 [J]. 地方财政研究, 2007 (09): 61-64.

[40] 张守文. 回望70年: 经济法制度的沉浮变迁 [J]. 现代法学, 2019, 41 (04): 3-17.

[41] 张守文. "结构性减税"中的减税权问题 [J]. 中国法学, 2013 (05): 52-64.

[42] 张守文. 危机应对与财税法的有效发展 [J]. 法学杂志, 2011 (03): 21-27.

[43] 张守文. "发展法学"与法学的发展——兼论经济法理论中的发展观 [J]. 法学杂志, 2005 (03): 2-6.

[44] 张守文. 论税法上的"可税性"[J]. 法学家, 2000 (05): 12-19.

[45] 张学博. 税收法定原则新论: 从绝对主义到相对主义 [J]. 上海财经

大学学报（哲学社会科学版），2016（04）：108-118.

[46] 赵鹏. 疫情防控中的权力与法律——《传染病防治法》适用与检讨的角度 [J]. 法学，2020（03）：94-108.

[47] 朱宏文. 论地方政府自治的国际法律运动——"法治浙江"建设的宏观思考 [J]. 法治研究，2007（01）：61-65.

[48] 朱俊杰. 论我国应急财政的问题及改进对策——基于预备费视角 [J]. 财政监督，2019（02）：92-98.

（三）报纸

[1] 张德江. 我国救灾体制改革的探讨 [N]. 人民日报，1990-03-05（6）.

[2] 张剀. 中国应急财税政策应该尽快系统化 [N]. 中国税务报，2013-06-19（4）.

[3] 高培勇. 深刻认识财政"基础和支柱说" [N]. 人民日报，2016-01-07（7）.

[4] 黄庆畅. 人民日报问政："依宪执政"为何不能简称宪政——访中国社会科学院法学院副所长莫纪宏 [N]. 人民日报，2014-12-03（17）.

（四）论文

[1] 孟涛. 非常状态下的法律——危机与中国法律的转型 [D]. 北京：中国人民大学，2010.

[2] 秦锐. 财政公共危机管理的财政保障研究 [D]. 北京：财政部财政科学研究所，2013.

（五）其他文献

[1] 2020年中央本级支出预算表 [EB/OL]. 财政部预算司网，2020-06-17.

[2] 部分转移支付项目分地区情况表 [EB/OL]. 财政部预算司网，2020-06-17.

[3] 新中国成立70年来财政改革始终发挥基础支撑作用 [EB/OL]. 人民网，2019-09-24.

[4] 财政部公布中央财政 20 亿元非典防治基金用途 [EB/OL]. 央广网, 2003-04-24.

[5] 财政部启动财政应急保障预案 及时拨付救灾资金 [EB/OL]. 中国政府网, 2008-05-13.

[6] 财政部有关负责人就财政部代理发行 2009 年地方政府债券有关问题答记者问 [EB/OL]. 财政部网, 2009-03-17.

[7] 财政厅下达地震重灾区过渡期财力补助 12.23 亿元 [EB/OL]. 四川省人民政府网, 2012-06-04.

[8] 南京市人民政府：超 3 亿元消费券！发！[EB/OL]. 南京市人民政府网, 2020-03-14.

[9] 党中央国务院高度重视汶川地震迅速实施救援行动 [EB/OL]. 中国政府网, 2008-05-13.

[10] 奉化市突发公共事件应急预案操作手册 [EB/OL]. 浙江政务服务网, 2014-05-26.

[11] 公开征选"餐饮业振兴复苏活动"兑现平台的公告 [EB/OL]. 鹿城市人民政府网, 2020-05-25.

[12] 巩义市红利性消费券发放工作方案 [EB/OL]. 巩义市人民政府网, 2020-04-23.

[13] 关于 2018 年四川省"8.8"九寨沟地震恢复重建专项债券（一期）——2018 年四川省政府专项债券（十五期）上市交易的通知 [EB/OL]. 深圳证券交易所网, 2018-09-18.

[14] 国家应急管理部成立背景和发展前景展望 [EB/OL]. 大众网, 2018-03-28.

[15] 国家卫生健康委员会职能配置、内设机构和人员编制规定 [EB/OL]. 国家卫健委网, 2018-09-11.

[16] 国新办授权发布 9 月 25 日抗震救灾进展情况 [EB/OL]. 国新办网, 2008-09-26.

[17] 国务院政策例行吹风会（2020 年 6 月 12 日）[EB/OL]. 中国政府网,

2020-06-12.

[18] 国务院关于四川汶川特大地震抗震救灾及灾后恢复重建工作情况的报告——2008年6月24日在第十一届全国人民代表大会常务委员会第三次会议上[EB/OL]. 中国人大网, 2008-12-24.

[19] 杭州16.8亿消费券, 今早8点开领![EB/OL] 杭州市人民政府网, 2020-03-27.

[20] 湖北省人民政府关于2020年省级预算调整方案的报告[EB/OL]. 湖北省人民政府网, 2020-10-09.

[21] 济南市卫生健康委员会关于2019年度国家卫生城市复审经费项目绩效自评情况说明[EB/OL]. 济南市卫健委网, 2020-01-03.

[22]《聊城市消费券发放活动实施方案》解读[EB/OL]. 聊城市商务和投资促进局, 2020-04-21.

[23] 乔珊珊. 美国调查: 美新冠病毒检测成本不均等, 有人无法享受免费政策[EB/OL]. 海外网-美国频道, 2020-07-16.

[24] 宁波3000万元电子消费券本月17日10点在甬派发放[EB/OL]. 搜狐网, 2020-04-15.

[25] 宁波消费券大数据来了! 3000万消费券带动消费成效几何?[EB/OL]. 中国宁波网, 2020-05-20.

[26] 中储粮集团: 企业简介[EB/OL]. 中储粮集团网, 未知.

[27] 青海今年发行地方政府债券60亿元[EB/OL]. 网易新闻网, 2012-05-28.

[28] 兰帆. 日本教授谈灾后重建[EB/OL]. 新浪网, 2008-08-29.

[29] 商务部. 我国市场消费触底回升 消费券释放十倍乘数效应[EB/OL]. 央广网, 2020-04-09.

[30] 什么是公费、劳保医疗?[EB/OL]. 攀枝花市人民政府网, 2014-09-25.

[31] 省财政厅紧急下拨疫情防控补助资金35亿元[EB/OL]. 湖北省人民政府网, 2020-02-17.

263

[32] 受非典影响行业将享受5个月税收优惠 [EB/OL]. 央广网, 2003-05-13.

[33] 苏仙区卫生健康局2018年度绩效评估自评报告 [EB/OL]. 苏仙区人民政府网, 2019-08-20.

[34] 玉树州向所属六县拨付财力补助资金2000万元 [EB/OL]. 玉树州人民政府网, 2011-05-16.

[35] 玉树地震抗震救灾和灾后重建工作情况的报告 [EB/OL]. 青海省人大网, 2010-08-10.

[36] 玉树地震灾区基础统计结束4项补助发放全面启动 [EB/OL]. 中国政府网, 2010-05-03.

[37] 温家宝主持召开常务会议 研究部署抗灾救灾工作 [EB/OL]. 中国政府网, 2007-08-15.

[38] 汶川县今年首批1.4亿元政府专项债券成功发行 [EB/OL]. 汶川县人民政府网, 2020-01-19.

[39] 武汉市面向全体在汉人员投放消费券 [EB/OL]. 央广网, 2020-04-17.

[40] 新增财政资金要切实推动减税降费直接惠企利民 [EB/OL]. 中国政府网, 2020-08-18.

[41] 浙江台州鼓励外来员工留当地过年 予以新春红包补助 [EB/OL]. 中国新闻网, 2021-01-07.

[42] 温家宝. 政府工作报告——2005年3月5日在第十届全国人民代表大会第三次会议上 [R/OL]. 中国政府网, 2005-03-05.

[43] 李克强. 政府工作报告——2020年5月22日在第十三届全国人民代表大会第三次会议上 [R/OL]. 中国政府网, 2020-05-22.

[44] 国家粮食和物资储备局：职能配置与内设机构 [EB/OL]. 国家粮储网, 未知.

[45] 吴晟炜. 中国财长：社会保险制度不能把缺口留给公共财政 [EB/OL]. 中国新闻网, 2015-03-22.

[46] 中央财政紧急下拨我省综合财力补助资金 5 亿元 [EB/OL]. 甘肃省人民政府网, 2010-08-09.

[47] 重磅! 土地出让收入 2022 年起全面划转税务部门征收 12 城土地财政依赖度超 100% [EB/OL]. 新浪网, 2020-06-04.

二、外文文献

(一) 著作

[1] ROSSITER C L. Constitutional Dictatorship: Crisis Government in the Modern Democracies [M]. Transaction Publishers, 2002.

[2] GONZALEZ C Y, LEVINSON A. State Rainy Day Funds and the State Budget Crisis of 2002-? [M]. Working Papers, 2003.

[3] UNITED STATES. Federal and State Roles in Economic Stabilization: Hearings before a Subcommittee of the Committee on Government Operations [M]. House of Representatives, Ninety-Eighth Congress, Second Session, November 29, and December 12, 1984. U. S. G. P. O., 1985.

(二) 期刊

[1] RICHARD H F. Legitimacy and the Constitution [J]. Harvard Law Review, Vol, 2005, 118 (6).

[2] STARK, KIRK J. The Right to Vote on Taxes [J]. Northwestern University Law Review, 2001, 96 (3).

(三) 其他文献

[1] OMB. Appendix, Budget of the United States Government [R/OL]. Fiscal Year 2021.

[2] TOWNSEND F F. The federal response to Hurricane Katrina: Lessons learned [R/OL]. Washington, DC: The White House, 2006.

[3] DHS. DHS Announces Funding Opportunity for $1.87 Billion in Preparedness Grants [EB/OL]. https://www.dhs.gov/news/2021/02/25/dhs-

announces-funding-opportunity-187-billion-preparedness-grants, 2021-02-25.

［4］FEMA. Managing Floodplain DevelopmentThrough The National Flood Insurance Program ［EB/OL］. https：//www. fema. gov/pdf/floodplain/is_9_complete. pdf, 1998-03-01.

［5］MICHIGAN DEPARTMENT of TREASURY. Budget Stabilization Fund 2014 Report ［EB/OL］. https：//www. michigan. gov/documents/treasury/Budget_Stabilization_ Fund_ 0814_ 466278_ 7. pdf, 2014-06-01.

［6］OECD. Tax and Fiscal Policy in Response to the Coronavirus Crisis：Strengthening Confidence and Resilience ［EB/OL］. http：//www. oecd. org/coronavirus/policy-responses/tax-and-fiscal-policy-in-response-to-the-coronavirus-crisis-strengthening-confidence-and-resilience-60f640a8/, 2020-05-19.

［7］SBA. COVID-19 Economic Injury Disaster Loan ［EB/OL］. https：//www. sba. gov/funding-programs/loans/covid-19-relief-options/covid-19-economic-injury-disaster-loan, 未知.

［8］SBA. Economic Injury Disaster Loans ［EB/OL］. https：//www. sba. gov/funding-programs/disaster-assistance/economic-injury-disaster-loans, 未知.

［9］SBA. Physical Damage Loans ［EB/OL］. https：//www. sba. gov/funding-programs/disaster-assistance/physical-damage-loans, 未知.

［10］DONAHUE, JOYCE. A Framework for Analyzing Emergency Management with an Application to Federal Budgeting ［J］. Public Administration Review, 2001 (06).

［11］PAU L, POSNE. Budgeting for Emergencies：State Practices and Federal Implications ［C］. Washington：United States General Accounting Office, 1999.

［12］WILDASIN, DAVID E. Disaster Policy in the U. S. Federation：Intergovernmental I ncentives and Institutional Reform ［J］. Proceedings of the Annual Conference on Taxation, 2007 (06).

［13］日本教授谈灾后重建 ［EB/OL］. 中国青年报网, 2008-08-29.

［14］国税厅. 住宅ローン減税の適用要件の弾力化について（新型コロナ

ウイルス感染症関係）［EB/OL］．日本国税庁网，未知．

［15］国税庁．住宅ローン減税の適用要件の弾力化について［EB/OL］．日本国税庁网，未知．

［16］国税庁．欠損金の繰戻し還付制度を利用できる法人の範囲が拡大されました［EB/OL］．日本国税庁网，未知．

［17］国税庁．消費税の課税選択の変更に係る特例について［EB/OL］．日本国税庁网，未知．

［18］国税庁．テレワーク等のための設備投資が中小企業経営強化税制の対象になりました［EB/OL］．日本国税庁网，未知．

［19］国税庁．消費貸借契約書に係る印紙税の非課税措置について［EB/OL］．日本国税庁网，未知．

［20］厚生労働省．雇用調整助成金（新型コロナウイルス感染症の影響に伴う特例）［EB/OL］．日本厚生劳动省网，未知．

［21］厚生労働省．新型コロナウイルス感染症対応休業支援金・給付金［EB/OL］．日本厚生劳动省网，未知．

［22］厚生労働省．厚生年金保険料等の納付猶予の特例について［EB/OL］．日本厚生劳动省网，未知．

［23］厚生労働省．新型コロナウイルス感染症の影響により厚生年金保険料等の納付が困難な事業主の皆様へ［EB/OL］．日本厚生劳动省网，未知．

［24］内閣府．防災計画［EB/OL］．日本内阁府防灾情报网，未知．

［25］内閣府．復旧・復興ハンドブック（平成28年3月）［EB/OL］．日本内阁府防灾情报网，未知．

［26］内閣府．激甚災害からの復旧・復興対策［EB/OL］．日本内阁府防灾情报网，未知．

［27］内閣府．平成27年版防災白書［EB/OL］．日本内阁府防灾情报网，2015-01-01．

［28］内閣府．平成28年版防災白書［EB/OL］．日本内阁府防灾情报网，2016-01-01．

[29] 内阁府. 災害救助法の救助項目及び救助の程度、方法及び期間[EB/OL]. 日本内阁府防灾情报网，未知.

[30] 内阁府. 災害救助法の制度概要 [EB/OL]. 日本内阁府防灾情报网，未知.

[31] 内阁府. 災害ボランティアセンターに係る費用について [EB/OL]. 日本内阁府防灾情报网，未知.

[32] 总务省. 新型コロナウイルス感染症の影響に伴う地方税における対応について [EB/OL]. 日本总务省网，2021-04-28.

后 记

　　书稿完成半年有余，回望写作之路，艰辛困苦，冷热自知。付梓成书之际，则又多了几分释怀喜悦。

　　2019年年底暴发的、至今仍未终止的一场全球性新冠肺炎疫情，给我们提供了思考财政应对突发事件的视角，尽管我们内心有一千个一万个不希望这样的事件在中国乃至全世界发生。作为财税法领域耕耘的学者，学术良心和学术责任迫使我们在面对这一突发事件时，去思考，去寻找中国答案。

　　这是一场举全国之力的防疫之战，这也是对中国治理能力和治理体系现代化的考验。这更是对一国财政实力的考验，每天数亿百计的财政投入，如果没有改革开放四十多年的财富积累，恐怕早已难以为继。当然，最为关键的是，我们有以习近平同志为核心的党中央的坚强领导，全国人民才能万众一心，奋力抗疫，取得举世瞩目的抗疫成绩。

　　较之于此前的自然灾害事件应对，两年来的抗疫历程，让我们更加深入体会到了"财政是国家治理的基础与重要支柱"这句话的深刻含义。

　　值得注意的是，抗疫两年来，我国的法治建设取得了长足的进步，我们在《法治政府建设实施纲要（2015—2020年）》基础上进一步迎来了《法治政府建设实施纲要（2021—2025年）》。这一纲要的出台，表明中央深入推进依法行政、全面建设法治政府的决心。2021年3月12日十三届全国人大四次会议审议通过的《中华人民共和国国民经济和社会发展第十四个五年规划和2035年远景目标纲要》进一步明确了我们要"坚定不移走中国特色社会主义法治道路，坚持依法治国、依法执政、依法行政共同推进，一体建设法治国家、法治政府、法治社会，实施法治中国建设规划"。这一远景目标纲要的公布，标志着建设法治中国已成为全民族的共同理想和愿景，也表明改革已步入"深水区"，需要各方"勠力同心"与"求同存异"，妥善化解其间的利益冲突。

作为中华民族的一分子，置身于这一伟大的法治建设中，不得不让我们以更饱满的学术热情去关注财政应对突发事件中的法治化进程，不得不让我们对现阶段以行政主导的财政应对机制予以检视。目的只有一个，希望我们的研究成果有助于财税法与财政学领域的学者、立法工作者以及实务工作者全面了解财政对于突发事件的重要意义以及其间的功过得失，有助于推进突发事件应对这一非常态领域的财政法治化进程，有助于促进其与常态领域的财政法治形成"合力"，从而全面推进我国财政法治化的进程。

这意味着，我们首先需要暂时抛开形式上各类文件的位阶问题，"俯下身去"观察实践中所构建起来的各类机制的具体样貌，并思考其间的得失。唯有如此，我们才能为财政法治化进程的推进提供有效的智识保障。

突发事件下的财政法治作为一种非常态下的法治，对于财政法治化进程的全面推进有着不可或缺的重要意义。遗憾的是，当前财税法与财政学领域并没有对此予以体系化的考察，其他领域则往往将讨论局限在自己的"一亩三分地"，而难以指导实践。这也是本书研究的缘由。如果读者要问本书在内容形式结构上还有哪些特点，我们认为，特点主要有以下三点：

第一，内容上表述简洁，具有较强的可读性。本书的研究并不仅限于理论层面的抽象讨论，而更多从逻辑层面结合实践进行具象化的阐述，并注重通过表格化的方式，便于读者阅读，以期为法学领域、应急管理领域的专家、学者的研究提供有力的支撑。

第二，形式上强调理论与实践、制度与实践的互动。在具体论述中，本书的研究并非局限于某一理论的抽象讨论，而是结合实践深入到尚未制度化的机制维度，以期让读者对突发事件领域的财政应对机制及其法治化问题有着更加直观的感受，并引导读者进行相应的思考。

第三，结构上注重构建一个系统的分析体系。整体结构方面，"制度—模式—法治"的范式是整个文章的核心脉络，模式又可以细分为形式层面的"法

>>> 后　记

律法规—应急预案"与内容层面的"权力制约的财政制度模式—地方自主的财政制度模式"。上述架构的设置也使得各类机制得以纳入体系化的考量之中，而又不显得冗杂。

当然，文章的视角较为宏观，若读者对于具体话题的单独思考感兴趣，不妨阅读笔者的相关研究成果。①

最后，感谢浙江财经大学法学院、浙江省地方立法与法治战略研究院（智库）在本书出版过程中给予的经费资助；感谢李浩同学为本书部分文字内容的校对和整理所付出的劳动。

由于作者能力水平有限，书中难免存在疏漏与不足，敬请读者批评批正。

吴伟达　江利杰

2022 年 1 月 1 日

---

① 吴伟达，江利杰."试点"模式下财政支持型巨灾保险法治化的中国路径［J］.宏观经济研究，2021（11）：34-47；江利杰.理性回归：突发事件下中国大陆税收法治实践之分析［J］.月旦财经法杂志，2021，46：90-116.